ro
ro
ro

Das von Maria Montessori zu Beginn des 20. Jahrhunderts entwickelte pädagogische Konzept ist nach wie vor aktuell. Selbstbestimmtes Lernen, Freiheit und individuelle Förderung sind die zentralen Kategorien ihrer pädagogischen Idee. Dieses Buch stellt die Grundzüge der Montessori-Pädagogik vor und zeigt ausführlich, wie diese in der Praxis von Kinderhaus und Schule umgesetzt werden. Erziehungsziele, Lernen und Unterrichtsorganisation werden anhand von anschaulichen Erfahrungsberichten und typischen Elternfragen beschrieben. In der Diskussion um die Pisa-Ergebnisse stellen sich immer mehr Eltern die Frage nach der richtigen Schule für ihr Kind. Das Buch will ein Ratgeber für Eltern, Erzieher und Lehrer sein und Orientierungshilfen geben.

Die Autorinnen

Barbara Esser, geboren 1957 in Köln. Seit 1981 als Lehrerin an Montessori-Grundschulen in Aachen, Krefeld und Düsseldorf tätig. Neben dem Unterricht Arbeit im Bereich der Schulentwicklung. Seit 2004 Schulleiterin einer Montessori-Grundschule in Düsseldorf.

Christiane Wilde geboren 1950 in Kiel. Seit 1983 als Lehrerin an einer Montessori-Grundschule in Düsseldorf tätig. Neben dem Unterricht Arbeit im Bereich der Schulentwicklung, Erwerb des ECHA-Diploms (Begabtenförderung).

Barbara Esser, Christiane Wilde

Montessori-Schulen

Grundlagen, Erziehungspraxis, Elternfragen

Rowohlt Taschenbuch Verlag

11. überarbeitete und erweiterte Auflage, Februar 2007
Originalausgabe
Veröffentlicht im Rowohlt Taschenbuch Verlag,
Reinbek bei Hamburg, Oktober 1989

Lektorat Bernd Gottwald
Umschlaggestaltung ZERO Werbeagentur, München
(Foto: H. Bens/zefa/CORBIS)
Satz Proforma PostScript (InDesign)
bei KCS GmbH, Buchholz bei Hamburg
Druck und Bindung Clausen & Bosse, Leck
Printed in Germany
ISBN 978 3 499 62209 0

Inhalt

Einführung

Maria Montessori (1870–1952) war Ärztin und Pädagogin. Sie entwarf ihre Sichtweise von der Entwicklung und Erziehung des Kindes bereits Ende des 19. Jahrhunderts. In Deutschland fanden ihre Gedanken erst nach dem Zweiten Weltkrieg Zugang zu einer breiten Öffentlichkeit. Gerade während der letzten Jahre ist jedoch ein außerordentlich großes Interesse an ihrer Pädagogik zu verzeichnen, wie die ständig steigenden Anmeldezahlen an Montessori-Einrichtungen zeigen. Darüber hinaus werden an Regelschulen vielfach zusätzlich einzelne Montessori-Klassen oder -Zweige eingerichtet. Die Ausbildungskurse, in denen Lehrer- und Erzieherinnen in die Montessori-Pädagogik eingeführt werden, sind bis auf den letzten Platz besetzt. Dies alles ist ein Zeichen dafür, dass sowohl Eltern als auch Erzieher- und Lehrerinnen nach Alternativen zum herkömmlichen Schulsystem suchen. Dieser Trend hat sich in den letzten Jahren als Folge der Diskussion über die Ergebnisse der PISA-Untersuchung eher noch verstärkt.

Der rasante Aufschwung, den die Montessori-Pädagogik in den letzten Jahrzehnten genommen hat, mag verwundern, wenn man bedenkt, dass ihre Gedanken bereits zu Beginn des 20. Jahrhunderts entwickelt wurden. In dieser Zeit entstand die so genannte «Reformpädagogische Bewegung», der auch Maria Montessori zugerechnet werden kann. Einen wichtigen Ausgangspunkt für die Entwicklung dieser Bewegung bildete die Kritik an den herrschenden Verhältnissen in der Erziehung. In einer Zeit, in der die gesamte Umwelt auf die Bedürfnisse des Erwachsenen ausgerichtet war, wurde der Kindheit kein eigener Wert beigemessen. Kinder galten als kleine Erwachsene und wurden dementsprechend behandelt. Ein Zeichen hierfür ist die Tatsache, dass Kinderarbeit vielfach noch an der Tagesordnung war. Auch die Situation des Kindes in der Schule war bedrückend. «Tugenden» wie Stillsitzen und Folgsamkeit galten als Merkmale eines wohlerzogenen

Kindes. War es unruhig und ließ seinem Bewegungsdrang freien Lauf, galt es als «verdorben».

Dagegen setzte die Reformpädagogik eine Sichtweise, die sich am Kind und seinen Bedürfnissen orientierte. Das war damals eine völlig neue Vorstellung, die dem Kind in seiner Entwicklung eine Eigengesetzlichkeit zusprach. Dieser Gedanke erscheint uns heute ganz selbstverständlich, doch muss man sich die geschichtliche Situation der damaligen Zeit vor Augen halten, um zu erfassen, welch revolutionäre Neuerungen die Reformpädagogik forderte, wenn sie z. B. darauf pochte, die kindliche Spontaneität und den Drang nach manueller Betätigung anzuerkennen. Die reformpädagogische Bewegung zielte nicht nur auf eine Veränderung des Erziehungswesens, sie wollte mehr. Man erhoffte sich eine Veränderung des Menschen und in der Folge auch eine weiterreichende Umwandlung gesellschaftlicher Gegebenheiten.

Auch Maria Montessori stellte das Kind in den Mittelpunkt all ihrer pädagogischen Bemühungen. Als Praktikerin gewann sie ihre Einsichten durch das genaue Studium der kindlichen Entwicklung, und ihre Überlegungen mündeten wiederum in praktischen Folgerungen. Sie entwarf ihr didaktisches Material, an das sich noch heute ihr Name knüpft. Damals wie heute überzeugt ihr geschlossenes pädagogisches Konzept vor allem in der Praxis. Wer Montessori-Arbeit kennen lernen will, darf sich also nicht damit begnügen, etwas über ihr Werk zu lesen, er sollte immer auch in einer Montessori-Einrichtung Kinder beobachten. Montessori ging es bei ihren Bemühungen, im Gegensatz zu anderen Reformpädagogen, primär nicht um eine Reform der Institution Schule, sondern vielmehr um eine neue Sicht der kindlichen Entwicklung und der Erziehung. Sie entwarf einen anthropologischen Ansatz, der die kindliche Entwicklung von Geburt an umfasst. Ihrer Auffassung nach verfügt jedes Kind über die Kraft, seine Persönlichkeit aus sich selbst heraus entfalten zu können, eine Fähigkeit, die sie in vielen Fällen durch die erzieherischen Bemühungen der Erwachsenen beschnitten sah. «Hilf mir, es selbst zu tun!» Diese Bitte eines Kindes kann als Leitmaxime ihrer pädagogischen Forderungen gelten. Das Kind soll in seiner spontanen Selbstentfaltung respektiert und unterstützt werden. Gleichzeitig ist es auch in eine Kultur und Gesellschaft hineingeboren. Es ist damit auf die Hilfe des Erwachsenen angewiesen, der ihm Sprache und kulturelle Werte in einer Art vermittelt, die seine Selbstentfaltung nicht behindert und die kindliche Persönlichkeit respektiert.

Seit Beginn des 20. Jahrhunderts haben sich unsere gesellschaftliche Situation und unsere Sichtweise des Kindes grundlegend geändert. Gerade in den letzten Jahren hat die Diskussion um die Frage, wie wir unsere Kinder auf die sich immer schneller wandelnden Herausforderungen gesellschaftlicher Entwicklung des 21. Jahrhunderts vorbereiten können, eine neue Richtung bekommen. Noch nie bewegte sich Kindheit so stark zwischen Konsumverführung einer- und Leistungsanforderung andererseits. Doch nur wer über eine gute Ausbildung verfügt und bereits als Kind Freude am Lernen entwickelt hat, wird sich später den wechselnden Anforderungen beruflichen Lebens anpassen können. In diesem Spannungsfeld von durch Werbung suggerierter rascher Bedürfnisbefriedigung und Lernanforderung gilt es Entscheidungen zu treffen darüber, was Kinder für ihre Entwicklung vorrangig benötigen. Entscheidungen, die weder für Eltern noch für Lehrer leicht zu treffen sind. Und wirklich, die Fülle psychologischer Veröffentlichungen, die Vielzahl von Elternratgebern zeigen, wie sehr das Kind heute im Mittelpunkt unzähliger Bemühungen und Überlegungen steht. Trotz der veränderten Ausgangssituation hat die Montessori-Pädagogik heute nicht nur nichts von ihrer Aktualität eingebüßt, vielmehr sind viele ihrer grundlegenden Gedanken heute so stark im Fokus wissenschaftlicher Diskussion wie selten zuvor. Eine Forderung der an der Auswertung der PISA-Ergebnisse beteiligten Pädagogen ist die nach einem höheren Grad individuellen Lernens. Sie fordern eine Unterrichtsstruktur ein, die es Kindern ermöglicht, ihrem Lerntyp, ihrem Lerntempo gemäß zu lernen. «Individuelle Förderung ist der Maßstab, an dem sich Bildung heute messen lassen muss» (Schleicher, Bildungsexperte der OECD in einem Fernsehbeitrag 2005). In den neuesten Fassungen schulischer Richtlinien erhält die individuelle Förderung einen wichtigen Stellenwert. Mit der «Offenen Eingangsphase» entdeckten Schulreformer die Vorteile des Lernens in den jahrgangsgemischten Gruppen des ersten und zweiten Schuljahres neu.

Offensichtlich bieten Montessoris Vorstellungen Antworten auf wichtige pädagogische Fragen unserer Zeit. Darüber hinaus liefert sie jedoch ein in sich schlüssiges Erziehungs- und Unterrichtskonzept, wie diese Forderungen umzusetzen sind. Um Kinder auf das Leben in unserer sich immer rascher verändernden Gesellschaft vorzubereiten, ist es notwendig, dass sie lernen, wie sie sich Wissen selbst aneignen können. Zu wissen, wie man lernt, ist heute wichtiger als jedes Detailwissen. Und nur wer Freude am Lernen und an der eigenen Leistung entwickeln konnte, wird ein Leben lang aus diesem Brunnen schöpfen können.

Von Eltern und Lehrern wird heute immer wieder über die mangelnde Konzentrationsfähigkeit der Kinder geklagt. Gerade diese Unfähigkeit zu konzentrierter Tätigkeit scheint eines der Hauptprobleme beim Lernen zu sein. Maria Montessori erkannte den entscheidenden Wert der Konzentration für jeglichen Bildungs- und Entwicklungsprozess. Sie versuchte, Voraussetzungen zu schaffen, wie Kinder zu dieser Konzentration finden können. Für sie bildete die Entdeckung des Konzentrationsphänomens den Ausgangspunkt für die Entwicklung ihrer Erziehungskonzeption. Sie versuchte, durch ihr Modell der freien Arbeit in einer vorbereiteten Umgebung dieses Phänomen wiederholbar zu machen.

Viele Eltern haben nur eine undeutliche Vorstellung davon, inwiefern sich Montessori-Schulen von anderen Grundschulen unterscheiden. Dieses Buch gibt eine knappe Einführung in die Gedanken Montessoris und stellt vor, wie diese in der Praxis von Kinderhaus und Schule umgesetzt werden. Der Schwerpunkt liegt hier auf der Darstellung der Praxis. Dadurch ergibt sich eine Begrenzung, die es mit sich bringt, dass nicht alle Aspekte ihrer Pädagogik dargestellt oder diskutiert werden können. Die wissenschaftliche Auseinandersetzung mit Montessoris Theorien ist in zahlreichen anderen Veröffentlichungen nachzulesen (vgl. Literaturhinweise S. 216).

Wir wollen Eltern einen Einblick in die Arbeitsweise von Montessori-Einrichtungen vermitteln und jenen eine Entscheidungshilfe an die Hand geben, die sich mit dem Gedanken tragen, ihr Kind an einer Montessori-Einrichtung anzumelden.

Eltern, deren Kind bereits eine solche Einrichtung besucht, lernen die Erziehungskonzeption besser zu verstehen und auch in die familiäre Erziehung mit einzubeziehen. Seit wir an einer Montessori-Schule arbeiten, haben wir viele Elterngespräche geführt und dabei festgestellt, dass es immer wieder die gleichen Fragen sind, die von Interesse waren. Diese Fragen haben uns beim Schreiben des Buches geleitet. Einige, die besonders häufig auftauchen, werden im dritten Teil des Buches ausführlich behandelt.

Wir danken den Kollegen aus Kinderhaus und Schule, die uns viele Anregungen und Hilfen geben konnten, sowie den Eltern und ehemaligen Schülern, die Auskunft darüber gaben, wie sie die Montessori-Schule erlebt haben.

Insbesondere gilt unser Dank Herrn Wilms, der uns in die Montessori-Pädagogik eingeführt hat und uns auch für dieses Buch wichtige Denkanstöße geben konnte, sowie Frau Klein, langjährige Leiterin eines Kinderhauses in einem sozialen Brennpunkt von Düsseldorf, die uns an ihren Erfahrungen mit Kindern hat teilhaben lassen.

Maria Montessori
Ein Leben für das Kind

Die Lebensgeschichte einer ungewöhnlichen Frau

Bereits zu ihrer Zeit erregte der Lebensweg Maria Montessoris Aufsehen – als Studentin, die zur ersten Ärztin Italiens wurde, als engagierte Vertreterin auf einem Frauenkongress, als Ärztin, die schließlich zur Pädagogin wurde und ihr Leben und Arbeiten ganz in den Dienst des Kindes stellte. Das öffentliche Interesse galt nicht allein ihrer Arbeit, sondern vielfach ebenso ihrer eindrucksvollen Persönlichkeit; das spiegeln übereinstimmend alle Berichte zeitgenössischer Zeitungen wider, aber auch die Erzählungen derer, die mit ihr zusammengearbeitet haben.

Aufgewachsen im letzten Drittel des 19. Jahrhunderts, entwickelte sie eine neue Sichtweise der kindlichen Entwicklung, die zu ihrer Zeit geradezu revolutionär wirkte und die bis heute nichts von ihrer Aktualität eingebüßt hat.

Mitte des 19. Jahrhunderts war in Italien, wie überall in Europa, der Gedanke der nationalen Einheit erwacht und manifestierte sich im Risorgimento, der Befreiungsbewegung. Unter Führung des Königs von Sardinien, Vittorio Emanuel, wurde 1870, dem Geburtsjahr Maria Montessoris, die italienische Halbinsel geeint, die Nation Italien ausgerufen.

Doch trotz der politischen Einigung bestanden die krassen Unterschiede zwischen Arm und Reich, Stadt und Land, Nord- und Süditalien fort. Weniger als fünf Prozent der männlichen Bevölkerung besaßen das Wahlrecht. Macht und Privilegien konzentrierten sich nach wie vor auf die dünne Schicht derer, die über Besitz und Bildung verfügten, während die Masse der kleinen Bauern und Arbeiter in Abhängigkeit und großem Elend dahinvegetierte. Immer mehr Menschen zog es vom Land in die Städte mit ihren neugegründeten Fabriken, in der verzweifelten Hoffnung, dort Arbeit und bessere Lebensbedingungen für ihre Familien zu finden. Bald waren die Städte diesem Zustrom nicht mehr gewachsen, erbärmliche Elendsquartiere entstanden.

Den meisten Familien war es nur unter äußerster Anstrengung möglich, ihren Lebensunterhalt zu sichern. Da war es nur selbstverständlich, dass auch die Kinder so früh wie möglich ihren Teil dazu beitragen und bereits sehr früh mitarbeiten mussten. Der regelmäßige Schulbesuch blieb daher ein Luxus, der den Kindern besser gestellter Eltern vorbehalten blieb. Die Folge war, dass zum Beispiel 1860 drei Viertel aller Einwohner über zehn Jahre weder lesen noch schreiben konnten, obwohl bereits 1859 ein Gesetz erlassen wurde, das die allgemeine Schulpflicht vorschrieb. Aber auch während der folgenden Jahrzehnte änderte sich nichts an diesem Zustand.

Maria Montessori wurde in Chiaravalle geboren, in der Provinz Ancona. Ihr Vater, Alessandro Montessori, war Finanzbeamter. Als junger Mann hatte er in den Befreiungskriegen mitgekämpft. So sehr er die politische Neuerung einer Einigung Italiens befürwortet haben mag, so war er doch in vielem ein eher konservativ denkender Mann – ganz gewiss was den Bildungsweg junger

Mädchen betraf, wie wir noch sehen werden. 1866 heiratete er Renilde Stoppani, eine Gutsbesitzertochter. Allem Neuen stand sie interessiert und aufgeschlossen gegenüber. Ihr eigenes Leben blieb zwar noch ganz auf den engen Kreis der Familie beschränkt, aber als sich ihre Tochter auf den Weg machte, ein eigenes, neues Leben zu wagen, war sie es, die sie immer wieder darin bestärkte.

Die junge Maria Montessori wurde schon früh zu sozialer Verantwortung erzogen. Sie erhielt zur Aufgabe, jeden Tag ein bestimmtes Pensum für die Armen zu stricken, zeitweise ging sie mit einem behinderten Mädchen spazieren. Eine kleine Geschichte ist aus diesen frühen Jahren überliefert und im Hinblick auf ihr späteres Werk interessant: Wann immer der Boden gereinigt wurde, machte sie es sich zur Aufgabe, eine bestimmte Anzahl Fliesen zu scheuern.

Diese kleinen Haushaltstätigkeiten, wie auch das Sticken oder Stricken, scheint sie mit Freude ausgeführt zu haben, und als Übungen des täglichen Lebens sollten sie später einen Stellenwert innerhalb ihrer Pädagogik erhalten.

Als Maria Montessori fünf Jahre alt war, zog die Familie nach Rom. Eine aufgeschlossene und interessierte Frau wie Renilde Montessori wird diesen Ortswechsel in die Hauptstadt, mit ihren Universitäten, Theatern und Museen, sicherlich begrüßt haben, bot er doch gleichzeitig der einzigen Tochter alle Möglichkeiten der Ausbildung.

Mit sechs Jahren kam Maria in die öffentliche Schule. Bald zeigte sich ihre Neigung zu Mathematik und naturwissenschaftlichen Fächern. Darum entschloss sie sich mit zwölf Jahren, nicht auf das traditionelle Gymnasium überzuwechseln, vielmehr wählte sie einen anderen, modernen Schultyp, der den Schwerpunkt mehr auf naturwissenschaftliche und technische Lerninhalte legte. Eine Wahl, die durchaus nicht dazu angetan war, die begeisterte Zustimmung des Vaters zu finden. Was sollte ein Mädchen mit einer solchen Ausbildung auch schon anfangen? Sprache, Literatur, allgemein bildende Fächer – ja, das erhöhte die

Chancen, einen akzeptablen Ehemann zu finden. Berufsausbildung für Mädchen, dieser Gedanke begann sich hier und da zwar durchzusetzen, aber auch nur in Bezug auf Berufe im sozialen Bereich oder das Lehrerinnenseminar. Aber Maria zeigte sich stark genug, ihren Wunsch, mit Unterstützung der Mutter, durchzusetzen.

Der Schulalltag im 19. Jahrhundert wird in den meisten Ländern ähnlich ausgesehen haben. In Romanen und Büchern ist er uns heute oft Gegenstand der Belustigung oder des Schreckens. Zu einem vorgegebenen Zeitpunkt auswendig gelernte Lektionen wiedergeben zu können, allmächtige Lehrer sowie Schüler, die bewegungslos in ihren Bänken saßen, das waren Kennzeichen des damaligen Schulalltags.

Wie qualvoll muss er für die Kinder gewesen sein – zumal wenn sie so aufgeweckt und selbständig denkend waren wie Maria, denn eigenes Denken, eigene Zugänge zu Problemen zu entwickeln, das war im Lehrplan nicht vorgesehen. In ihrer eigenen Schulzeit hat Maria Montessori erfahren, wie Schule nicht sein sollte.

Trotzdem schloss sie 1886 mit außerordentlich gutem Erfolg ab, ebenso erfolgreich absolvierte sie den anschließenden vierjährigen Besuch eines technischen Instituts. In all diesen Jahren hatte sich ihr Interesse an Mathematik und den Naturwissenschaften verstärkt. Nach dem letzten Examen überraschte sie ihre Eltern mit einem extravaganten Wunsch. Ausgerechnet Medizin wollte sie studieren, ein Studium, das bisher ausschließlich Männern vorbehalten war! Trotz der Proteste des Vaters meldete sie sich zum Studium an, wurde aber abgelehnt. Keine Frau in Italien studierte Medizin! So verlegte sie sich zunächst auf die Fächer Mathematik und Naturwissenschaften. 1892 bestand sie die Abschlussprüfung. Ihren ursprünglichen Plan, das Medizinstudium, hatte sie jedoch nicht aufgegeben, sondern verfolgte ihn jetzt mit unvorstellbarer Beharrlichkeit. Sie wandte sich an öffentliche Stellen, ja sogar an Papst Leo XIII. Es scheint – wenn man den Zeitungen Glauben schenken kann –, dass er ihren Wunsch unterstützt und damit den Weg für sie frei gemacht hat.

Die erste weibliche Medizinstudentin – das machte natürlich Furore. Aber wie viel Überwindung und Disziplin mag es Maria Montessori gekostet haben, in diesem «Männerfach» auszuhalten, fortwährend im Mittelpunkt des Interesses ihrer Professoren und Mitstudenten zu stehen, die nur auf ein Zeichen der Schwäche gewartet haben mögen.

Den Vorlesungssaal durfte sie erst betreten, nachdem alle Studenten ihre Plätze eingenommen hatten. Da es unvorstellbar war, dass sie gemeinsam mit Männern eine Leiche sezierte, musste sie abends allein in der Anatomie arbeiten. Aber sie hielt durch – und nicht nur das. Schon vor Ende des Studiums gewann sie einen Wettbewerb und damit einen Preis, der es ihr ermöglichte, als Assistentin an einem Krankenhaus praktische Erfahrungen zu sammeln. Gegen Ende des Studiums richtete sie ihr Interesse auf die Gebiete Kinderheilkunde und Psychiatrie.

1896 schloss sie ihre Studien mit einem glänzenden Examen ab. Der ersten medizinischen Doktorin Italiens wurde große öffentliche Aufmerksamkeit geschenkt, alle Zeitungen berichteten über sie.

Im selben Jahr, sie war jetzt sechsundzwanzig Jahre alt, wurde sie als Delegierte gewählt, um ihr Land auf einem großen Frauenkongress in Berlin zu vertreten. Ihre Reden, frei gehalten, waren ein großer Erfolg. Ihre Gewandtheit, ihr Charme und ihr Aussehen wurden in der Presse gefeiert. Bezeichnenderweise ärgerte es Maria Montessori, dass ihrem Aussehen und ihrem Auftreten mehr Aufmerksamkeit geschenkt wurden als ihrem Anliegen, auf die Situation von Frauen in Italien aufmerksam zu machen.

In den folgenden Jahren arbeitete sie an einem Krankenhaus in Rom und unterhielt gleichzeitig eine eigene Praxis. Sie war eine fürsorgliche Ärztin, die ihre Patienten nicht nur medizinisch versorgte, sondern auch ein Ohr für deren persönliches Schicksal hatte. Ab 1897 arbeitete sie als freiwillige Assistentin an einer psychiatrischen Klinik. Dort traf sie auf eine Gruppe als schwachsinnig geltender Kinder, die in einem Raum zusammengepfercht, ohne weitere Betreuung, Anregung oder Beschäftigungsmöglichkeit, dahinvegetierte. Es ist heute schwer zu sagen, ob alle diese Kinder angeborene geistige Behinderungen hatten oder ob einige von ihnen aufgrund ihrer elenden Lebensbedingungen so verwahrlost aufgewachsen waren, dass sie nur schwachsinnig zu sein schienen. Das Schicksal dieser von der Gesellschaft aufgegebenen, zurückgebliebenen Kinder erschütterte Maria Montessori tief. Sie begann, sich mit den Problemen geistig behinderter Kinder zu beschäftigen. Sie studierte die Werke der französischen Ärzte J. M. Itard (1774–1834) und seines Schülers Seguin (1812–1880). Beide hatten versucht, Methoden zu entwickeln, mit denen sie zurückgebliebenen oder taubstummen Kindern helfen wollten. Maria Montessori war von den Arbeiten der beiden Wissenschaftler so beeindruckt, dass sie deren Bücher in die italienische Sprache übersetzte.

Itards entscheidende Bedeutung liegt in der Beobachtung, Beschreibung und Erziehung eines Kindes, das als «Wildkind» in den Wäldern aufgefunden worden war. Er ging davon aus, dass zunächst die sinnliche Wahrnehmung behinderter Kinder angeregt werden müsse. Sein Grundsatz war es, dass jeder Sinn einzeln angesprochen und geschult werden sollte. Zunächst grobe sensorische Eindrücke wurden mit Hilfe von Übungen zunehmend verfeinert. Gleichzeitig sollten die motorischen Fähigkeiten der Kinder so weit trainiert werden, dass sie einfache Verrichtungen des täglichen Lebens selbst ausführen konnten. Zu diesem Zweck entwickelte Seguin verschiedene Übungen. Geometrische Figuren sollten in passende Aussparungen gelegt werden, Perlen waren aufzuziehen, an Kleidern das Auf- und Zuknöpfen zu üben. Er gab Kindern Gegenstände mit unterschiedlicher Oberflächenstruktur, an denen sie tastend ihre Sinne verfeinern sollten. Die vielleicht wichtigste Folge der Bemühungen Seguins war, in das Bewusstsein der Öffentlichkeit gerückt zu haben, dass es möglich und sinnvoll sei, geistig behinderte Kinder zu bilden.

Auch die Arbeiten anderer Pädagogen haben Maria Montessori beeinflusst, Rousseau etwa oder die Gedanken Pestalozzis und Fröbels. Fröbel hatte Mitte des 19. Jahrhunderts seinen ersten Kindergarten eröffnet. Auch er entwickelte eigene Arbeitsmaterialien – «Gaben» genannt. Anhand von Kuben, Zylindern und Würfeln sollten die Kinder ihre Sinne und Motorik entfalten. Nachfahren einer «Gabe» sind die Bauklötze, heute fester Bestandteil jedes Kinderzimmers.

Die Beschäftigung mit geistig behinderten Kindern sowie die Lektüre pädagogischer Literatur stärkten Montessori in der Überzeugung, dass das Problem dieser Kinder in erster Linie nicht ein medizinisches, sondern ein pädagogisches sei. Sie war der festen Meinung, dass es möglich sein müsse, diese Kinder in besonderen Schulen zu fördern.

Diese These vertrat sie auch 1897 auf einem Kongress in Turin. Sie verlangte die Einrichtung spezieller Schulen für geistig behinderte Kinder und rief Ärzte und Erzieher auf, diesen Kindern mit Achtung entgegenzutreten. Immer wieder forderte sie, beginnend mit der Erziehung der Sinne, die Voraussetzung für eine Erziehung des Verstandes zu schaffen. Ausgangspunkt sollte das Lehren einfachster Dinge sein, wie etwa der Gebrauch des Löffels, die Verfeinerung des Geruchs- und Tastsinns, gymnastische Übungen als Muskeltraining. All diese Übungen sollten dazu dienen, das Kind anzuregen, es zu wecken und bereit zu machen für den folgenden Unterricht.

Maria Montessori war aktives Mitglied der «Nationalen Liga für die Erziehung behinderter Kinder», und 1899 wurde sie zur Dozentin an einer Lehrerinnenbildungsanstalt berufen. Im folgenden Jahr wurde sie Direktorin eines Instituts, das Lehrer für geistig behinderte Kinder ausbilden sollte. Gleichzeitig war ihm eine Modellschule angegliedert.

Die zwei Jahre, die Maria Montessori an dieser Schule arbeitete, waren für sie eine fruchtbare Zeit. Endlich konnte sie den Beweis antreten, dass behinderte Kinder sehr wohl bildungsfähig waren.

Und in der Tat, die Erfolge, die sie bald vorweisen konnte, erregten überall Aufsehen. Sie ließ die von Itard und Seguin entwickelten Materialien einsetzen und versuchte, die Wahrnehmung und Geschicklichkeit der Kinder zu trainieren, indem sie ihnen zum Beispiel verschieden geformte Zylinder gab, die abgetastet und in die passenden Vertiefungen gesteckt werden mussten. Und immer wieder ließ sie Gerüche, Formen, Farben vergleichen und ordnen.

Als Naturwissenschaftlerin war es Maria Montessori gewohnt, genau zu beobachten. Ein Beispiel für ihre Arbeitsweise: Sie beobachtete ein Mädchen, das große Schwierigkeiten hatte, nähen zu lernen, und entschied, dass es unsinnig sei, das Kind diese komplizierte Bewegung einfach nur immer und immer wiederholen zu lassen. Sie analysierte vielmehr die für diese Fertigkeit benötigten Bewegungsabläufe und kam zu dem Schluss, dass es sinnvoller sei, diese zuvor an groben Materialien vorzuüben. Sie ließ es Papiermatten weben, eine von Fröbel entworfene Übung, bei der Streifen durch ein geschlitztes Papier gezogen werden. Nachdem das Mädchen diesen Bewegungsablauf beherrschte, schlossen sich Übungen in zunehmender Schwierigkeit an, bis es in der Lage war, mit der feinen Nadel umzugehen.

Komplizierte Fertigkeiten zunächst analysieren und die einzelnen notwendigen Bewegungen in unterschiedlichem Schwierigkeitsgrad vorüben zu lassen, diese Erkenntnis übertrug sie auch auf das Lesen- und Schreibenlernen. Sie entwarf ein Alphabet, bei dem jeder Buchstabe erhaben auf ein farbiges Holzbrettchen aufgebracht war, Vokale auf blaue, Konsonanten auf rote Tafeln. Die Kinder wurden angehalten, mit zwei Fingern die Buchstabenform nachzufahren, bis ihnen der Bewegungsablauf vertraut und der Buchstabe bekannt war. Nun waren sie auch in der Lage, ihn zu benennen und mit Kreide auf die Tafel zu malen.

Die intensive Beschäftigung mit der Erziehung geistig behinderter Kinder brachte es mit sich, dass am Ende dieser zweijährigen Arbeit aus der Ärztin Maria Montessori auch eine engagierte Pädagogin geworden war.

1901, auf dem Höhepunkt ihres Erfolges, verließ sie plötzlich ihr Institut und studierte Anthropologie, Psychologie und Erziehungsphilosophie. Der Grund für diesen abrupten Schritt wird wahrscheinlich ein für sie sehr schmerzliches Erlebnis gewesen sein. Seit ihrer Assistentenzeit arbeitete sie eng mit ihrem Kollegen Dr. Giuseppe Montesano zusammen. Er war zugleich auch zweiter Direktor am Institut der Scuola Magistrale Ortofrenica, das sie als erste Direktorin leitete. Mit ihm verband sie eine enge Freundschaft, die sich zu einer Liebesbeziehung entwickelte; sie wurde schwanger. Zur selben Zeit wandte sich der Vater ihres Kindes einer anderen Frau zu, die er heiratete. Die Geburt eines unehelichen Kindes hätte damals das Ende jeder weiteren Tätigkeit in der Öffentlichkeit bedeutet. Keines ihrer selbst gesteckten Ziele, geistig behinderten Kindern zu helfen, hätte sie weiter verfolgen können. So entschloss sie sich, ihr Kind heimlich zur Welt zu bringen und einfachen Leuten auf dem Lande zur Pflege zu überlassen.

Dieser Entschluss muss ihr sehr schwer gefallen sein. Sie, die in ihren späteren Schriften immer wieder betonen wird, wie wichtig eine enge und liebevolle Bindung zwischen Mutter und Kind in den ersten Lebensmonaten für dessen Entwicklung ist, sah sich gezwungen, ihr eigenes Kind in fremde Obhut zu geben. Gleichwohl verfolgte sie seine Entwicklung bei den Pflegeeltern auf dem Lande. Ihr Sohn Mario erinnerte sich später, dass er in seiner Kindheit häufig von einer schönen, geheimnisvollen Dame besucht worden sei. Als er erwachsen war, nahm sie ihn mit auf Vortragsreisen, gab ihn in der ersten Zeit jedoch noch als ihren Neffen aus, bis sie sich schließlich zu ihm als ihrem Sohn bekennen konnte. Er sollte ihr für viele Jahrzehnte ein treuer Helfer und Mitarbeiter werden.

Nach der Geburt des Sohnes beschäftigte Maria Montessori sich weiter intensiv mit ihren Studien. 1904 erhielt sie dann den Auftrag, am pädagogischen Institut in Rom Vorlesungen für Studenten der medizinischen oder naturwissenschaftlichen Fakultät zu halten. In ihren Vorlesungen behandelte sie nun Themen der Anthropologie und der Pädagogik. Ihre Grundthese war die, dass der Erzieher die individuelle Eigenart jedes Kindes zunächst verstehen müsse und diese Kenntnis bei seinen erzieherischen Bemühungen zu berücksichtigen habe.

1906 wurde ihr ein Angebot unterbreitet, das ihrem Leben eine neue, unerwartete Richtung geben sollte. In Rom herrschten nach wie vor katastrophale Wohnbedingungen. Immer mehr Menschen waren vom Lande in die Stadt gezogen, neue Wohngebiete waren übereilt errichtet, zum Teil jedoch nicht fertig gestellt worden und verfielen wieder. Eine Gruppe von Bankiers beschloss, gemeinsam mit einem «Institut für gutes Bauen» solch einen Wohnungskomplex in der Gegend von San Lorenzo fertig zu stellen. Sie wollten ein Modell für soziales, modernes Wohnen schaffen. In einem Häuserkomplex wurden kleine Wohnungen abgetrennt, sogar Wasserleitungen und Abflussrohre gelegt, gemeinschaftliche Bäder installiert und der Hof bepflanzt. Alles sollte schön und praktisch sein und sich durch die Mieten selbst tragen. Als Mieter suchte man sich solche Familien aus, bei denen beide Elternteile arbeiteten. Das schien im Hinblick auf die Mieten eine sichere Sache zu sein. Daraus ergab sich allerdings ein anderes Problem. Die Kinder dieser Familien waren tagsüber unbeaufsichtigt. Wollte man sichergehen, dass sie nicht innerhalb kürzester Zeit die neugetünchten Wände beschmierten, so musste man einen Weg finden, sie zu versorgen, während ihre Eltern arbeiteten.

So entschloss man sich, im Erdgeschoss einen Raum bereitzustellen, in dem eine Frau tagsüber die etwa fünfzig Kinder versorgen sollte. Man suchte nur noch eine Leitung für diese Tagesstätte. Was lag näher, als Maria Montessori zu fragen, ob sie diese Aufgabe übernehmen wollte? Viele ihrer Freunde mögen den Kopf geschüttelt haben, als sie von ihrem Entschluss hörten. Sie, die anerkannte Wissenschaftlerin, Ärztin und Dozentin wollte nun Leiterin einer Kindertagesstätte werden. Aber die Möglichkeit, ihre Ideen und Materialien endlich einmal an gesunden, normal begabten Kindern zu erproben, reizte sie.

Mit der ihr eigenen Kraft und Hingabe machte sie sich an die Arbeit. Es gab kein Spielzeug und kein Geld für ein Mittagessen, sodass Maria Montessori ihre Verbindungen nutzte. Es gelang ihr, Damen der Gesellschaft für ihr Unternehmen zu begeistern. Sie sammelten Geld und unterstützten so die Arbeit im Kinderhaus.

Maria Montessori entwarf kleine Tische und Stühle, abgestimmt auf die Körpergröße der Kinder. Das gestiftete Spielzeug, die Materialien sowie Mal- und Schreibutensilien standen bereit. Als Erzieherin wurde eine einfache Frau eingestellt. Montessori unterwies sie im Gebrauch des Materials, ließ ihr im Wesentlichen aber freie Hand. Da sie nach wie vor als Dozentin und Ärztin arbeitete, war es ihr nur ein- bis zweimal in der Woche möglich, dem neuen Kinderhaus einen Besuch abzustatten. Sie beobachtete dann die Kinder und machte so eine Fülle psychologischer Entdeckungen.

Für sie war das Kinderhaus ein «Messapparat», der zu Beginn ihrer Arbeit auf null gestellt war, ein Laboratorium, in dem sie ihre wissenschaftliche Arbeit nun fortsetzen und die Entwicklung der Kinder beobachten wollte. Ihr Ziel war es, an den Kindern eine Erziehung der Sinne zu erproben, ihr Material einzusetzen und zu beobachten, wie sie damit arbeiteten. Sie wollte ihre Reaktionen mit denen der behinderten Kinder vergleichen.

Am 6.1.1907 wurde das Kinderhaus «Casa dei Bambini» in San Lorenzo eröffnet. Fünfzig verwahrloste, schmuddelige, zum Teil heulende Jungen und Mädchen zwischen drei und sechs Jahren zogen ein. Und was sollte noch daraus werden! Diese Kinder, die zu Beginn als ungepflegt wirkende, verschüchterte Wesen zu ihr kamen, sollten unter ihrer Obhut bald eine Wandlung erfahren, die auch Maria Montessori oft genug in Staunen und Ungläubigkeit versetzen sollte.

Sie beobachtete immer wieder, dass die Kinder völlig unbefangen mit dem Material umgingen und sofort begannen, damit zu arbeiten. In sich versunken saßen sie da, arbeiteten eine lange Zeit, in der sie eine Übung wieder und wieder ausführten, und jedes Mal wirkten sie am Ende frisch, ausgeruht und sichtlich befriedigt von ihrer Tätigkeit. Auffallend war bei allen Kindern, dass sie die Übungen ständig wiederholten, ohne dass man sie dazu aufgefordert hätte. Montessori schloss daraus, dass diese Wiederholung der Übung ein Wesenszug kindlicher Betätigung sei.

Sie lehrte die Kinder nicht nur den Umgang mit ihrem Material, sondern sie unterwies sie auch in alltäglichen Fertigkeiten. So zeigte sie ihnen, wie man sich richtig die Hände wäscht oder leise seine Nase putzt. Lauter Dinge, die zu beherrschen die Kinder mit einem Gefühl von Würde erfüllte. Sie deckten alleine den Tisch und bedienten sich gegenseitig beim Mittagessen.

Eines Tages hatte die Erzieherin vergessen, den Schrank abzuschließen, in dem das Material aufbewahrt wurde. Die Kinder hatten ganz selbstverständlich begonnen, das von ihnen gewünschte Material herauszunehmen und zu arbeiten. Die Erzieherin wollte dies zunächst unterbinden, doch für Maria Montessori war es der Beweis, dass die Kinder das Material nun so gut kannten, dass sie fähig waren, eine eigene Wahl zu treffen. Von dem Tage an wurde es immer so aufbewahrt, dass es für die Kinder frei zugänglich war. Gleichzeitig waren sie nun auch schon so weit, dass sie Ordnung halten konnten. Hatten sie ein Material benutzt, so stellten sie es nach Gebrauch an seinen angestammten Platz zurück.

Bald begannen einige Kinder Maria Montessori zu bitten, sie schreiben und lesen zu lehren. Ein Satz Buchstaben bestand aus Sandpapier und war auf farbigen Karton geklebt. Die Kinder fuhren mit zwei Fingern diese Sandpapierbuchstaben nach und sprachen den Laut dazu. Innerhalb weniger Wochen hatte sich ihnen die Kontur fast jedes Buchstabens eingeprägt, und einige begannen, sie zu kleinen Silben zusammenzulegen. Sie ließ daraufhin einen zweiten Satz Buchstaben aus Papier ausschneiden, damit die Kinder auch Worte legen könnten.

Eines Tages spielten die Kinder draußen. Eines malte mit

Kreide auf den Boden und rief plötzlich: «Ich kann schreiben! Ich kann schreiben!» Und wirklich, es schrieb gut lesbar mit Kreide das Wort «Hand». Andere Kinder liefen hinzu und begannen ebenfalls, einfache Wörter zu schreiben, ohne dass man sie jemals bewusst dazu angehalten hätte. Eine wahre «Schreibexplosion» brach aus. Überall wurde nun geschrieben. Bereits sechs Wochen nach Beginn der Buchstabeneinführung schrieben zwei Vierjährige einen Weihnachtsbrief an den Direktor des «Instituts für gutes Bauen».

Montessori begann nun, nach Wegen zu suchen, wie die Kinder weiter lesen lernen könnten. Sie schrieb auf Karten einfache, lautgetreue Namen von Gegenständen des Klassenzimmers. Diese Karten wurden an die Gegenstände gelegt. Auf anderen Karten war der Name eines Spielzeuges notiert. Jedes Kind konnte sich eine nehmen. Hatte es das Spielzeug «erlesen», durfte es mit ihm spielen. Zu Montessoris Verwunderung waren die Kinder aber durchaus nicht darauf aus, zu spielen; sie zogen es vielmehr vor, eine weitere Karte zu nehmen und diese zu «erlesen». Es wiederholte sich das gleiche Phänomen wie beim Schreiben, innerhalb kurzer Zeit und mit viel Freude lernten die Kinder lesen. Nicht zuletzt diese Tatsache, dass vier- bis fünfjährige Kinder von sich aus schreiben und lesen gelernt hatten, machte das Kinderhaus in der Öffentlichkeit weiter bekannt.

Wenn Montessori das Kinderhaus besuchte, dann vor allem, um zu beobachten. Für sie war das Kind der «Lehrmeister». Sie sah, mit welcher Freude die Kinder die verschiedenen Tätigkeiten ausführten, und registrierte dabei, dass es ihnen mehr Freude machte, Schuhe zu putzen, als saubere Schuhe zu haben, dass ihnen die Arbeit mit einem Material wichtiger war als das Ergebnis einer Rechenoperation. Montessori zog daraus den Schluss, dass das eigentliche Interesse eines Kindes auf die Ausführung einer Tätigkeit gerichtet sei, nicht so sehr auf deren Ergebnis.

Doch war sie nicht nur Pädagogin, sie war auch Ärztin. So ließ sie die Kinder regelmäßig untersuchen, machte Vorschläge für eine gesunde Ernährung und entwarf sogar Turngeräte, um ihre Muskulatur weiter auszubilden.

Das Kinderhaus wurde bald bekannt, immer mehr Besucher kamen, um dieses «Wunder» zu bestaunen. Bald wurden weitere Kinderhäuser gegründet, in Rom ebenso wie in Mailand. Dort gelang es Maria Montessori, in einer Werkstatt für Arbeitslose das nun immer zahlreicher benötigte Material herstellen zu lassen.

Die neugegründeten Kinderhäuser gab es nun längst nicht mehr nur in den Armenvierteln, auch in den Wohnvierteln der Mittel- und Oberschicht wurden solche Kinderhäuser eingerichtet, eines zum Beispiel im Haus des englischen Botschafters.

Maria Montessori war sehr gespannt, wie diese verwöhnten Kinder, die zu Hause eine Vielzahl eigenen Spielzeuges besaßen, wohl auf ihr Material reagieren würden. Aber immer wieder machte sie das gleiche Erfahrung: Nach einer kurzen Zeit der Ziellosigkeit und Unentschlossenheit begannen die Kinder in gleicher Weise mit ihrem Material zu arbeiten, breitete sich in den Kinderhäusern die gleiche heitere und geschäftige Atmosphäre aus.

In den folgenden Jahren waren es immer wieder Angehörige der höher gestellten, sozial engagierten Mittel- und Oberschicht, die zu Förderern der Gedanken Montessoris wurden. Sie hatten von ihrem Kinderhaus gehört, es besucht, und nun nahmen sie die neuen Vorstellungen mit nach Hause in ihre Heimatländer, nach England, Australien, in die USA. Sie gründeten in den folgenden Jahren Montessori-Gesellschaften in ihren Ländern, errichteten in ihren Privatwohnungen neue Kinderhäuser, förderten die Verbreitung ihrer Ideen und finanzierten Ausbildungskurse.

1909 führte sie den ersten Ausbildungskurs für Lehrer und Interessierte durch, in dem sie ihre Gedanken vorstellte und sie im richtigen Gebrauch ihres Materials unterwies.

Im selben Jahr wurde sie aus ihrem Kinderhaus San Lorenzo ausgeschlossen. Es war zu Differenzen mit der Eigentümergesellschaft gekommen, die durch die Tatsache verstimmt war, dass das Kinderhaus größere Popularität genoss als ihr Wohnmodell.

Doch inzwischen waren überall in der Welt neue Kinderhäuser entstanden, und ein anderes Kinderhaus in Rom diente als Demonstrationsklasse. Nichts zeigt die ungeheure Faszination ihrer Ideen besser als die Tatsache, dass ihr 1909 erschienenes Buch «Il Metodo» innerhalb kurzer Zeit in zwanzig Sprachen übersetzt wurde.

In ihrer eigenen Wohnung unterrichtete Montessori zwei Gruppen sechs- bis neunjähriger Kinder. Sie suchte nach Methoden, auch ältere Kinder anhand von Material lernen zu lassen. Sie entwarf Material für die Bereiche Multiplikation, Geometrie, Bruchrechnen und beobachtete, wie die Kinder damit arbeiteten. Wo immer sie ging und stand, schienen ihre Gedanken darum zu kreisen, wie sie komplizierte Sachverhalte in Material veranschaulichen könnte.

Immer größer wurde der Strom der Besucher im Kinderhaus, immer größer auch die Flut der Briefe, die zu beantworten war, dazu kamen die Ausbildungskurse. So entschloss sich Montessori im Alter von vierzig Jahren, in Zukunft ihre ganze Arbeitskraft nur noch ihrer «Bewegung» zu widmen. Mit der ihr eigenen Konsequenz gab sie ihre Dozentur auf und ließ sich aus der Ärzteliste streichen. Als Unterhalt mussten nun ihre Tantiemen aus den Büchern und Vorträgen, dem Verkauf des Materials sowie das Honorar für die Ausbildungskurse reichen.

1912 erschien ihr Buch «Il Metodo» in den USA. Ihre Gedanken fanden sofort begeisterte Aufnahme, in rascher Folge wurden dort Kinderhäuser gegründet. Doch nun zeigte sich ein Problem. Es gab nur eine einzige von ihr selbst ausgebildete Lehrerin in Amerika. Es war für Montessori unvorstellbar, dass jemals eine Person ein Kinderhaus würde leiten können, die nicht von ihr selbst in der richtigen Handhabung ihres Materials unterrichtet war. Ihre ganze Sorge war es, ihre Gedanken könnten missverstanden, ihr Material falsch angewendet werden. So hatte sie kein Verständnis dafür, dass in den USA ein Buch erschien, das die rechte Handhabung ihres didaktischen Apparates erklären wollte, oder dass

Ausbildungskurse irgendwo in der Welt stattfinden könnten, die nicht unter ihrer Aufsicht standen.

1913 entschloss sie sich daher, einen ersten, internationalen Ausbildungskurs in Rom abzuhalten. Von den siebenundachtzig Teilnehmern aus aller Welt kamen allein siebenundsechzig aus Amerika. Im selben Jahr brach sie zu ihrer ersten Reise in die USA auf. Der Empfang in Amerika war überwältigend. Drei Wochen lang besuchte sie Schulen, beantwortete Pressefragen und hielt Vorträge. Immer wieder stellte sie ihre Grundthesen von der spontanen Selbstentfaltung des Kindes vor. Nach ihrer Rückkehr führte sie einen weiteren internationalen Kurs durch. Im selben Jahr, 1914, erschien ihr zweites Buch, diesmal in englischer Sprache, «Dr. Montessori's Own Handbook», in dem sie erklärte, wie ihre Materialien beschaffen und anzuwenden seien.

Innerhalb weniger Jahre war der Name Maria Montessori in Amerika zu einem Begriff geworden. Ihre Ideen wurden in Zeitungen dargestellt und diskutiert. Eine große Anhängerschaft sorgte dafür, dass zahlreiche Kinderhäuser und Schulen eingerichtet wurden, die nach ihren Prinzipien arbeiteten. Montessori-Gesellschaften wurden gegründet.

1915 unternahm sie eine zweite Amerikareise. Diesmal wurde sie von ihrem Sohn Mario begleitet. Aus Anlass der Einweihung des Panama-Kanals fand in Kalifornien eine große Ausstellung statt. Maria Montessori war eingeladen, dort eine Demonstrationsklasse einzurichten. Auf einem erhöhten Podest wurde ein Glaskasten installiert, in dem einundzwanzig drei- bis sechsjährige Kinder arbeiteten. Davor waren Sitzbänke für die Besucher aufgebaut. Die Klasse konzentriert arbeitender, kleiner Kinder war die Attraktion der Ausstellung.

Trotz dieser positiven Erfahrungen sollte es jedoch bald zu Differenzen mit den amerikanischen Montessori-Gesellschaften kommen. Vor allem Montessoris Alleinvertretungs- und Ausbildungsanspruch machten es offensichtlich schwer, mit ihr zusammenzuarbeiten. Die Montessori-Gesellschaften fielen auseinander. Während der folgenden Jahre gerieten ihre Gedanken in den USA in Vergessenheit. Erst nach dem Zweiten Weltkrieg sollten ihre Ideen dort wieder eine breitere Basis finden.

Aus Amerika kehrte Maria Montessori nicht in ihre Heimat Italien zurück. Barcelona sollte für zwanzig Jahre ihr Wohnort werden. Dorthin zog nach dem Krieg auch ihr Sohn Mario mit seiner Familie. Die katalanische Regierung unterstützte ihre Gedanken, Kinderhäuser und Schulen entstanden, bis die Bürgerkriegswirren 1936 jede weitere Arbeit unmöglich machten.

Obwohl Montessori ihren Wohnsitz nun in Spanien hatte, kehrte sie immer wieder für längere Zeiträume in ihre Heimat Italien zurück. 1922 hatte der Minister für öffentlichen Unterricht, Anile, sie eingeladen, dort eine Vortragsreihe zu halten. Er beauftragte sie, die Montessori-Einrichtungen in ganz Italien zu inspizieren. Gleichzeitig führte sie Ausbildungskurse durch. Mussolini, der inzwischen die Macht erlangt hatte, unterstützte zunächst ihre Arbeit und förderte die Einführung ihres Systems an den Schulen. Die Vorstellung einer Klasse, die in Ordnung und Disziplin arbeitet, muss ihm gefallen haben, auch wenn sich seine Ziele letztlich niemals mit denen Montessoris decken konnten. Montessori, die von sich gesagt hatte, sie sei unpolitisch, kehrte bis Anfang der dreißiger Jahre immer wieder nach Italien zurück. 1934 fand der letzte Lehrgang in Italien vor dem Zweiten Weltkrieg statt, ihre Schulen wurden bald darauf geschlossen.

Die Zeit zwischen den beiden Weltkriegen war ebenso reich an Erfolgen Montessoris wie an immer wieder auftauchenden Rückschlägen. Sie arbeitete rastlos, reiste umher, um Vorträge zu halten und Ausbildungskurse durchzuführen. In diesen Jahren entstanden zahlreiche Schriften, zum Teil Mitschriften ihrer frei gehaltenen Vorträge. In vielen europäischen Staaten, zum Beispiel England, Holland, Österreich, Spanien, wurden ihre Gedanken begeistert aufgenommen. Kinderhäuser, Schulen und nationale Montessori-Gesellschaften entstanden.

1929 gründete sie, unterstützt von ihrem Sohn Mario, eine

internationale Montessori-Gesellschaft, die AMI (Association Montessori Internationale). Diese Gesellschaft sollte den Austausch unter den nationalen Montessori-Vereinigungen fördern und ihre Aktivitäten beaufsichtigen. Gleichzeitig sollte sie Ausbildungskurse organisieren und dazu beitragen, die Gedanken Montessoris weiter zu verbreiten. In dieser Funktion ist die AMI noch heute aktiv.

Obwohl sich in diesen Jahren große Erfolge für die Montessori-Bewegung abzeichneten, kam es gleichzeitig immer wieder zu Unstimmigkeiten mit den nationalen Montessori-Gesellschaften, denn Maria Montessori beharrte starr darauf, dass nur sie allein Lehrer in ihrer Methode ausbilden könne. Anhänger, die versuchten, ihre Gedanken selbständig weiterzuentwickeln, wollte sie nicht dulden.

Die politischen Spannungen in Europa nahmen zu und erschwerten die Arbeit, die in vielen Ländern während des Zweiten Weltkrieges ganz zum Erliegen kam. In Deutschland vertrat nur eine kleine Anhängerschaft ihre Ideen. 1933 wurden die wenigen bestehenden Montessori-Einrichtungen geschlossen, ihre Bücher verbrannt. Hier sollte die Montessori-Bewegung erst nach dem Krieg ihren eigentlichen Aufschwung erleben.

1936 verließ Maria Montessori Spanien und zog mit ihrer Familie nach Holland. Dort existierte eine große Anhängerschaft, und es gab bereits mehr als zweihundert Montessori-Schulen, die von über sechstausend Kindern besucht wurden; es gab sogar Schulen für ältere Kinder.

Trotz ihres Alters arbeitete Montessori unermüdlich weiter, sie unternahm ausgedehnte Reisen, so 1939 nach Indien. Gandhi und Rabindranath Tagore waren begeistert von ihren Ideen und hofften, auch durch eine neu überdachte Erziehung ihrem Volk helfen zu können. So entstand dort während der dreißiger Jahre eine starke Montessori-Bewegung. Inzwischen war jedoch der Zweite Weltkrieg ausgebrochen, und als 1940 Italien an der Seite Deutschlands in den Krieg eintrat, ließen die Engländer alle in Indien befindlichen Italiener internieren. Maria Montessori durfte sich zwar relativ frei im Land bewegen, eine Referenz des Vizekönigs, ihr Sohn Mario jedoch wurde interniert und später anlässlich des siebzigsten Geburtstags seiner Mutter freigelassen.

Trotz der deprimierenden Kriegswirren war die Zeit in Indien eine glückliche Lebensphase für Maria Montessori. Sie arbeitete ununterbrochen und bildete mehr als tausend Lehrer aus.

1946 kehrte sie nach Holland in ihr Haus bei Amsterdam zurück. Ihre Schaffenskraft war ungebrochen, sie publizierte und hielt Kurse ab, sie reiste 1947 sogar noch einmal nach Indien und Pakistan. Sie war bereits durch viele Ehrungen ausgezeichnet, als sie 1949 für den Friedensnobelpreis nominiert wurde. Am 6. 5. 1952 starb sie in ihrem Haus in Amsterdam. (Diese Lebensbeschreibung stützt sich im Wesentlichen auf Kramer, Rita, 1977.)

Das Kind als Baumeister seiner selbst

Maria Montessori entwarf eine völlig neue Sichtweise der kindlichen Entwicklung. Sie reflektierte nicht nur die Situation des Kindes im Kindergarten- und Schulalter, sondern bezog seine Entwicklung von Geburt an in ihre Überlegungen mit ein.

Als Ärztin war Montessori eine exakte Beobachterin des Kindes, jede Reaktion war für sie von Interesse. Gleichzeitig war sie von dem, was sie beobachtete, überrascht. Sie war erstaunt über das Wunder kindlicher Entfaltung und voller Hochachtung vor dem Kind, das diese Entwicklungsarbeit vollbringt. Da sich dieser Prozess in jedem Kind vollzieht, erscheint er uns oft so wenig spektakulär. Besonders beeindruckt war Montessori von der unglaublichen Entwicklungsarbeit, die das Kind während der ersten Lebensjahre vollzieht.

In der Tat, betrachtet man allein die ersten drei Jahre, so ist die Aufbauarbeit des Kindes wirklich erstaunlich. Nach der Geburt befindet es sich zunächst in völliger Abhängigkeit von seiner Umgebung, doch sofort setzt ein Prozess ein, der darauf abzielt, es zunehmend unabhängiger zu machen, bis es zu einem selbständig handelnden Menschen geworden ist. Es wird lernen, seine Bewegungen zu koordinieren, seinen Willen kundzutun und am sozialen Leben, das es umgibt, teilzunehmen. Wir wollen im Folgenden versuchen, Maria Montessoris Gedanken zur Entwicklung des Kindes an einem Beispiel nachzuvollziehen.

In einer Familie wird das zweite Kind erwartet. Die Eltern freuen sich, ebenso der vierjährige Tom. Er darf den sich rundenden Bauch der Mutter befühlen, versucht, daran zu horchen, und findet es spannend, wenn er sehen kann, wie sich das kleine Geschwisterkind darin bewegt. Immer wieder fragt er, wann es denn nun komme, und seine Mutter erklärt ihm, dass es noch nicht so weit sei. Erst müsse das Baby im Schutz des Mutterleibes weiterwachsen. Auch wenn es jetzt schon Arme und Beine habe und strampeln könne, brauche es noch Zeit, bis es größer und kräftiger geworden sei. Sie erklärt ihm auch, dass das ganz kleine Baby, das noch im Bauch der Mutter ist, Embryo heißt. Bereits in den ersten Wochen seiner Existenz seien zwar im Grunde alle Anlagen seiner künftigen Gestalt ausgebildet, trotzdem bedürfe es noch einer langen Zeit und des Schutzes des Mutterleibes, bis es zu einem lebensfähigen Kind gewachsen sei.

Tom sieht, wie sich die Wohnung verändert. Alles wird für das Kind vorbereitet, die Wickelkommode aufgebaut, das kleine Bettchen bereitgestellt, ein Mobile aufgehängt. «Damit es etwas zu gucken hat», sagt die Mutter.

Endlich ist es so weit, die kleine Lena ist geboren. Tom ist begeistert und fragt, was die meisten älteren Geschwister fragen: «Ist sie denn ganz fertig, kann ich mit ihr spielen?» Die Mutter lacht: «Natürlich nicht; sie ist jetzt geboren, aber du siehst ja, sie ist noch viel zu klein. Sie muss noch wachsen. Sie braucht jetzt unsere Hilfe. Wir müssen ihr zu essen geben, mit ihr spielen und schmusen, dann wächst sie ganz schnell.» Tom ist enttäuscht. So hat er sich das nicht vorgestellt. Er findet: «Das ist blöd, Carstens Fische haben Junge bekommen, die konnten wenigstens gleich schwimmen.»

Toms Enttäuschung ist nachzuvollziehen, in der Tat ist kaum ein anderes Lebewesen nach der Geburt so hilflos wie der Mensch. Er ist unfähig, seine Bewegungen zu koordinieren, die Sinne sind noch wenig differenziert. Der Säugling befindet sich in der völligen Abhängigkeit von den Eltern, er muss ernährt und körperlich versorgt werden.

Kinder verfügen allerdings über eine unglaubliche Lernfähigkeit, die es ihnen ermöglicht, innerhalb der ersten Jahre all das zu lernen, was sie zum Leben brauchen werden. Der angeborene Mangel wird durch diese besondere Lernfähigkeit kompensiert. Doch auch in Bezug auf das Lernen befindet sich das menschliche Neugeborene zunächst in völliger Abhängigkeit von seiner Umgebung. In der liebevollen Zuwendung der ersten Wochen erfährt es die ersten sozialen Kontakte. Es lernt, auf das Verhalten der Mutter zu reagieren, lernt, dass es durch sein Tun, Schreien, Lachen die Eltern dazu bewegen kann, ihm etwas zu essen zu geben oder mit ihm zu spielen. Diese ersten emotionalen und sozialen Kontakte schaffen die Voraussetzungen für die Entfaltung seiner Persönlichkeit. Entfaltung bedeutet immer lernen, und jedes Lernen vollzieht sich in einem sozialen Bezug.

Um die schutzbedürftige Situation des Kindes nach der Geburt zu kennzeichnen, die zunächst von Abhängigkeit geprägt ist, sprach Maria Montessori davon, dass der Mensch als *psychischer Embryo* zur Welt komme. Alle Möglichkeiten zur Entfaltung seiner Persönlichkeit sind in ihm bereits angelegt, seine individuellen Eigenheiten ebenso wie die Fähigkeit, zu lernen und seine Sinne und Bewegungen zu schulen.

Bedeutend länger als die neun Monate einer Schwangerschaft dauert es natürlich, bis das Kind zu einer selbstbestimmten Persönlichkeit heranreift. Gerade während der ersten Jahre ist es in besonderem Maße darauf angewiesen, dass ihm Hilfe angeboten wird. Es muss Anreize vorfinden, die seine Sinne schulen. Das Wichtigste aber ist die liebevolle Zuwendung seiner Familie. Das körperliche Wachstum des Kindes vollzieht sich wie von selbst, obwohl es durch die Art der Ernährung beeinflusst wird. Erhält ein Kind falsche oder zu wenig Nahrung, so wird es in seinem Wachstum gehemmt. Maria Montessori beobachtete in der geistigen Entfaltung des Kindes ähnliche Kräfte. Die Selbstentfaltung des Kindes geschieht ebenfalls spontan. Doch es benötigt zur Entfaltung seiner Persönlichkeit «geistige Nahrung». Es braucht Menschen, von denen es soziale Verhaltensweisen lernt. Es braucht Gegenstände, nach denen es greifen kann, und die Möglichkeit, seine Umwelt zu erforschen. Nicht zuletzt braucht es auch die Gelegenheit, eigene Fehler machen zu können, aus denen es lernen kann. Vor allem muss es von Anbeginn an die Erfahrung machen, dass es geliebt wird, dass seine Entdeckerfreude, sein Lernwille und sein Drang zur Selbständigkeit von seiner Umgebung positiv gesehen werden. Es braucht also im gleichen Maße die Hilfestellung der Eltern wie deren Zurückhaltung.

Für Montessori hatte die rasante Entwicklung des Kindes etwas von einem Wunder, vergleichbar der Metamorphose des Schmetterlings. Ebenso wie in der Raupe bereits die Anlage zum Schmetterling ausgebildet ist, ist im Säugling die Anlage zu seiner Persönlichkeit vorgebildet. Ebenso wie die Raupe sich in einem Kokon einspinnt und sich dort in der Dunkelheit der eigentliche Wandel zum Schmetterling vollzieht, bleibt auch manche Phase des geistigen Wachstums eines Kindes vor dem Auge des Erwachsenen verborgen. Doch auch wenn nicht jede Phase kindlichen Reifens für uns sichtbar ist, so heißt dies nicht, dass sich in seinem Inneren kein Wandel vollzöge.

Maria Montessori stellte deutlich heraus, dass das Kind diese Aufbauarbeit allein vollbringt. Der Säugling ist nicht einem leeren Gefäß vergleichbar, das die Eltern oder Erzieher nun beliebig zu füllen hätten. Seine Entfaltung vollzieht sich vielmehr nach einem individuellen Plan, in einem Tempo, das das Kind und nicht der Erwachsene bestimmt. Das Kind ist, wie Montessori sagte, *Baumeister seiner selbst.* Mit diesem Begriff verdeutlicht sie ihre Überzeugung, dass jedes Kind über die Fähigkeit verfügt, seine Persönlichkeit selbst aufzubauen.

Gleichzeitig fragte sie sich, welche Kräfte im Kind diesen Aufbau vorantreiben. Säuglinge sind umgeben von einer Fülle verschiedener Sinneseindrücke. Offensichtlich ist es ihnen möglich, gerade diejenigen herauszufiltern, die sie für ihren nächsten Entwicklungsschritt benötigen.

Ein Beispiel für diese Fähigkeit ist der Spracherwerb. Wie ist es möglich, dass Kinder nur durch den Kontakt mit ihrer Umwelt, die Muttersprache erlernen? Scheinbar mühelos erfassen sie diese Sprache in jedem Detail, mit jeder grammatischen Regel oder Ausnahme, in jeder Bedeutungsnuance. Ja, in zweisprachigen Familien lernen sie in diesen ersten Jahren sogar zwei Sprachen. Wie unvergleichlich mühseliger ist das Erlernen einer Fremdsprache in den späteren Jahren. Jetzt lernen die Kinder mit dem Verstand; sie lernen Wort für Wort, plagen sich mit grammatikalischen Regeln und Redewendungen. Ganz offensichtlich wird das Sprechenlernen beim Kleinkind nicht über das Bewusstsein gesteuert, denn noch verfügt es nicht über einen bewussten Willen. Noch weiß es nicht, dass es ein eigenes Ich besitzt, das sich von seiner Umwelt unterscheidet. Doch wenn es diesen Prozess willentlich steuert, wie dann?

Die kleine Lena aus unserem Beispiel ist inzwischen fünf Monate alt. Wann immer Tom oder die Eltern mit ihr sprechen, schaut sie intensiv auf den Mund ihres Gegenübers. Sie selbst beginnt, ihre Lippen zu bewegen, und plappert und brabbelt die unterschiedlichsten Laute. Immer neue Lautkombinationen erprobt sie. Ja, sie versucht schon kleine «Unterhaltungen» mit Tom, der sich darüber freut.

Obwohl die Laute noch keine Wortbedeutungen haben, tritt sie so in Kontakt zu ihrer Umwelt. Erst später wird sie lernen, dass bestimmte Lautkombinationen festgelegte Bedeutungen haben. Lenas Interesse, ihr unablässiges Plappern dienen dazu, die Muskulatur zu stärken, die sie für das Sprechen benötigen wird, und entsprechende motorische Muster zu schaffen.

Welche Kräfte lassen in dieser Entwicklungsphase das Interesse gerade für die Sprechbedingungen so in den Vordergrund treten? Viele andere Eindrücke strömen ja ebenfalls auf das Kind ein, doch gerade der Mund, die Lautbildung scheinen aus allen anderen Sinneseindrücken herausgehoben zu sein. Montessori verglich das Phänomen mit einem Scheinwerfer. Sein Licht erhellt immer nur einen besonderen Ausschnitt der Umgebung, während alles andere zwar ebenfalls da ist, aber im Dunkel bleibt.

Als Erklärung für diese verborgene Kraft, die das selektive Interesse steuert, zog Montessori ein Beispiel aus dem Tierreich heran. Der ihr bekannte holländische Biologe de Vries entdeckte in der Entwicklung einer Schmetterlingsraupe eine Periode ganz besonderer Empfänglichkeit für bestimmte Sinneseindrücke. Der Schmetterling legt seine Eier in der schattigen Nähe des Stammes ab. Ist die kleine Raupe geschlüpft, benötigt sie für ihre Entwicklung während der ersten Lebenstage sehr zarte Blättchen, die jedoch nur am Ende jeden Zweiges, im Licht, wachsen. Es ist also lebenswichtig für sie, dass sie innerhalb kürzester Zeit zu ihrer Nahrungsquelle findet. Gerade während dieser ersten Tage ist sie mit einer besonderen Lichtempfindlichkeit begabt. Angezogen von der stärksten Helligkeit, findet sie so die Nahrung, die sie für ihre weitere Entwicklung braucht. Diese Fähigkeit verliert sich gerade in dem Augenblick, in dem die Raupe sich auch von anderen Blättern ernähren kann. Nach wie vor vermag sie Licht und Schatten zu registrieren, doch hat diese Fähigkeit keine besondere Bedeutung mehr für sie. In dieser abgegrenzten Lebensphase entwickelt die Raupe also eine besondere Sensibilität für Licht; dieser Sinneseindruck dominiert die anderen, sichert damit eine lebenswichtige Funktion und tritt dann wieder zurück. Übertragen auf den Prozess des Sprechenlernens bedeutet dies, dass in dieser Phase alle Sinneseindrücke, die diesem Aspekt dienen, dominant wahrgenommen werden und später wieder zurücktreten.

Damit ist die Frage noch nicht geklärt, wie das Kind diesen vielschichtigen Lernprozess des Spracherwerbs überhaupt vollzieht, denn im Gegensatz zum älteren Kind oder Erwachsenen verfügt es noch nicht über deren Form der Intelligenz. Montessori nahm an, dass es über eine andere Fähigkeit verfügen müsse, und nannte diese den *absorbierenden Geist.*

Diesen Begriff definierte sie als eine *unbewusste Geistesform, die schöpferische Kraft besitzt.* Sie beobachtete das Phänomen ausschließlich in der frühen Kindheit. Der absorbierende Geist ermöglicht es dem Kind, ganzheitlich und simultan die Gegebenheiten seiner Umwelt zu erfassen. Das geschieht während der sensiblen Phasen, sodass das Kind dann, wenn es für bestimmte Gegebenheiten empfänglich ist, diese gleichsam unbewusst in sich aufnehmen und speichern kann.

Um das Phänomen des absorbierenden Geistes zu verdeutlichen, zog Montessori als Vergleich den Fotoapparat heran. Durch ihn ist es möglich, in einem Augenblick all das auf einem Film aufzunehmen, auf das im Moment der Belichtung das Objektiv gerichtet ist. Ebenso kann das Kind Gegebenheiten seiner Umwelt in kurzer Zeit vollständig erfassen und aufnehmen, wenn sein Interesse darauf abzielt. Der Ablauf des Spracherwerbs ist ein sehr einleuchtendes Beispiel für das Vorhandensein eines solchen Phänomens.

Das Kind nimmt also während der sensiblen Phasen mit Hilfe des absorbierenden Geistes jeweils das auf, was es zum Aufbau seiner Persönlichkeit und zur Anpassung an die Umwelt benötigt. Während wir Erwachsenen unser Wissen mittels unseres Verstandes aufnehmen, absorbiert das Kind das Wissen einfach dadurch, dass es lebt und handelt. Maria Montessori nannte diese Fähigkeit eine *privilegierte Geistesform.*

Die faszinierende Fähigkeit dieses absorbierenden Geistes geht dem Menschen sehr früh verloren. Und zwar dann, wenn das Kind sich seiner eigenen Person bewusst wird. Kleine Kinder sprechen ja anfangs von sich selber nur, indem sie ihren eigenen Namen benutzen, z. B. «Lena will ...». Erst ab einer bestimmten Zeit zwischen dem 2. und 3. Lebensjahr beginnt das Kind «ich» zu sagen. Wenn es nicht mehr über die Möglichkeit des absorbierenden Geistes verfügt, wird das Kind von einem *unbewussten Schöpfer zu einem bewussten Arbeiter.*

Montessori beobachtete beim Kleinkind neben der wichtigen sensiblen Perioden für Sprache, die sensiblen Perioden für Bewegung und Ordnung.

Jede Mutter freut sich, wenn sich ihr Kind strampelnd in seinem Bett bewegt, mit noch unkoordinierten Bewegungen etwa versucht, nach einem über ihm schwebenden Mobile zu greifen. Was immer man über das Kind hält, es wird seine Arme ausstrecken und versuchen, danach zu greifen, es abzutasten und zu untersuchen. Durch seine Bewegungen erforscht und erschließt es sich seine Umwelt. Unablässig trainiert es seine Hände, seine Beine, bis es schließlich seine Bewegungen koordinieren kann und beginnt, sie dem eigenen Willen zu unterwerfen. Seine Hände können nun einen Gegenstand greifen und halten, es lernt zu krabbeln, aufzustehen und zu laufen.

Was für ein stolzer Moment für viele Eltern, wenn sich das Kleinkind zum ersten Mal auf der Decke liegend umdrehen kann, um etwa einen weggerollten Stoffball zu greifen. Ein befriedigtes Lächeln zieht über sein Gesicht, wo es vor kurzem noch vor Unmut geschrien hat. Voller Stolz erzählen Eltern von diesem oder anderen Entwicklungsschritten des Kindes, zeigt dies ihnen doch, dass es gesund ist. Doch eines ist klar, das Kind hat ganz alleine und aus sich heraus diese Entwicklungsfortschritte erlangt.

In einer bestimmten Phase sind alle Kleinkinder fasziniert von Treppen. Lena, fünfzehn Monate alt, beginnt im Haus die Treppen hochzukrabbeln. Oben angekommen ist sie nicht etwa froh, ihr Ziel erreicht zu haben, vielmehr macht sie sich sofort wieder auf den Weg zurück, sie krabbelt rückwärts nach unten. Dort angekommen, beginnt sie den erneuten Aufstieg. Sechs- oder siebenmal krabbelt sie hoch und hinunter. Eine enorme körperliche Leistung, bedenkt man das Verhältnis von Körpergröße und Treppenstufen. Es ist, als bestiegen wir die hohen Stufen einer Pyramide.

Wir Erwachsenen gehen Treppenstufen, um zu einem Ziel zu gelangen, anders Lena. Ihre Motivation liegt ausschließlich im Krabbeln, in der Tätigkeit selbst. Nach einiger Zeit wendet sie sich ohne sichtbares Zeichen einer Ermüdung einem Spielzeug zu. Später beginnt sie bei Spaziergängen auf kleine Mauern zu klettern oder versucht ihr Glück an der Leiter, die zur Rutsche auf dem Spielplatz gehört. Es ist offensichtlich, dass sie jede Gelegenheit zum Klettern wahrnimmt. Sie befindet sich in einer sensiblen Phase für Bewegung und übt die Fähigkeit, immer koordinierter Arme und Beine gebrauchen zu können. Später wird sie Treppen benutzen, um nach oben zu gelangen, und eine Rutsche benutzen, um zu rutschen. Nie mehr wird der Vorgang des Stufenkletterns an sich eine solche Faszination für sie haben.

Der fünfjährige Tom sitzt auf einem Sessel und hört eine Kassette. Während er völlig versunken lauscht, streicht er mit den Fingern immer wieder über eine Unebenheit des Polsters. Plötzlich hält er inne, hebt den Kopf und sagt laut: «Ich hatte mal einen Opa, der hatte ein Sofa mit lauter solchen Löchern.» Das stimmte, sein Großvater war vor drei Jahren gestorben, er besaß in seinem Arbeitszimmer ein Sofa, das mit einem Stoff bespannt war, dessen Struktur uneben war. Dort hatte der Großvater oft mit ihm gesessen und Bilderbücher angeschaut. Offensichtlich hatte der damals Zweijährige dabei mit seinen Fingern über das Polster gestrichen und so die besondere Stoffstruktur ertastet. Dieser Eindruck war völlig vergessen, bis eine ähnliche Erfahrung sie ihm wieder ins Bewusstsein rückte. Er hatte damals in einer sensiblen Phase für

Bewegung und Fühlen sein besonderes Interesse auf die höheren und niedrigeren Stellen des Flors gerichtet.

Mittels Bewegung nimmt das Kleinkind Kontakt zu seiner Umwelt auf. Indem es Gegenstände anfassen und erforschen kann, baut sich in ihm eine Vorstellung von den Dingen seiner Umgebung auf. Über die unterschiedliche Dimension von hoch und tief beispielsweise machen wir uns keine Gedanken mehr, ein Kind muss sich seine Vorstellung davon jedoch erst bilden. Die Bewegung, das Tasten ist damit die Voraussetzung für jedes kindliche Lernen.

Eine weitere sensible Phase, die Montessori an kleinen Kindern beobachtete, ist die für Ordnung. Erwachsene, sofern sie Ordnung schätzen, finden eine Vielzahl von guten Gründen für ihre Vorliebe. Sie fühlen sich wohler in einem aufgeräumten Zimmer. Es ist einfach bequemer, mit einem Griff das Bündel Rechnungen wiederzufinden, das man im letzten Jahr für die Steuererklärung gesammelt hat, als nach jedem Beleg lange suchen zu müssen.

Für das Kind hat Ordnung – nicht unbedingt im Sinne von ordentlich – jedoch eine weitere, tiefere Dimension. Es braucht die immer wiederkehrende Ordnung des Tagesablaufs, die Ordnung in seinem Zimmer, in der jedes Ding seinen festen Platz hat. Es erforscht seine Umgebung und setzt die Dinge darin in Beziehung zueinander. Es erarbeitet sich so einen Orientierungsrahmen, der ihm Sicherheit gibt. Es ist angewiesen darauf, dass diese einmal gefundenen Eckpunkte verlässlich sind.

Lena ist jetzt knapp zwei Jahre alt. Sie wird normalerweise von der Mutter ins Bett gebracht, eine Geschichte wird vorgelesen, ein Abendlied gesungen, dann wird die Spieluhr aufgezogen. Eines Tages übernimmt der Vater das Zubettbringen. Er legt sie hin, spricht noch eine Weile mit ihr und geht dann aus dem Zimmer. Doch an diesem Abend weint Lena. Sie steht immer wieder auf und ist unzufrieden. Erst nachdem das gewohnte Ritual, eine Geschichte erzählen, ein Lied singen und der vertraute Klang der Spieluhr, durchlaufen ist, schläft sie ein. Die immer wiederkehrende Gewohnheit des abendlichen Zeremoniells hilft Lena, sich zu orientieren und zur Ruhe zu finden.

Wie sehr das Verlangen nach einer festen Ordnung bei Kleinkindern ausgeprägt ist, zeigt auch das folgende Beispiel. Am Abendbrottisch sind die Plätze für Lena und Tom immer gleich verteilt. Die Eltern sitzen sich gegenüber, zwischen ihnen die Kinder, die kleine Lena noch im Hochstuhl. Eines Tages sind die Großeltern zu Besuch, deshalb wird ihr Hochstuhl neben den Stuhl des Bruders gestellt. Als alle Platz nehmen, um zu essen, weint Lena. Sie sperrt sich mit aller Kraft dagegen, in ihr Stühlchen zu gehen. Allgemeine Ratlosigkeit, niemand kann sich den plötzlichen Zornesausbruch erklären, kein Zureden hilft, das gemeinsame Abendbrot ist in Gefahr, bis die Mutter auf die Idee kommt, Lena wieder zwischen die Eltern zu platzieren und den Großeltern auf der anderen Seite des Tisches ihren Platz zu geben. Lena strahlt und nimmt ihren angestammten Platz ein, ihre Ordnung am Tisch ist wiederhergestellt. Die Großeltern sind konsterniert. Zu ihrer Zeit hat solch ein Verhalten des Kindes als ungezogen gegolten und wäre bestraft worden. Dabei ist es nur Ausdruck des kindlichen Bedürfnisses nach einer festen, verlässlichen Ordnung.

Im anschließenden Gespräch erinnert sich die Mutter an eine Geschichte, die schon länger zurückliegt. Vor einigen Jahren zog die Familie um. Sie war zuvor halbtags berufstätig, der kleine, achtzehnmonatige Tom während der Arbeitszeit bei einer Nachbarfamilie untergebracht. Der Wechsel zwischen Mutter und Kinderfrau bereitete ihm offensichtlich keine Probleme. Nun zog die Familie in eine neue Stadt, in die neue Wohnung. Sie hatte aufgehört zu arbeiten, um nun ganz für Tom da zu sein, und freute sich auf diese Zeit. Doch Tom schien zunächst völlig überdreht, er schlief schlecht, jammerte viel, spielte wenig und lief in den verschiedenen Räumen ziellos hin und her. Sie erinnert sich, wie unglücklich sie damals war, sie hatte sich doch alles so schön vorgestellt; und nun diese schwierige Situation. Schließlich überlegte sie sich, dass sie zwar sicherlich durch den Umzug gewonnen, Tom jedoch fast alles verloren hatte, was seiner kleinen Welt Halt und Stabilität gegeben hatte: die zweite Bezugsperson, die zeitliche Orientierung durch den Wechsel des morgendlichen Aufstehens, zur Kinderfrau gebracht zu werden, das Wiederheimkehren. Die Zimmer hatten gewechselt, nicht ein Möbelstück stand mehr an seinem alten Platz, ja, sogar ganz neue Möbel waren angeschafft worden. Sein näheres Umfeld hatte sich verändert; es gab nicht mehr die Treppenstufen vor dem Haus, nicht mehr den geliebten Hydranten neben dem Haus. Seine Welt, in der jedes Ding, jeder zeitliche Ablauf, jede Person seinen festen Platz hatte, war mit einem Mal zusammengebrochen. Der Verlust so vieler ordnender Faktoren in seinem kleinen Kosmos wirkte auf ihn verstörend.

Die Sensibilität für Ordnung ermöglicht es kleinen Kindern, eine Beziehung zwischen Dingen herzustellen. Wir Erwachsenen bewegen uns auf einer anderen Erfahrungsgrundlage, die es uns ermöglicht, Gegenstände auch dann wieder zu erkennen, wenn sie aus ihrem gewohnten Zusammenhang gerissen sind. Nicht so kleine Kinder, die erst wenige Elemente ordnen können. Sie sind bemüht, das vertraute Ordnungsgefüge immer wieder herzustellen.

Lena ist mit ihrer Mutter zu Besuch bei einer Freundin. Diese hat einen besonderen Sinn für schöne Möbel und hat einen sehr wertvollen, alten Stuhl als Schmuckstück in der Ecke stehen. Lena, zweieinhalb Jahre alt, nimmt von den freundlich angebotenen Spielsachen keine Notiz, vielmehr läuft sie zielstrebig auf den Stuhl zu und beginnt, an ihm zu zerren. Es wird ihr verwehrt, aber immer wieder kehrt sie zu ihrer Tätigkeit zurück. Schließlich sind die beiden Freundinnen so in ihr Gespräch vertieft, dass sie nicht mehr an Lena denken. Sie blicken erst auf, als sie ein befriedigtes «So!» hören. Es ist Lena gelungen, den Stuhl an den Tisch zu schieben, offensichtlich der einzig denkbare Platz für einen Stuhl.

Die *sensiblen Phasen* sind nach Montessori von ganz entscheidender Bedeutung für das kindliche Lernen. Sie ermöglichen es ihm, sich die Voraussetzungen für einen nächsten Entwicklungsschritt anzueignen. Jedes gesunde Kind durchlebt diese sensiblen Phasen, doch sie treten zu unterschiedlichen Zeitpunkten auf. Die Eltern haben keinen Einfluss darauf, in welchem Tempo sich die Entwicklung ihres Kindes vollzieht.

Zwei Freundinnen besuchen sich mit ihren gleichaltrigen Babys, beide vier Monate alt. Stolz erzählt die eine, dass ihre Tochter bereits Papier zerknülle, die Tochter der anderen tut das zu diesem Zeitpunkt noch nicht. Empört ob solchen mütterlichen Konkurrenzgehabes erzählt sie dies am Abend, doch trotz allem bleibt ein kleiner Nachgeschmack. Vielleicht entwickelt sich das andere ja doch schneller? Ähnliche Verunsicherung kennen viele Eltern, etwa wenn die Nachbarstochter bereits laufen kann, der eigene Sohn jedoch nach wie vor nur krabbelt, wenn auch wieselflink, oder wenn der kleine Spielkamerad des Kindes bereits ganze Sätze spricht, das eigene nach wie vor nur auf den Apfel zeigt, obwohl man sicher hundertmal vorgesagt hat: «Apfel, das ist ein Apfel!»

Es hilft nichts, das Kind wird erst dann beginnen, Papier zu knüllen, zu laufen, zu sprechen, wenn es in seiner Entwicklung so weit ist, und nicht dann, wenn die Eltern es gerne hätten. Wie wir gesehen haben, ging Maria Montessori davon aus, dass das Kind seine Persönlichkeit selbständig von innen her aufbaut. Es muss jedoch über eine Art «Fahrplan» oder inneren Bauplan verfügen, der ihm sagt, was es sich zu einem bestimmten Zeitpunkt aneignen muss. Das Kind nimmt sich die Zeit, die es zur eigenen Entwicklung braucht. Es sind die Erwachsenen, die ungeduldig diesen Prozess «stören», die in ihrer Allmacht glauben, sie könnten ihn abkürzen und dem Kind helfen, indem sie es zum Beispiel an die Hand nehmen und ihm zeigen, wie es laufen soll.

Lena hat zum Geburtstag ein Dreirad bekommen. Sie sitzt darauf und stößt sich mit den Beinen ab, so rollt sie durch die Wohnung. Die Mutter versucht immer wieder, ihre kleinen Füße auf die Pedale zu stellen. Lena versteht offensichtlich gar nicht, was das soll. Schließlich kniet die Mutter vor dem Dreirad, hält Füße

und Pedale fest und beginnt zu drehen. Das Dreirad bewegt sich, Lena freut sich, doch kaum hört die Mutter auf, stellt sie die Beine wieder auf den Boden und stößt sich so ab. Sie verfügt noch nicht über die Koordination des komplizierten Bewegungsablaufs für das Treten. Alle Mühe der Mutter war vergebens, denn Lena kann natürlich erst dann alleine Dreirad fahren, wenn sie die dafür erforderlichen Bewegungen beherrscht. Der Schaden eines solchen voreiligen Bemühens wird eher größer sein, da das Kind in seiner eigenen Anstrengung nicht ernst genommen wird. Es ist, als sollte jemand in seiner ersten Sportstunde bereits Saltos vollführen. Dazu kommt möglicherweise die Enttäuschung der Mutter, die sich um den Erfolg ihrer Bemühungen betrogen sieht.

Viele Eltern sind beherrscht von ihrer eigenen Vorstellung, wie ihr Kind sein sollte, was es können müsste. Sie machen sich nicht bewusst, dass es vor allem Zeit braucht. Die kindliche Entwicklung zielt von Anbeginn an auf Selbständigkeit. Mit jedem noch so kleinen Schritt erobert das Kind sich ein Stück Unabhängigkeit vom Erwachsenen. Zunächst ist es nur die Fähigkeit, sich durch selbständiges Umdrehen den weggerollten Ball auf der Decke wieder holen zu können oder ohne Hilfe der Eltern zu essen. In späteren Jahren wird der Erfolg dieses Bemühens deutlicher werden, wenn das Kind beginnt, selbständig seine Umwelt zu erobern.

«Hilf mir, es selbst zu tun!» Diesen Ausspruch eines Kindes hat Montessori zu einer Leitmaxime erhoben. Es wird deutlich, dass sie das Bemühen des Kindes um Selbständigkeit unterstützte, gleichzeitig wies sie darauf hin, dass das Kind die Hilfe des Erwachsenen brauche. Eine Hilfe, die jedoch immer berücksichtigen muss, dass das Kind mit seiner Persönlichkeit, seinem individuellen Entwicklungstempo, seinem Verlangen nach Selbständigkeit im Mittelpunkt steht.

Zusammenfassung

Im Folgenden sollen die Leitgedanken Maria Montessoris noch einmal zusammengefasst dargestellt werden.

- Ausgehend von ihrem ursprünglichen Beruf als Ärztin hat Montessori die Grundlagen ihrer Pädagogik auf die genaue Beobachtung der kindlichen Entwicklung gestützt. Angeregt durch ihre Arbeit mit geistig behinderten Kindern und durch die Beschäftigung mit den Werken der beiden französischen Ärzte Itard und Seguin war für sie die Schulung der Sinne und der Bewegungen Grundlage und Ausgangspunkt für jede weitergehende Erziehung.
- Maria Montessori stellt die Eigengesetzlichkeit des Kindes in den Mittelpunkt ihrer Pädagogik. Sie geht davon aus, dass es über die Fähigkeit verfügt, seine Persönlichkeit selbst aufzubauen. Es entfaltet sich nach den Leitlinien eines inneren Entwicklungsplans.
- Seine natürlichen Bedürfnisse äußern sich in sensiblen Phasen, in denen sich die Aufmerksamkeit des Kindes auf gewisse Ausschnitte seiner Umgebung richtet. Im Verlauf einer solchen sensiblen Periode eignet sich das Kind mit Hilfe des absorbierenden Geistes Sachverhalte sehr leicht und ganzheitlich an. Montessori beobachtet in der frühen Kindheit vor allem sensible Phasen für Bewegung, Sprache und Ordnung.

«Hilf mir, es selbst zu tun!» Die Arbeit im Kinderhaus

Die Vorbereitete Umgebung

Der Eintritt in das Kinderhaus bedeutet für das Kind, aber auch für seine Eltern einen großen Einschnitt. Zum ersten Mal verlässt es den vertrauten Bereich der Familie und lebt für mehrere Stunden am Tag in einer neuen Umgebung. Dort gelten eigene Regeln, es trifft auf eine neue Bezugsperson, die das Leben vormittags im Kinderhaus bestimmt. Es lernt, sich in eine große Gruppe Kinder einzufügen, und wird beginnen, selbständig Freundschaften zu schließen; kurz, es erobert sich zum ersten Mal einen eigenen Lebensbereich, der dem unmittelbaren Einfluss der Familie entzogen ist.

Montessori geht davon aus, dass das Kind über die Fähigkeit verfügt, sich selber von innen heraus aufzubauen. Dazu bedarf es jedoch einer liebevollen Atmosphäre, einer Umgebung, die Anregungen bereithält und ihm die Möglichkeiten zu Tätigkeiten gibt, bei denen es sich entfalten kann. Das Kinderhaus, wie später auch die Schule, muss daher so beschaffen sein, dass es ihm diese stimulierende Umgebung bietet. Dem aktiven, handelnden Kind muss auf der anderen Seite eine Umgebung entsprechen, die darauf angelegt ist, seine Selbsttätigkeit zu ermöglichen, denn sie ist die Voraussetzung dafür, dass sich das Kind spontan entfalten kann.

Die Vorbereitete Umgebung wird vom Erzieher für das Kind geschaffen. Jeder Gegenstand, den das Kind darin vorfindet, wurde von ihm bewusst ausgewählt. Es soll auf jeder Entwicklungsstufe ein Angebot wahrnehmen können, das seiner jeweiligen sensiblen Phase entspricht. Der Erzieher darf dabei andererseits nicht der Gefahr unterliegen, eine solche Fülle von Material und Betätigungsangeboten zusammenzutragen, dass das Kind durch zu viele verschiedene Reize erdrückt wird. Betrachtet man Kinderzimmer, kann man in vielen Fällen die Beobachtung machen, dass ein solches Überangebot an Spielzeug vorhanden ist, dass die Kinder sich weder mit einer Sache intensiv beschäftigen können, noch in der Lage sind, in dieser Fülle eine eigene Ordnung herzustellen.

Vorbereitete Umgebung bedeutet also auch eine Beschränkung auf das Wesentliche, denn nur aus einem übersichtlichen Angebot kann das Kind auch wirklich frei wählen.

Im folgenden Bericht wird die Vorbereitete Umgebung eines Kinderhauses beschrieben, das in einem sozialen Brennpunkt liegt. Jedes andere Kinderhaus ist jedoch nach denselben Prinzipien eingerichtet, auch wenn sich das äußere Bild in dem einen oder anderen Punkt unterscheiden mag.

«Das Kinderhaus, das ich heute besuche, steht in einem Viertel, das als äußerst schwierig gilt; die Rate von Eigentumsdelikten ist relativ hoch, Alkoholprobleme der Eltern und schwierige Familienverhältnisse überschatten die Entwicklung der Kinder. Auf der Suche nach dem Kinderhaus erhalte ich erste Eindrücke: niedrige Wohnhäuser, die nur zu einem Teil renoviert sind, beschmierte Wände, Scherben auf der Straße und schließlich, ganz hinten im Wohngebiet, am Ende einer Sackgasse, direkt am Bahndamm gelegen, das Kinderhaus.

Ich trete in einen Vorraum, dessen warme Atmosphäre mir wohl tut nach dem ernüchternden Eindruck des umgebenden Viertels. Ein großer Bereich ist mit Teppichboden ausgelegt, auf dem kleine Stühle und ein Tisch stehen; Bilderbücher liegen aus. Zwei kleine Mädchen sitzen hier und betrachten ein Buch. Sie flüstern leise miteinander, ohne mich weiter zu beachten.

Die Türen zu den Gruppenräumen stehen offen, es ist die Zeit der

Freiarbeit. Ich werde in einen Raum geleitet, in dem schon einige Kinder arbeiten. Die Tische und Regale sind so niedrig, dass jedes Kind sich sein gewünschtes Material nehmen und auch wieder wegräumen kann, ohne einen Erzieher um Hilfe bitten zu müssen. Die Stühle sind leicht und solide gearbeitet und können so von den Kindern selbst ohne Mühe hin- und herbewegt werden. Der Raum ist hell und freundlich gestaltet, die großen Fenster sind von Kindern mit Fingerfarben bemalt, an den Wänden hängen ihre Bilder und Bastelarbeiten.

In der Mitte des Raumes stehen einige Gruppentische. An einem dieser Tische sitzt die Erzieherin mit einem Kind. Beide sind in die Arbeit mit einem Rechenrahmen vertieft. Die Erzieherin wendet sich ganz diesem einen Kind zu und scheint in diesem Augenblick das weitere Geschehen im Raum nicht wahrzunehmen.

Mir fällt auf, wie geschickt immer wieder Ecken abgetrennt sind, die einem besonderen Tätigkeitsfeld dienen. Die größte ist die Frühstücksecke. An einem runden Tisch sitzen drei Kinder, vor ihnen auf dem Set steht Glasgeschirr, in der Mitte ein Blumensträußchen. Ein richtig ge-

mütlicher Platz, der einlädt. An der Wand befindet sich eine Spüle, die so niedrig angebracht ist, dass die Kinder ihr Geschirr dort selbständig spülen können. Ein Mädchen steht auf und nimmt von einem Teewagen, der neben dem Tisch steht, eine große Kanne mit Kakao. Mit beiden Händen hebt sie sie hoch und gießt sich ein. Ihr Gesicht ist sehr konzentriert, es fordert ihre ganze Aufmerksamkeit, aus der schweren Kanne in die kleine Tasse zu gießen. Als sie fertig ist, fragt sie einen kleineren Jungen am Tisch, ob er auch etwas haben wolle. Er bejaht, und sie schenkt auch ihm ein. Dabei verschiebt er aus Versehen das Set, auf dem die Tasse steht, und es fließt Kakao auf den Tisch. Sofort springt der Kleine auf, läuft zur Spüle, holt sich einen feuchten Lappen und wischt den Tisch ab. Währenddessen stellt das Mädchen den Kakao wieder auf den Wagen. Die Erzieherin hat diesen Vorgang am Tisch zwar mit einem Blick wahrgenommen, doch sie greift nicht ein. Warum auch? Die Kinder haben den kleinen Zwischenfall selber gemeistert. Die drei sitzen nun gemütlich beisammen und erzählen sich etwas. Nach einiger Zeit steht ein Kind auf, wäscht sein schmutziges Geschirr, stellt es weg und deckt für den nächsten Frühstücksgast.

In einer Puppenecke befindet sich ein Wohnzimmer in Miniaturausgabe, mit kleinem Schrank, Sessel, Tischchen und Wiege. Hier kann Familienleben nachgespielt werden. Eine Bauecke und ein Maltisch sind im Moment nicht besetzt. Diese Ecken können jeweils nur von einer begrenzten Anzahl Kinder benutzt werden, für mehr als drei oder vier reicht der Platz nicht. Also müssen sich die Kinder untereinander einigen, wer sie wie lange nutzen will.

Auf dem Flur sind für ältere Kinder – das Kinderhaus betreut auch Hortkinder – weitere Plätze eingerichtet, an denen sie Material für bestimmte Interessensbereiche finden. Hinter einem kleinen Hängeregal, das zugleich als Tischchen dient, ist ein Poster angebracht zum Thema ‹Geschichte der Erde und des Lebens›. Bücher zu diesem Thema stehen bereit, ebenso wie Informationsmaterial mit großen, buntgemalten Bildern von Dinosauriern und dazugehörigen Texten.

Im Gruppenraum sind unterdessen die Kinder mit ganz unterschiedlichen Tätigkeiten beschäftigt. Ein Mädchen geht zu einem Ständer, in

dem kleine, zusammengerollte Teppiche stehen. Sie nimmt einen davon und legt ihn auf dem Boden aus. Dann geht sie zum Regal und holt sich verschieden lange, blau- rote Stangen heraus, um sie auf den Teppich zu tragen. Die Erzieherin kommt zu ihr, und sie knien gemeinsam auf dem Teppich. Eine ganze Zeit lang arbeitet sie mit ihr zusammen. Sie ordnet die Stangen nach der Größe, streicht jeweils über ihre Länge. Nach einiger Zeit wird die gewonnene Ordnung wieder zerstört, und das Mädchen beginnt alleine aufzubauen.

Einen kleinen Jungen beobachte ich schon eine ganze Weile. Er sitzt seit fast einer Stunde über ein Brett gebeugt, auf das er kleine, quadratische Täfelchen legt, auf die die Zahlen von eins bis hundert gedruckt sind. Vor ihm liegt eine Tafel, auf der er im Zweifel prüfen kann, welche Zahl als Nächstes gelegt werden muss. Plötzlich erhebt er sich und geht zur Erzieherin: ‹Ich möchte morgen weitermachen›, sagt er zu ihr. Die Erzieherin drängt nicht, die Arbeit sofort abzuschließen, vielmehr nickt sie, und das Kind räumt die noch nicht benutzten Plättchen in den Kasten zurück, stellt vorsichtig das Brett und den Kasten ins Regal und legt ein Schild mit seinem Namen daneben.

An der Innenseite der Tür sind kleine Schilder angebracht. Ein Bild stellt jeweils einen Dienst dar, ein Besen den Fegedienst, eine Gießkanne den Blumendienst und vieles mehr, daneben sind die Namen der Kinder geheftet, die diesen Dienst zu versorgen haben.

Trotz der vielen Ecken, Regale, Gruppentische, Teppiche macht der Raum einen übersichtlichen und geordneten Eindruck. Das Material in den Regalen ist griffbereit angeordnet, farbig und von seiner gesamten Gestaltung her so gearbeitet, dass es eine Lust ist, es anzuschauen, und reizt, sich mit ihm zu beschäftigen.

Es ist auffallend, wie ruhig es in dem Raum zugeht. Die Kinder sprechen leise miteinander, bewegen sich ohne Hast und gehen freundlich miteinander um. Nachdem ich etwas über den familiären Hintergrund der Kinder erfahren habe, erscheint es mir kaum fassbar, und doch ist es so. In dieser Umgebung leben die Kinder nach Regeln, die sich von denen zu Hause stark unterscheiden.

Nachdem die Freiarbeit beendet ist, gehen sie nach draußen. Spiel-

geräte gibt es dort, eine Rasenfläche und einen kleinen Garten. Im Frühjahr können die Kinder selbst Blumen, Kräuter und Gemüse säen. Ich schaue mir in der Zwischenzeit die übrigen Räume des Kinderhauses an. In jedem spiegelt sich die Persönlichkeit der Erzieherin wider, jeder ist also ganz individuell ausgestaltet. Und doch haben sie viele Gemeinsamkeiten: ihre freundliche Atmosphäre, das kindgerechte Mobiliar, die in den Regalen bereitgestellten Materialien. Letztere sind in den Räumen der Hortkinder andere, so spiegelt sich die jeweilige Entwicklungsstufe der Kinder auch in der Vorbereiteten Umgebung.

Eine Besonderheit dieses Kinderhauses fällt mir auf. Zu jeder Gruppe gehört ein eigener Waschraum, mit mehreren kleinen Waschbecken, niedrigen Spiegeln und Toiletten. Die richtige Körperpflege haben viele Kinder erst hier im Hort gelernt. Einige werden morgens gleich nach dem Aufstehen gebracht, sie haben gelernt, wie man sich wäscht, die Haare bürstet und die Zähne putzt. Jedes Kind hat auf einem Bord über dem Waschbecken seine eigene Zahnbürste und seinen Becher stehen. Kleine Bilder veranschaulichen jede Phase des Zähneputzens. Der Raum ist so groß, dass auch noch ein Tisch mit Stühlen darin Platz findet. Dort können Kinder alle Tätigkeiten ausführen, die mit viel Wasser verbunden sind, zum Beispiel lernen sie, Wasser von größeren in kleinere Gefäße zu gießen, oder sie können nach Herzenslust Mischexperimente mit Wasserfarben veranstalten. Geht etwas daneben, so können sie es ohne Probleme selbst wieder aufwischen.»

Die Vorbereitete Umgebung ist die Hilfe, die der Erwachsene dem Kind geben kann. Sie muss daher den Bedürfnissen und dem jeweiligen Entwicklungsstand des Kindes angepasst sein. Dabei ist die Vorbereitete Umgebung nicht etwa ein direktes Spiegelbild unserer Erwachsenenwelt im Kleinen. Doch soll das Kind in ihr exemplarische Erfahrungen machen können, die ihm als *Schlüssel zur Welt* dienen und die es auf andere Lebensbereiche übertragen kann. Es lernt, dass sich zum Beispiel Sinneseindrücke ordnen lassen. Eine wichtige Erfahrung, beruht doch unsere ganze Kultur und unsere Art zu denken darauf, Ordnungssysteme zu schaffen. Die Vorbereitete Umgebung ist insofern keine «natürliche» Um-

gebung. Sie ist vom Erzieher für das Kind geschaffen, er trifft die Auswahl und entscheidet, welche Materialien, welche Anreize zu Tätigkeiten das Kind darin vorfindet. Sie ist begrenzt und will in ihrer Begrenzung zugleich Entfaltungsmöglichkeiten bieten wie grundlegende Erkenntnisse vermitteln. Kern des Angebots ist das von Montessori entwickelte Material, das an anderen Stellen beschrieben wird (vgl. S. 59 ff, 98 ff).

Die Vorbereitete Umgebung muss einfach und überschaubar strukturiert sein, damit sich das jüngere Kind in ihr orientieren kann. Zusätzlich helfen ihm einige Regeln wie die, dass jedes Material wieder zurück an seinen Platz gestellt wird, oder die Ordnung der «Ämterverwaltung». Weitere Orientierungshilfen beziehen sich auf den Umgang miteinander, z. B. darf kein Kind bei seiner Arbeit gestört werden. Die Ordnung der Vorbereiteten Umgebung beinhaltet einen weiteren, wichtigen Aspekt. Das Kind lernt an den Gegenständen seiner Umgebung, es versucht fortwährend, seine Sinneseindrücke und Erfahrungen zu ordnen. Die äußere Ordnung seiner Umgebung unterstützt diesen Prozess.

Zur Vorbereiteten Umgebung zählen jedoch nicht nur die Gegenstände in ihr, auch der Erzieher ist ein Teil derselben. Er schafft die vertrauensvolle Atmosphäre, ohne die kein Lernen möglich ist. Er führt das Kind in den Gebrauch des Materials ein. Von seinem Einfühlungsvermögen und Wissen um kindliche Entwicklungsstufen hängt es ab, ob es sich frei entfalten kann. Häufig wird er die Vorbereitete Umgebung so ergänzen, dass sie dem ganz spezifischen Bedürfnis eines Kindes entspricht.

Im folgenden Bericht schildert die Leiterin des oben beschriebenen Kinderhauses den Beginn ihrer Arbeit in diesem schwierigen sozialen Umfeld. Sie beschreibt, wie sie die Umgebung speziell für diese Kinder vorbereitet hat und von welchen Prinzipien sie sich bei der Arbeit leiten ließ. Gleichzeitig wird deutlich, wie wichtig es für die Kinder und deren Eltern ist, eine Atmosphäre des Vertrauens vorzufinden, in der sie sich angenommen und respektiert fühlen. Vorbereitete Umgebung ist also viel mehr als eine Sammlung verschiedener Materialien und Spielangebote. Der Bericht macht deutlich, dass der Erzieher fähig sein soll, Kinder genau zu beobachten. Nur so kann er ihnen ein Angebot machen, das ihrem jeweiligen Entwicklungsstand entspricht.

«Ich übernahm ein Kinderhaus mit angeschlossenem Hort in einem sozialen Brennpunkt. Offiziell hieß es Montessori-Kinderhaus, aber keine der Erzieherinnen besaß das Montessori-Diplom. Die Erzieherinnen lehnten mich ab, weil ich ihren gewohnten Tagesablauf durchbrach. Die Kinder waren sehr schwierig, sie waren alle mehr oder weniger geschädigt und verhaltensgestört, die meisten sehr aggressiv, oft gab es Auseinandersetzungen mit den Erzieherinnen. Ich war manchmal der Verzweiflung nahe, denn ich wollte ja nicht nur mich selbst in Kursen weiterbilden, ich musste gleichzeitig versuchen, die Erzieherinnen auf Montessori-Arbeit einzustimmen. Viele waren nicht bereit dazu und haben bald die Einrichtung verlassen.

Ich hatte dann aber ein Schlüsselerlebnis, das mir Mut machte, weiterzuarbeiten, und das mir gleichzeitig gezeigt hat, was wir bewirken konnten, wenn wir im Sinne Montessoris arbeiteten. Ingo war sieben Jahre alt. Er sollte eigentlich eingeschult werden, zeigte aber ein so auffälliges Verhalten, dass er ein Jahr zurückgestellt wurde. Dieses Jahr sollte er in unserer Einrichtung verbringen. Ingo bekam sehr oft Wutanfälle. Er brüllte dann wie ein Wahnsinniger, schmiss wahllos alles durch die Gegend, was ihm in die Finger kam. Zum Schutz der anderen Kinder und der Umgebung mussten sich dann mehrere Erzieherinnen bemühen, ihn zu bändigen. Wir richteten einen regelrechten ‹Ingo-Dienst› ein, der sofort zur Stelle war, wenn er zu toben begann.

Ich hatte zu der Zeit gerade meinen Montessori-Kurs begonnen und setzte mich eines Nachmittags auf einen Teppich, um die Handhabung eines Materials, der ‹Braunen Treppe›, zu erproben. Ingo stand hinter einer Glasscheibe und beobachtete mich regungslos. Eine Mitarbeiterin war ganz erstaunt, ihn so lange Zeit ruhig stehen zu sehen. Als ich das Material wieder wegräumen wollte, entdeckte ich ihn auch und fragte spontan: ‹Möchtest du auch einmal?› Ingo wollte, und wir arbeiteten gemeinsam etwa zwanzig Minuten an dem Material, für Ingo eine unglaubliche Leistung. Am nächsten Tag ging er nicht automatisch wieder an das Material, aber er hatte uns gezeigt, dass er ansprechbar war. Und noch etwas, am nächsten Tag kam Ingo herein und begrüßte uns mit einem ‹Hallo›, das hatte er bisher noch nie getan.

Angespornt von diesem ersten Erfolg, begannen wir nun zu überlegen, was wir Ingo anbieten könnten. Wir hatten beobachtet, dass er oft durch das Haus lief, ‹Tüt-tüt!› rief und bei jeder Gelegenheit hier und dort etwas zerdrückte. Es war klar, er ahmte Bewegungen und Geräusche eines Autos nach. Wir bastelten ein großes Autopuzzle für ihn und richteten eine Ecke für ihn her. Es gab dort einen Teppich, einen Tisch mit Blumen und eben das neue Puzzle. Als Ingo am nächsten Morgen kam, begrüßte ich ihn, zeigte ihm die Ecke und sagte: ‹Das ist für dich, Ingo!› Seine Reaktion hat mich sehr erschüttert, denn er antwortete: ‹Was wollen Sie von mir, dass Sie so freundlich zu mir sind?› Dieses Wesen vor mir, das mir immer wie ein ‹kleines Ungeheuer› erschienen war, wurde mit einem Mal zu einem bedauernswerten, kleinen Geschöpf. Ich erklärte ihm, dass ich nichts von ihm wolle und dass wir die Ecke extra für ihn eingerichtet hätten. Wenn er Lust hätte, könne er ja mit dem Puzzle spielen. Wenn ein anderes Kind seine Ecke benutzen oder mit dem Puzzle spielen wolle, dann müsse es zunächst ihn fragen. Er arbeitete dann zehn Minuten mit mir gemeinsam und danach noch fünf Minuten allein. Bevor er nach Hause ging, redeten wir noch einmal mit ihm und sagten ihm, dass es uns sehr gut gefallen habe, wie er mit dem Puzzle gearbeitet habe. Er sagte dann: ‹Du, die Zeit mit dir alleine, das war schön.›

Seine Ecke wurde von Ingo nicht zerstört, sondern geradezu gehütet. Wir gingen so vor, dass wir das Negative des Tages gar nicht mehr erwähnten, sondern nur das Positive hervorhoben, um es zu verstärken. In den nächsten Tagen spielte Ingo noch mehrere Male mit seinem neuen Arbeitsmittel. Ich hatte ihm noch ein Kästchen mitgebracht, in das er die einzelnen Teile packen, und ihm einen Platz im Regal gezeigt, an dem er es aufbewahren konnte.

Wir hatten inzwischen auch für ein anderes Kind ein Spiel hergestellt und mit beiden die Verabredung getroffen, dass sie den jeweils anderen fragen müssten, wenn sie dessen Spiel haben wollten. Und tatsächlich fragte das andere Kind eines Tages Ingo nach dem Puzzle. Zu unserer großen Freude war er so weit, dass er es abgeben konnte. Ermutigt von diesem Erfolg stellten wir noch andere Spiele für ihn her, alle zum Thema Auto, aber mit zunehmendem Schwierigkeitsgrad.

Trotz all der positiven Entwicklung, die ich beschrieben habe, bekam Ingo nach wie vor seine Anfälle. Wir stellten aber fest, dass sie seltener auftraten. Ingo war in der Gruppe immer der Anführer gewesen, vor dem alle anderen Kinder gehörigen Respekt hatten. Nun sorgte er für Ordnung in der Vorbereiteten Umgebung, indem er die anderen aufforderte, nur alles wieder richtig wegzuräumen.

Bei unserem Einstieg in die Montessori-Pädagogik wurden anfangs mehr deren Prinzipien angewandt als ihr Material, wie dieses Beispiel zeigt. Wir haben Ingo genau beobachtet und so seine Interessen festgestellt. Dann haben wir uns bemüht, ein Angebot zu machen, das diesen entsprach, und haben versucht, ihm eine Vorbereitete Umgebung zu schaffen.

Natürlich spielte die Elternarbeit eine große Rolle bei uns. Aber mir war bald klar, dass wir die schwierige Situation in den Familien nicht würden ändern können. Wir brauchten aber den Kontakt zu den Eltern, um den Kindern helfen zu können. Den Eltern gegenüber haben wir nur Positives von ihren Kindern berichtet. Das waren sie gar nicht gewohnt. Wir haben in ihnen den Partner gesehen und haben zum Beispiel zu ihnen gesagt: ‹Schauen Sie, jetzt kann Ihr Kind schon so viel, aber in diesem oder jenem Punkt brauchen wir Ihre Hilfe.›

Im sozialen Brennpunkt ist es besonders wichtig, das Positive in den Kindern zu sehen. Was haben sie nicht schon alles absorbiert, bevor sie in das Kinderhaus kommen! Andererseits nehmen die Kinder das, was sie bei uns lernen, ins Elternhaus mit. Eine nette Geschichte hat mir das verdeutlicht. Eines Morgens kam eine Mutter zu mir und sagte: ‹Ich könnte heulen vor Freude. Haben die Kinder zu meinem Geburtstag doch den Tisch so schön gedeckt!› Nach einigen Wochen kam sie noch einmal zu mir und sagte: ‹Wissen Sie noch, wie die Kinder den Tisch so schön gedeckt haben? Zeigen Sie mir, wie man das macht. Die Manuela hat das so toll für mich gemacht, und jetzt hat sie Geburtstag, da muss ich das doch auch für sie tun!› Ohne dass es unsere Absicht war, hat das Verhalten der Kinder auch auf die Eltern gewirkt. Unser einziger Weg, den Familien zu helfen, war der über die Kinder. Waren die bei uns ausgegli-

chen, dann konnten sie sich auch zu Hause beschäftigen, bekamen keine Schelte, und die Eltern sahen ihre Kinder viel positiver.

Kontrollen sind sehr wichtig, damit die richtige Hilfestellung erfolgen kann und damit jedes Bemühen des Kindes, jeder noch so kleine Erfolg auch wirklich bemerkt wird. So haben wir jedes Kind von Zeit zu Zeit fünf Minuten genau beobachtet und das Ergebnis festgehalten. Wir haben eine Liste mit allen Materialien angelegt und darin notiert, mit welchem es jeweils gearbeitet hatte.»

Für Maria Montessori bildete die Erzieherin einen Teil der Vorbereiteten Umgebung. Die Art, in der sie dem Kind gegenübertritt, bestimmt wesentlich dessen Entwicklungsprozess. Schon in dem vorangegangenen Bericht wurde deutlich, dass Liebe und Achtung vor dem Kind die wichtigsten Voraussetzungen für seine positive Entwicklung sind. Gleichzeitig braucht die Erzieherin viel Geduld. Geduld braucht die Erzieherin auch dann, wenn Kinder auf die von ihr dargebotenen Angebote zunächst nicht eingehen, weil sie für eine neue Arbeit noch nicht bereit sind. Doch häufig scheint es nur so, als seien diese Kinder untätig, während sich in Wirklichkeit in ihrem Inneren wichtige Prozesse abspielen. Es ist jedoch nicht immer einfach für Erwachsene, diese Geduld aufzubringen. Eine Erzieherin erzählt:

«Zu Beginn habe ich die Kinder deutlich spüren lassen, wie sehr mir daran liegt, dass sie mit Material arbeiten. Eines Tages erklärte dann ein Kind: ‹Hier muss man arbeiten!› Ich habe dann einen gehörigen Schreck bekommen und gedacht: ‹Du liebe Zeit, du setzt das Kind ja unter Druck!› Ich habe es dann ganz in Ruhe gelassen. Und was ich vorher nicht für möglich gehalten hätte, trat ein. Nach einem halben Jahr kam das Kind von ganz alleine und fragte nach Material. Es arbeitete dann mit ungeheurer Intensität und Ausdauer. Das war für mich eine wichtige Erfahrung: Als Erzieher muss man warten können und Vertrauen zum Kind haben.»

Die sensiblen Phasen für Bewegung und Ordnung

Übungen des täglichen Lebens

Im vorangegangenen Abschnitt haben wir gesehen, dass die Vorbereitete Umgebung den Bedürfnissen des Kindes entsprechend gestaltet werden muss. Montessori beobachtete bei drei- bis sechsjährigen Kindern ebenso wie beim Kleinkind sensible Phasen für Bewegung und Ordnung und hat entsprechende Übungen und Materialien bereitgestellt. Die beiden folgenden Beispiele, bei denen Kinder ihre Bewegungskoordination verfeinern können, sind dem Bereich der Übungen des täglichen Lebens entnommen.

Der kleine Junge ist ca. vier Jahre alt. Er sitzt an einem niedrigen Tisch in einer Ecke des Gruppenraums. Auf einem Tablett befinden sich einige Schälchen und eine Kanne, außerdem eine Flasche mit Reinigungsflüssigkeit und zwei Tücher.

Der Junge gibt vorsichtig zwei Tropfen aus der Flasche auf das eine Tuch und beginnt dann, eine der Messingschalen von außen einzureiben. Nach einer Weile hält er zufrieden inne, seine Augen wandern zwischen dem verschmutzten Tuch und der milchigen Oberfläche der Schale hin und her. Er faltet das Tuch so, dass er auf eine saubere Stelle erneut etwas von der Flüssigkeit geben kann, und trägt diese auf die Innenseite der Schale auf. Seine Bewegungen sind bedächtig, die Aufmerksamkeit ist ganz auf die Tätigkeit gerichtet. Das Einreiben der Schale nimmt sicher zehn Minuten in Anspruch. Schließlich greift das Kind nach dem anderen Tuch und reibt nun das ganze Schälchen sorgfältig ab. Offensichtlich zufrieden mit dem Ergebnis seiner Tätigkeit, stellt er das Schälchen dann zurück auf den Tisch und schaut sich einen Moment lang im Gruppenraum um. Dann greift er erneut zu dem Tuch und gibt vorsichtig etwas Reinigungsmittel darauf. Doch er nimmt sich nicht ein anderes Messingteil, sondern greift wieder nach genau demselben Schälchen, das er eben geputzt hat. Er beginnt erneut, es sorgsam einzureiben. Der Rei-

nigungsprozess wiederholt sich, wobei der Junge genauso sorgfältig und konzentriert vorgeht wie beim ersten Mal.

Im Flur vor den Gruppenräumen steht ein Tisch, auf dem Glasgefäße verschiedener Größe aufgebaut sind. Der Tisch ist mit einem Wachs-

tuch abgedeckt, an einem Haken daneben hängen Handtücher und zwei kleine Schürzen aus Wachstuch. Ein Mädchen kommt auf den Tisch zu, zögert kurz und hängt sich dann eine der Schürzen um. Dann greift sie sich nach einiger Überlegung eine mittelgroße Kanne aus dem Angebot der Gefäße und geht damit ans Waschbecken in ihren Gruppenraum. Mit einer halb vollen Kanne, die sie jetzt vorsichtig mit beiden Händen umfasst, kehrt sie an den Tisch im Flur zurück. Sie stellt sie ab und beginnt nun, einige Gläser auszuwählen und sie nebeneinander vor sich aufzureihen. Dann gießt sie in jedes etwas Wasser aus der Kanne ein. Einiges schwappt dabei über, vor allem bei den ersten Gläsern in der Reihe, als die Kanne noch voller ist. Mit einem Tuch wischt sie den Tisch ab, nachdem sie die Kanne abgestellt hat. Jetzt gießt sie den Inhalt all der einzelnen Gläser in eine zweite, größere Kanne zurück und beginnt erneut, die Gläser zu füllen. Sicher dreißig Minuten lang ist sie ganz vertieft in die Tätigkeit des Hin- und Herschüttens. Man merkt, wie es ihr immer besser gelingt, die Gläser zu füllen, ohne etwas danebenzuschütten. Schließlich trocknet sie alle Gläser mit dem Handtuch ab und räumt sie wieder zusammen. Auch über den Tisch wischt sie abschließend noch einmal.

Als Erwachsener fragt man sich bei diesen Beobachtungen möglicherweise, welchen Sinn das Streben dieser Kinder haben soll, wenn nicht gerade ein Messingteil wirklich verschmutzt ist oder zu einem bestimmten Zweck Wasser eingegossen werden muss. Kleine Kinder führen diese Tätigkeiten nicht zielgerichtet aus, sie sind vielmehr Selbstzweck. Erst für ältere Kinder wird auch das Ergebnis ihres Handelns wichtig. Die Motivation für die Kinder liegt in der Tätigkeit selbst. Gleichzeitig ist es ein Beleg dafür, dass sie sich in einer sensiblen Phase für Bewegung befinden. Viele Male werden sie diese Tätigkeit wiederholen und die eigene Geschicklichkeit im Umgang mit diesen Dingen verbessern und perfektionieren. Welch ein Erfolgserlebnis, wenn Wasser aus einer großen Kanne in mehrere kleinere Gefäße gegossen werden kann, ohne dass ein Tropfen danebenfällt! Erst später erhält diese neuerworbene Fertigkeit einen sozialen Bezug, indem das Kind z. B. am Frühstückstisch Kakao aus einer großen Kanne eingießen kann.

Die beschriebenen Beispiele sind typisch für Montessori-Kinderhäuser. Diese Übungen des täglichen Lebens sind alltägliche Verrichtungen wie: Schleifen binden, Wasser gießen, Blumen pflegen, spülen, Tisch decken, Putzen u. Ä. Zum einen sind das «Erwachsenen-Tätigkeiten» und haben schon von daher einen sehr starken Reiz für Kinder. Zum anderen erfordern alle diese Verrichtungen eine gewisse Geschicklichkeit, die von den Kindern erst durch wiederholtes Üben erworben wird. Zu Beginn des letzten Jahrhunderts war es durchaus noch nicht selbstverständlich, dass Kinder bereits im Kinderhausalter in Tätigkeiten eingeführt wurden, die der Pflege der häuslichen Umgebung galten. Bemerkenswert ist, dass Maria Montessori bei diesen Übungen wie auch bei allen anderen Materialangeboten nicht zwischen so genannten typischen Jungen- oder Mädchenarbeiten unterschied.

Oft ist es uns Erwachsenen gar nicht bewusst, dass eine alltägliche Handlung, wie etwa das Schleifebinden, in viele einzelne Bewegungen zerfällt, die aneinander gereiht erst den komplexen Bewegungsablauf ergeben. Aufgabe der Erzieherinnen ist es, dem Kind diese Bewegungen so langsam und abschnittsweise vorzuführen, dass es sie nachahmen kann. Ein Beispiel dafür, wie Montessori eine Übung des täglichen Lebens in Einzelschritte zerlegt hat, sei an dieser Stelle noch einmal genauer beschrieben – das Erlernen des Schleifebindens an einem Rahmen. Es handelt sich um quadratische Holzrahmen, die jeweils mit zwei auseinanderklappbaren Stoffhälften bespannt sind. Mit Hilfe verschiedener Verschlüsse wie Schleifen, Knöpfen, Schnallen und Haken lassen sich die beiden Stoffhälften miteinander verbinden. Am schwierigsten ist sicher das Erlernen einer Schleife. Die beiden Bänder sind daher verschiedenfarbig. Die Erzieherin zeigt nun dem Kind bei der ersten Einführung dieses Materials im Zeitlupentempo und Schritt für Schritt, wie eine Schleife aufgebaut wird. Als ersten Schritt der Lektion öffnet die Erzieherin eine Schleife nach der anderen und klappt dann beide Stoffhälften auseinander. Nachdem sie die Bänder geordnet hat, nimmt sie jede Stoffhälfte an den Ecken auf und klappt sie wieder zusammen. Beginnend mit den beiden untersten Bändern nimmt sie je eines in die Hand und legt die Bänder durch Kreuzen der Arme übereinander. Diese Bewegung wiederholt sich bei allen vier Schleifen. Durch das Kreuzen der Arme wird die Bewegung großräumiger und damit einprägsamer für das Kind. Im zweiten Schritt nimmt die Erzieherin das Ende des oben liegenden Bandes und führt es unter das darunter liegende: Vier Knoten entstehen. Nun wird mit dem einen Band eine Schlaufe gebildet, die dann mit Daumen und Zeigefinger dicht oberhalb des Knotens festgehalten wird. Dann führt sie mit Daumen und Zeigefinger der noch freien Hand das andere Band von vorne nach hinten um die Schlaufe und steckt es durch die

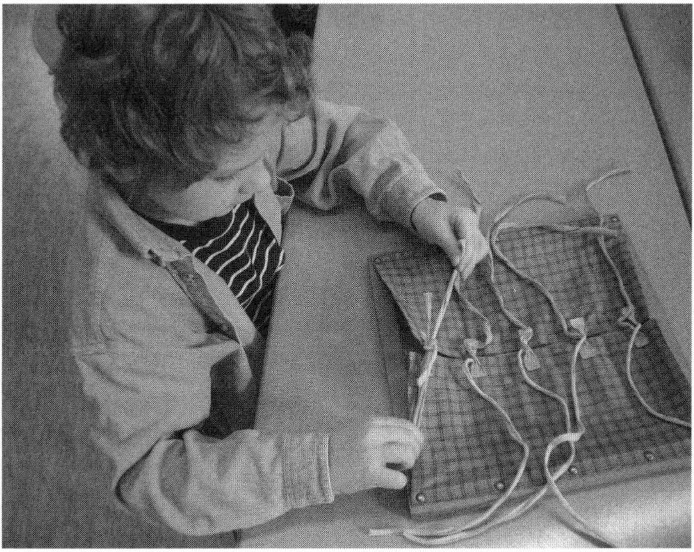

entstandene Öffnung über dem Knoten. Zu guter Letzt zieht sie beide Schlaufen gleichzeitig an, sodass eine gleichmäßige Schleife entsteht.

Natürlich können bei dieser Übung auch zunächst die einzelnen Schritte isoliert geübt werden, wenn das Kind noch Probleme mit dem Gesamtablauf der Bewegung hat. Beim Lesen der Beschreibung wird aber jedem deutlich, wie komplex der uns einfach erscheinende Vorgang des Bindens einer Schleife ist!

Montessori sah in der Koordination der Bewegungen eine wichtige Voraussetzung für das seelische Gleichgewicht und die Fähigkeit zur Konzentration. Ein Kind, das seine Bewegungen geordnet hat, ist in der Lage, sie kontrolliert und zielgerichtet auszuführen. Die zunehmende Beherrschung eigener Bewegungsabläufe sichert dem Kind darüber hinaus schrittweise ein Stück Unabhängigkeit. Kann es sich erst einmal ohne Hilfe anziehen, den Mantel zuknöpfen und sich die Schuhe zubinden, ist es ein Stück selbständiger geworden, ebenso wenn es seine Bewegungen so weit beherrscht, dass es sich alleine ein Getränk eingießen kann.

Jedes Angebot an Material oder Übungen im Kinderhaus berücksichtigt die entscheidende Bedeutung der Bewegung. Vor allem die *Übungen des täglichen Lebens* beinhalten die beiden beschriebenen Aspekte der Bewegung: die Bewegung als Mittel zum Aufbau der Intelligenz und zur Erlangung einer Unabhängigkeit vom Erwachsenen.

Für jedes Kind gilt, dass es mittels seiner Bewegung in Kontakt zu seiner Umwelt tritt. Das Kind kann sich seiner Umgebung nur bemächtigen, indem es sie mit Hilfe seiner Bewegungen erforscht. Daher ist die Bewegung unerlässlich für jedes weitere Lernen.

Gehen auf der Linie

Ein weiteres Übungsangebot im Kinderhaus nennt Maria Montessori *Gehen auf der Linie.* Die Kinder sollen ihren Gleichgewichtssinn üben und die Erfahrung machen, dass sie durch Konzentration zu einer inneren Ruhe finden können. Wir haben eine solche Übung beobachtet.

«Der Raum ist abgedunkelt. Es brennt nur eine Kerze auf einem Tisch und eine Stehlampe in einer Ecke, sodass eine gemütliche Atmosphäre herrscht. Auf dem Boden ist eine Linie aufgemalt. In einem Halbkreis stehen acht Stühle, auf denen die Kinder sitzen. Von einem CD-Player kommt leise, ruhige Musik. Die Erzieherin fordert die Kinder auf, die Arme auf die Oberschenkel zu legen, die Augen zu schließen und ganz ruhig zu werden. Dann öffnen die Kinder die Augen wieder, und die Leiterin zeigt ihnen, wie sie die Füße so voreinander setzen, dass die Spitze des einen die Ferse des anderen Fußes berührt. Sie zeigt der Reihe nach auf die Kinder, die sich dann erheben und beginnen, auf der Linie zu gehen. Dabei halten sie einigen Abstand zueinander. Wenn das vorderste Kind eine Runde gegangen ist, bleibt es an einem Wagen stehen, auf dem sich Gegenstände befinden. Es nimmt zwei mit Wasser gefüllte Gläser und trägt sie vorsichtig, damit das Wasser nicht überläuft. Das nächste Kind wählt zwei Kerzen, zündet sie an und trägt sie dann geradezu feierlich. Ihm folgt ein kleines Mädchen, dem es offensichtlich schwer fällt, auf der Linie zu balancieren. Immer wieder tritt sie daneben, schwankt, und es gelingt ihr nicht, den Abstand zu den anderen Kindern einzuhalten. Auch sie nimmt sich am Materialwagen zwei Kerzen, zündet sie an und bemüht sich sehr, sie ruhig zu tragen. Die Kerzen scheinen am beliebtesten zu sein, aber es stehen noch andere Dinge zur Auswahl. Nach jeder Runde kann gewechselt werden. Das erste Mädchen stellt die Gläser zurück und nimmt nun zwei Fahnen, das nächste Kind wählt zwei Schellenkränze, die beim Gehen nicht zu hören sind. Es stehen auch noch Bohnensäckchen, Flaschen, Stäbe und Bälle zur Verfügung. Nach einer Viertelstunde scheinen die Kinder immer noch ganz konzentriert auf ihr Tun zu sein. Auch das Mädchen, das zunächst Schwierigkeiten

hatte, wirkt jetzt ruhiger, und sein Gang ist sicherer geworden. Nach weiteren fünf Minuten entfährt ihm ein Seufzer: ‹Ich kann nicht mehr!› Aber es macht weiter, obwohl es, ebenso wie die anderen, jederzeit aufhören könnte. Nach einer halben Stunde bittet die Erzieherin die Kinder, Platz zu nehmen, und beendet dann die Übung.»

Das Sinnesmaterial

Zwei Kinder arbeiten mit Farbtäfelchen: Ein Holzkasten enthält kleine Täfelchen in verschiedenen Farben, jede Farbe hat neun Abstufungen von hell bis dunkel; es können Reihen gebildet werden mit den verschiedenen Farbabstufungen. Die beiden Kinder legen zunächst alle blauen Täfelchen vor sich auf den Teppich. Das hellste legen sie an den Anfang und probieren dann, eine Reihe bis zum dunkelsten fortzusetzen. Das ist gar nicht so einfach; vor allem im mittleren Bereich sind die Kinder sich zweimal nicht einig und müssen die Täfelchen mehrere Male nebeneinander legen, um genau zu vergleichen. Aber sie schaffen es, die blaue Reihe liegt fertig da. Jetzt kommen die grünen Täfelchen an die Reihe. Die Kinder legen die Tafeln so, dass am Schluss ein Stern auf dem Teppich entsteht, dessen Strahlen verschiedenfarbig sind und von innen nach außen hin heller werden. Das sieht sehr schön aus. Andere Kinder kommen und bewundern das Werk.

Das beschriebene Material ist ein *Sinnesmaterial.* Die Art und Weise, wie die Kinder in diesem Beispiel arbeiten, macht deren Bedürfnis nach Herstellung einer Ordnung deutlich.

Montessori setzt den inneren Ordnungs- und Orientierungssinn auch in Beziehung zu körperlichen Funktionen und der Sinnesschulung. Denn nur auf der Grundlage einer harmonisch funktionierenden Motorik kann sich auch geistiges Lernen vollziehen.

Die sensible Phase für Ordnung meint nicht nur das Bedürfnis der Kinder nach einer äußeren Ordnung, sondern sie hat gleichzeitig eine innere Ausrichtung: Das Kind möchte und muss die inneren Eindrücke, Erfahrungen und Erlebnisse miteinander in Beziehung setzen können. Die im Alter bis zu drei Jahren mittels des absorbierenden Geistes unbewusst aufgenommenen Sinneseindrücke stehen noch isoliert nebeneinander. Sie müssen zu einem sinnvollen Ganzen verknüpft werden. Dies kann konkret dadurch geschehen, dass das Kind vergleicht, Paare zusammenstellt, Abstufungen findet, kurz gesagt, eben ordnet. Ebenso wie das Kind in seiner äußeren Umgebung alles an einem bestimmten Platz sehen möchte, hat es auch das Bestreben, den inneren Eindrücken einen Platz zuzuweisen.

Das Kind hat seine Erfahrungen bisher vor allem im Bereich der Sinne und der Bewegung gemacht. Ausgangspunkt war für Montessori daher eine Erziehung der Sinne und der Bewegung. Das von ihr entwickelte Sinnesmaterial spricht vor allem den ersten Bereich an, obwohl die Kinder im Umgang mit ihm gleichzeitig auch immer wieder ihre Bewegung schulen. Es dient der Differenzierung der bereits gemachten Sinneserfahrungen und ist so konzipiert, dass es dem jeweiligen Entwicklungsstand von drei- bis sechsjährigen Kindern entspricht.

Im oben beschriebenen Beispiel geht es über die äußerlich schön aussehende Anordnung hinaus auch um den Erwerb neuer Kenntnisse und um eine Schulung der Sinne. Die Kinder können einerseits die verschiedenen Farben und ihre Namen kennen lernen, andererseits ihre Wahrnehmung üben, indem sie feine Helligkeitsabstufungen erkennen.

Jonas, vier Jahre alt, hat gleich am Morgen der Erzieherin erklärt: «Du wunderst dich wohl, dass ich schon da bin. Ich will heute wieder fühlen.» Entschlossen geht er zum Regal und nimmt einen Kasten heraus, in dem zehn Holzbrettchen stehen. Sie sind alle gleich groß und mit Sandpapier beklebt, das in fünf Abstufungen von sehr grob bis sehr fein reicht. Es gibt zwei Serien dieser Holztäfelchen, immer zwei Brettchen derselben Oberflä-

chenstruktur gehören zusammen. Sven stellt den Kasten vor sich auf den Tisch und läuft noch einmal zurück, um eine schwarze Augenbinde zu holen, dann ruft er die Erzieherin zu sich. Sie hilft ihm beim Umlegen der Augenbinde, dann ordnet sie eine Serie der Brettchen auf dem Tisch und gibt Sven ein Brettchen der zweiten Serie in die Hand. Vorsichtig befühlt er es mit den Fingern, legt es zur Seite und beginnt, unter den vor ihm liegenden nach dem passenden Doppel zu suchen. Die Oberfläche, die er sucht, muss sehr grob sein. Er fährt mit den Fingern mehrmals über eine Holzplatte. Nein, offensichtlich passt sie nicht, die Oberflächenstruktur ist zu fein. Aber die nächste, er tastet, überlegt, ist unsicher, ob dieses zu seinem ersten Brett passt. Er vergleicht beide und ruft: «Das ist es!» Das gefundene Paar wird oben am Tisch abgelegt. Die Erzieherin gibt ihm nach und nach die anderen Brettchen, und Jonas sucht das passende zweite zu erfühlen. Am Schluss liegen fünf Paare vor ihm, noch einmal überprüft er seine Wahl mit den Fingern. Dann nimmt er die Augenbinde ab. Da die Sandpapiere sich durch ihre unterschiedliche Beschaffenheit auch in der Farbe etwas voneinander unterscheiden, kann er nun kontrollieren, ob er richtig gearbeitet hat.

Dieses Material wurde von Montessori so konstruiert, dass es ausschließlich einen Sinn anspricht: das Fühlen. Die Brettchen sind alle gleich groß, gleich schwer, haben die gleiche Form, einziges Unterscheidungskriterium – bei geschlossenen Augen – ist ihre Oberflächenstruktur. Montessori hat in diesem Material eine einzige Schwierigkeit isoliert. Alle Gegenstände, die zum Sinnesmaterial gehören, sind konstruiert und künstlich. Sie sind nicht der natürlichen Umwelt des Kindes entnommen.

Warum dieser Aufwand? Es wäre ja durchaus denkbar, den Tastsinn an verschiedenen Holzsorten aus dem Wald zu erproben. Natürlich ist es für jedes Kind auch von Bedeutung, die verschiedenen Holzqualitäten zu fühlen, zu riechen, Bäume kennen zu lernen. Doch das ist es nicht, was Montessori mit ihrem Material erreichen will. Die unterschiedlichen Erfahrungen, die das Kind im Laufe seiner Entwicklung bereits unbewusst gemacht hat, werden durch die Beschäftigung mit dem Material in Beziehung zueinander gesetzt, geordnet. Es lernt in unserem Beispiel die Eigenschaften rau und glatt als allgemeine Eigenschaft von Gegenständen kennen. Montessori nennt ihr Material daher *materialisierte*

Abstraktion. Während seiner Arbeit mit dem Material findet das Kind zu einer inneren Ordnung, die es ihm später erlauben wird, Gegenstände seiner Umwelt differenzierter zu sehen und besser einzuordnen. Diese Möglichkeit soll es durch die Arbeit mit dem Sinnesmaterial erhalten. Sein Interesse soll sich dabei nur auf den einen Bereich Tasten richten, deshalb ist das Material auf das eine Merkmal Oberflächenstruktur reduziert, und deshalb ist es auch nicht direkt der Natur entnommen. Holzstücke aus dem Wald unterscheiden sich immer in mehreren Eigenschaften: in ihrer Form, ihrem Gewicht und ihrer Oberfläche.

Alle Sinnesmaterialien sind so konzipiert, dass sie eine Schwierigkeit isoliert anbieten: Farbe, Form, Geruch, Gewicht, Temperatur, Klang, Oberflächenbeschaffenheit. Damit wohnt ihnen eine strenge Sachlogik inne. Sie können von den Kindern nicht beliebig eingesetzt werden, etwa zum Eisenbahnspielen oder Häuserbauen. Es sind Materialien, die ihre Qualität nur entfalten, wenn sie sachgerecht benutzt werden. Nur dann helfen sie dem Kind, ein inneres Ordnungssystem zu entwickeln. Die Sinnesmaterialien sind daher auch Entwicklungsmaterialien. Abgehoben von der Vielfalt der sonstigen Eindrücke gibt das Material durch die ihm innewohnende Sachlogik eine Ordnungsstruktur vor. Genauso wie manche Erwachsene sich z. B. zur Meditation zurückziehen und über Dinge im Allgemeinen nachdenken, um später mit frischerworbenen Einsichten ihre Umwelt neu zu sehen, erfährt das Kind im Umgang mit dem Material eine Qualität von Gegenständen an sich. Es kommt zu einer neuen inneren Ordnungsstruktur und vermag danach seine Umwelt differenzierter zu erfahren.

Die Erzieherin und Lena sitzen auf dem Teppich, vor ihnen liegen ungeordnet zehn braune Quader für die braune Treppe. Die Erzieherin umfasst nun den größten und legt ihn vor sich hin. Sie nimmt den nächstgrößten, überprüft ihn mit der Hand und legt ihn an den großen und so weiter, bis vor Lenas Augen eine brau-

ne Treppe entstanden ist. Zur Kontrolle kann mit beiden Händen vorsichtig die Kontur der Treppe nachgefahren werden, obwohl hier auch das Auge jeden Fehler bereits wahrgenommen hätte. Lena strahlt. Sie baut die Treppe ab und beginnt gleich, sie noch einmal alleine aufzubauen. Im Folgenden vergleicht die Erzieherin den größten und kleinsten Quader und führt das Begriffspaar groß – klein ein.

Sinnesmaterialien sind eine erste Orientierungshilfe für das Kind. In seiner weiteren Entwicklung werden seine Bedürfnisse zunehmend komplexer werden. Umso bedeutender ist es, dass es auf diesem Niveau erster fundamentaler Erfahrungen Hilfen an die Hand bekommt. So sieht Montessori das Sinnesmaterial als Ausgangspunkt, von dem aus das Kind sich weiter entfalten kann.

Übungen der Stille

Die Übungen der Stille sind ein charakteristisches Merkmal für die Arbeit in Montessori-Einrichtungen. Manch einem mag es unwahrscheinlich erscheinen, dass Kinder Stille lieben und solche Übungen gerne machen. Montessori beobachtete bei Kindern jedoch ein Bedürfnis nach Konzentration und Stille. Sie entwickelte verschiedene Übungen, bei denen Kinder die Stille erfahren können. Voraussetzung ist, dass sie bereits zu einer gewissen inneren Ordnung gefunden haben und dass sie Spaß und Lust dazu haben, eine Stilleübung mitzumachen. Die Erzieherin sollte diese Stilleübungen nie dann einsetzen, wenn in der Gruppe eine große Unruhe aufgetreten ist. Denn diese Übungen können nicht dazu dienen, eine Phase der Unruhe oder des Streits zu überwinden.

Zum Beginn der Übungen sollten alle Kinder bequem sitzen und sich möglichst wenig bewegen. Damit sich alle sammeln und konzentrieren, beginnt die Erzieherin vielleicht mit einem Spiel, bei dem auf Umweltgeräusche geachtet werden soll, wie z. B. das Ticken einer Uhr, Vogelgezwitscher und anderes. Die Atmosphäre kann auch durch ein leichtes Verdunkeln des Raumes oder das Anzünden einer Kerze in der Mitte des Sitzkreises so gestaltet werden, dass sie Ruhe ausstrahlt und die Konzentration auf die akustische Wahrnehmung fördert.

Wenn alle Kinder bereit und entspannt sind, flüstert die Erzieherin leise den Namen eines Kindes, das dann zu ihr kommt und sich dabei auch so lautlos wie möglich durch den Raum bewegt. Die Kinder hören dabei sehr aufmerksam zu und erwarten die Nennung ihres Namens. Natürlich sollten bei diesem Spiel möglichst alle Kinder einmal an die Reihe kommen. Als Variation zu dieser grundlegenden Stilleübung können den Kindern kleine Aufträge zugeflüstert werden, die sie dann leise ausführen müssen, oder sie können ihre Stühle möglichst ohne Geräusch zu ihren Plätzen zurücktragen.

In Kinderhäusern ist immer wieder zu beobachten, wie viel

Freude den Kindern diese Stilleübungen machen und mit wie viel Eifer sie dabei sind. Die besondere Atmosphäre der entspannten Ruhe und Konzentration nach einer solchen Übung kann die Erzieherin nutzen, um etwa eine Geschichte zu erzählen.

Die Polarisation der Aufmerksamkeit

Während ihrer Arbeit im «Casa dei Bambini» beobachtete Montessori eines Tages ein Kind, das mit einem Sinnesmaterial arbeitete. Das folgende Erlebnis ist für ihre Arbeit von großer Bedeutung gewesen, daher wollen wir es wörtlich zitieren:

«Die erste Erscheinung, die meine Aufmerksamkeit auf sich zog, zeigte sich bei einem etwa dreijährigen Mädchen, das damit beschäftigt war, die Serie unserer Holzzylinder in die entsprechenden Öffnungen zu stecken und wieder herauszunehmen. Diese Zylinder ähneln Flaschenkorken, nur haben sie genau abgestufte Größen, und jedem von ihnen entspricht eine passende Öffnung in einem Block. Ich erstaunte, als ich ein so kleines Kind eine Übung wieder und wieder mit tiefem Interesse wiederholen sah ... Gewohnt, dererlei Dinge zu beobachten, begann ich die Übungen des kleinen Mädchens zu zählen. Auch wollte ich feststellen, bis zu welchem Punkt die eigentümliche Konzentration der Kleinen gehe, und ich ersuchte daher die Lehrerin, alle übrigen Kinder singen und herumlaufen zu lassen. Das geschah auch, ohne dass das kleine Mädchen sich in seiner Tätigkeit hätte stören lassen. Darauf ergriff ich vorsichtig das Sesselchen, auf dem die Kleine saß, und stellte es mitsamt dem Kinde auf einen Tisch. Die Kleine hatte mit rascher Bewegung ihre Zylinder an sich genommen und machte nun, das Material auf den Knien, ihre Übung unbeirrt weiter. Seit ich zu zählen begonnen hatte, hatte die Kleine ihre Übung zweiundvierzigmal wiederholt. Jetzt hielt sie inne, so als erwachte sie aus einem Traum, und lächelte mit dem Ausdruck eines glücklichen Menschen.» (Montessori, Kinder sind anders, S. 165)

Das wirklich Erstaunliche war, zu welch ungeheurer Konzentration dieses kleine Mädchen fähig war. Sie war völlig versunken und beachtete selbst die große Unruhe um sich herum nicht mehr. Vor allem nach Beendigung ihrer Tätigkeit war sie nicht etwa erschöpft, sondern frisch und ausgeruht und machte einen zufriedenen Eindruck. Montessori beobachtete diese Verhaltensweise noch häufig: Lang andauernde Wiederholung der Übung, große Konzentration und danach eine Phase der inneren Zufriedenheit. Sie konstatierte, dass die Wiederholung einer Übung ein kindlicher Wesenszug sei.

Immer wieder, mehrere Tage lang, holte sich Jonas die Tastbretter. Über eine Stunde beschäftigte sich ein kleines Mädchen mit dem Auf- und Abbau der braunen Treppe. Vielleicht wird es an anderen Tagen diese Übung wiederholen, doch mit einem Mal, ohne dass der Zeitpunkt von einem Erwachsenen voraussagbar sei, ist das Kind «gesättigt». Es legt das Material zur Seite und wird ihm nie mehr diese intensive Aufmerksamkeit entgegenbringen.

Jedes von Montessori entworfene Material ist jedoch so angelegt, dass das Kind die Möglichkeit hat, die von ihm gewünschte Übung beliebig oft zu wiederholen. Montessori nannte das beobachtete Phänomen die *Polarisation der Aufmerksamkeit.* Sie stellte fest, dass eine wichtige Vorbedingung für das Eintreten dieses Phänomens die freie Wahl der Tätigkeit sei.

Philipp ist seit vier Wochen im Kinderhaus. Er ist innerlich unruhig, streift hierhin und dorthin, fängt in der Bauecke an, nach zehn Minuten schmeißt er den begonnenen Turm um und sucht sich die nächste Tätigkeit. Die Erzieherin lässt ihn gewähren. Ab und zu steht er neben ihr und schaut zu, wenn sie eine Einführung gibt. Auf die Frage, ob er auch mit dem Material arbeiten möchte, schüttelt er den Kopf. Eines Morgens entdeckt er bei seinen Streifzügen durch den Gruppenraum die Glocken. Er nimmt sich zwei heraus, stellt sie auf den Tisch und beginnt, leise mit dem Klöppel dagegen zu schlagen. Die Erzieherin kommt zu ihm und fragt, ob er damit arbeiten möchte. Philipp nickt. Gemeinsam tragen sie die Glocken auf einen Tisch im Flur. Die Erzieherin gibt Philipp eine Einführung. Die Glocken stehen ungeordnet, und Philipp versucht, sie nach ihrer Tonhöhe zu ordnen.

Immer wieder schlägt er an, legt den Kopf schief, hört intensiv, stellt um, arbeitet weiter. Den ganzen Vormittag ist er mit diesem Material beschäftigt. Obwohl auf dem Flur gleichzeitig die Bastelecke ist, in der gesägt und gehämmert wird, hat er nur Ohren für seine Glocken. Seine Konzentration stellte sich in dem Augenblick ein, in dem er sein Material gefunden hatte. Ohne sich dessen bewusst zu sein, suchte er etwas, das seiner augenblicklichen Sensibilität entsprach.

Montessoris Bestreben war es, den Kindern eine Umgebung zu bieten, die es wahrscheinlich werden lässt, dass das Phänomen der Polarisation der Aufmerksamkeit eintritt. In ihr soll das Kind die Anregungen und Betätigungsfelder finden, die seiner jeweiligen Sensibilität entsprechen.

Die Polarisation der Aufmerksamkeit gliedert sich in drei Unterschritte:

- die Vorbereitung,
- die große Arbeit,
- nach der großen Arbeit.

In der **Vorbereitungsphase**, die sehr viel kürzer ist als die zweite Phase, wird der Kontakt mit den Dingen, die das Interesse erwecken, hergestellt. Das Kind ist eventuell noch unsicher und wählt unter verschiedenen Gegenständen. Während dieser Phase wird auch der Platz und alles zur Arbeit Gehörende vorbereitet, wobei es zu einer allmählichen Zuwendung zur Arbeit kommt. Wählt das Kind ein Material, mit dem es bisher noch nie gearbeitet hat, erhält es vom Erwachsenen eine Einführungslektion. Den zweiten Schritt bildet **die große Arbeit**, einschließlich des selbständigen Lösens von Problemen und der Wiederholung von Übungen bis zum Erreichen des Sättigungsgrades. In dieser Zeit, die relativ lang andauern kann, ist das Kind versunken und hat sich von der Umwelt isoliert; es lässt sich nicht ablenken. Den

Schluss dieses Konzentrationszyklus bildet die Periode **nach der großen Arbeit**, eine Phase, in der die erworbenen Eindrücke verarbeitet werden. Dabei hört das Kind auf, tätig zu sein. Vielleicht betrachtet es sein Werk oder möchte das Ergebnis seiner Arbeit dem Erwachsenen zeigen. Montessori betonte die Wichtigkeit dieser Phase. Die Arbeit ist erst dann beendet, wenn das Kind das Material in den Schrank oder in das Regal zurückbringt.

Das von Montessori beobachtete Konzentrationsphänomen, das sie die *Polarisation der Aufmerksamkeit* nennt, bildet das Gravitationszentrum ihrer Pädagogik. In der tiefen Konzentration macht das Kind grundlegende Lernerfahrungen, erlebt sich als Einheit und baut seine Persönlichkeit auf. Wie wichtig, geradezu existenziell, diese Erfahrung tiefer Konzentration für alle Menschen ist, bestätigte sechzig Jahre später der amerikanische Psychologe Csikzentmihalyi mit seinen Forschungen. Er beschäftigte sich mit der Frage, was Menschen dazu befähigt, auf einem Gebiet Höchstleistungen zu vollbringen und dafür große Anstrengungen auf sich zu nehmen. Ob es der Schwimmer ist, der bereits im Morgengrauen mehrere Kilometer Trainingsstrecke schwimmt, oder der Wissenschaftler, der trotz vieler Rückschläge eine Forschungsfrage zu lösen versucht – in den von ihm geführten Interviews berichten sie alle von einem beglückenden Gefühl bei ihrem Tun. Csikzentmihalyi nannte das immer wieder beschriebene Gefühl den «Flow» (vgl. Csikzentmihalyi, Mihaly. Kreativität. Wie Sie das Unmögliche schaffen und Ihre Grenzen überwinden).

Alle befragten Personen gaben an, dass diese Flow-Erfahrung große Motivationskraft für ihr Tun besitze. Sie beschrieben diesen Flow als ein Erleben, in dem die Umwelt nicht mehr wahrgenommen wurde, der Zeitbegriff verloren ging und in dem Erleben und Handeln zusammengeflossen waren. Ein Gefühl, das jeder von uns kennt und das in der deutschen Sprache so treffend mit dem Ausdruck der «Versunkenheit» bezeichnet wird. Tätigkeiten, die uns ein Flow-Gefühl vermitteln können, üben wir lieber und effizienter aus, denn sie verschaffen uns ein großes Gefühl innerer Zufriedenheit.

Wenn das bereits für uns Erwachsene gilt, um wie viel wichtiger ist es dann, dass Kinder diese Erfahrung machen können – und sie zudem beim Lernen machen. Für Montessori ist ganz deutlich: *«Wenn ein Kind sich konzentriert, so verändert sich sein Charakter»* (Grundgedanken, S. 23). Sie sind nach Abschluss der Arbeit *«immer ausgeruht und gestärkt»* (Grundgedanken, S. 22). Ja, sie sieht in diesem Konzentrationserleben den Schlüssel für die geistige und seelische Entwicklung der Kinder. Sie richtet ihre ganze Bemühung dahin aus, Bedingungen für Kinder zu schaffen, die ein Eintreten dieser heilsamen Polarisation der Aufmerksamkeit möglichst wahrscheinlich werden lassen. *«Und von nun an war es mein Streben, Übungsgegenstände zu suchen, die die Konzentration ermöglichten; und ferner studierte ich gewissenhaft, welche Umgebung die günstigsten äußeren Bedingungen für diese Konzentration bietet. So begann sich meine Methode aufzubauen.»* (Grundgedanken, S. 22)

Zusammenfassung

Um den Bedürfnissen der Kinder Rechnung zu tragen, forderte Montessori die Bereitstellung einer Vorbereiteten Umgebung, in der das Kind selbst tätig werden und damit den Aufbau seiner Persönlichkeit vollziehen kann. Die Vorbereitete Umgebung muss dem Kind angepasst sein. Gleichzeitig muss sie geordnet und überschaubar sein und zum Tätigwerden auffordern. Voraussetzung für die kindliche Entwicklung ist die liebevolle Atmosphäre und die Achtung der kindlichen Persönlichkeit.

Für die Altersstufe von drei bis sechs Jahren beobachtete Montessori neben den dominierenden sensiblen Phasen für Bewegung und Ordnung außerdem das Bedürfnis nach der Verfeinerung der Sinneseindrücke, nach innerer Konzentration und nach mitmenschlichen Kontakten. Entsprechend hat sie Materialien und Übungen für das Kinderhaus entwickelt, die diese Bedürfnisse erfüllen.

Nur in einer Vorbereiteten Umgebung, in der sich das Kind frei für eine Tätigkeit entscheidet, kann es zu einer tiefen Konzentration, der Polarisation der Aufmerksamkeit, gelangen, die es zu einer inneren Ordnung führt.

«Schule macht mir Spaß!» – Die Arbeit an Montessori-Grundschulen

Wenn wir im Folgenden von der Arbeit an Montessori-Grundschulen berichten, so stehen die Schulen, an denen wir arbeiten, im Mittelpunkt. Das bedeutet natürlich nicht, dass alles, was bei uns gemacht wird, notwendigerweise auch an allen anderen Montessori-Schulen ebenso abläuft. Überhaupt gibt es nicht *die* Montessori-Schule, und auch Maria Montessori selbst hat nie eine Idealschule beschrieben. Gemeinsam ist allen Montessori-Schulen, dass sich ihre Lehrer an den Prinzipien ihrer Pädagogik orientieren und mit dem Montessori-Material ausgestattet sind. Die einzelnen Schulen können sich jedoch in organisatorischen Aspekten voneinander unterscheiden. An einigen Regelgrundschulen existieren Montessori-Zweige. Reine Montessori-Schulen sind in vieler Hinsicht freier, sie können z. B. einen langen Block dreistündiger Freiarbeit einplanen, es bereitet hier keine Probleme, Klassen einzurichten, die mehrere Jahrgänge umfassen. An den einzelnen Schulen ist die Verteilung von Freiarbeit und Ergänzungsunterricht unterschiedlich geregelt, ebenso die Ausstattung der Klassen. Wichtiger als jeder organisatorische Aspekt ist jedoch, dass in allen Klassen entsprechend den Gedanken Montessoris gearbeitet wird. Ausgehend von unserer Schulpraxis lassen sich Grundzüge der Arbeit an Montessori-Schulen im Allgemeinen darstellen.

Freiarbeit – das «Herzstück» des Unterrichts

Für viele Lehrer ist es immer wieder erschreckend zu sehen, wie sich Kinder im Laufe weniger Jahre in der Schule verändern. Mit sechs Jahren, wenn sie in die erste Klasse kommen, brennen sie geradezu darauf, Neues zu lernen. Sie haben ein waches Interesse an ihrer Umwelt, können ihren Drang, sich mitzuteilen oder Fragen zu stellen, kaum zügeln, wollen ihr Blickfeld erweitern und sind voller Neugier und Lust, Neues zu entdecken. Innerhalb weniger Jahre Schulerfahrung hat sich bei vielen dieser quicklebendige Eifer so weit verflüchtigt, dass er einer allgemeinen Schulverdrossenheit Platz gemacht hat. Dabei wird gerade in der Grundschule die Einstellung, die ein Kind zur Arbeit und zum Lernen hat, wesentlich geprägt. Arbeiten kann Spaß machen, weil es Erfolgserlebnisse vermittelt und neue Erfahrungsmöglichkeiten eröffnet.

Ein Ziel der Grundschule muss es daher sein, die Freude des Kindes an der Arbeit zu bewahren und ihm Wege zum selbständigen Arbeiten zu eröffnen. Das «Wie» ist dabei oft von größerer Bedeutung als der Lernstoff. Ein Kind, das gelernt hat, selbständig und mit Freude zu arbeiten, wird sich später auch viele andere Wissensgebiete erschließen können. Dazu gehört allerdings auch, dass es gelernt hat, durchzuhalten und eine einmal begonnene Arbeit zu Ende zu führen.

Ein Grund für die häufige Unlust an der Arbeit mag sein, dass das Kind den Lerninhalt, dem es sich widmen soll, nicht selbst gewählt hat. Es betrachtet ihn als fremd, ohne Bezug zu seinem eigentlichen Interesse. Es lernt dann aus Pflichtgefühl oder, schlimmer noch, weil es den Druck der Eltern und Lehrer verspürt. So kann es sein, dass dasselbe Kind, das sich in der Schule nur widerwillig auf einen Aufsatz konzentrieren kann, zu Hause freiwillig Briefe schreibt, um zusätzliche Informationen für sein Interessensgebiet zu erhalten. Freude an der Arbeit, Konzentration auf ein Sachgebiet und Erfolgserlebnisse werden jedoch vor allem dann auftreten, wenn das Kind eine Schulwirklichkeit vorfindet, die seinen Bedürfnissen entspricht.

Nicht das Kind wird der Schule angepasst, sondern die Schule hat sich auf die Befindlichkeiten des Kindes einzustellen. Montessori geht davon aus, dass sich das Kind nur dann gesund und normal entwickeln wird, wenn es selbstbestimmt lernen kann.

Wichtig ist dabei, dass ihm ein Angebot an Lernmaterialien zur Verfügung steht, das seinen Bedürfnissen, die sich in den sensiblen Phasen äußern, entspricht. Es sollte ihm zur rechten Zeit die passende «Nahrung» angeboten werden, d. h., es soll sie im Klassenzimmer, seiner Vorbereiteten Umgebung, vorfinden können.

Jedes Kind ist eine individuelle Persönlichkeit, das sich nach seinem inneren Plan entwickelt. Während sich das eine Kind gerade intensiv für Zahlen interessiert, befindet sich das andere vielleicht in einer Phase, in der es vor allem schreiben und lesen möchte. Es ist also eher unwahrscheinlich, dass sich zur selben Zeit alle Schüler einer Klasse für dasselbe Thema interessieren. Geht man davon aus, dass das Kind besonders dann intensiv und leicht lernt, wenn es seinen Gegenstand selbst aussuchen kann, dann ist es eine wünschenswerte Konsequenz, dass jedes Kind das lernen kann, worauf sein Interesse im Moment gerichtet ist. Das wichtigste Merkmal der Montessori-Arbeit in der Schule ist die *Freiarbeit.* Sie nimmt bei uns einen Zeitraum von drei Unterrichtsstunden täglich ein. Das Kind kann in dieser Arbeitsphase aus dem Materialangebot, das es in seinem Klassenraum vorfindet, frei wählen. Es entscheidet, wie lange es sich mit einem Gegenstand beschäftigen und wie häufig es eine Übung wiederholen möchte. Es kann entscheiden, ob es einen Sachverhalt lieber alleine, mit einem Partner oder in einer kleinen Gruppe erarbeiten will.

Eine weitere Konsequenz ergibt sich aus dem Gebot der freien Arbeitswahl. Wenn jedes Kind sich im Prinzip mit einem anderen Lernbereich befassen kann, spielt es auch keine Rolle mehr, auf welchem Niveau es dies tut. Es ist also möglich, dass das eine gerade erst lesen lernt, während sein Banknachbar bereits Bücher liest und lange Aufsätze schreibt. Das eine Kind beginnt erst, sich den Zahlenraum zu erschließen, während sein Nachbar bereits Wurzelziehen übt. Damit ist es möglich, dass während der Freiarbeit Kinder unterschiedlicher Jahrgänge gemeinsam lernen. Welche Vorteile dies birgt, soll an anderer Stelle erläutert werden (vgl. S. 149 ff, jahrgangsgemischter Unterricht). Dass in einer großen Klassengemeinschaft wirklich jedes Kind etwas anderes tun kann, mag für viele unvorstellbar sein. Kennt man doch aus der eigenen Schulzeit meist nur den Frontalunterricht, in dem der Lehrer den Mittelpunkt des Geschehens einnimmt.

Im folgenden Bericht begleiten wir eine Montessori-Klasse, die vier Jahrgänge umfasst, während ihrer dreistündigen Freiarbeit.

«Im Flur stehen alle Türen offen. Vereinzelt sitzen Kinder auf den Garderobenbänken vor den Klassenräumen und sind dabei, ihre Straßenschuhe aus- und die Hausschuhe anzuziehen. Es werden auch Gespräche geführt. In der Klasse sind erst wenige Kinder. Die Lehrerin spricht gerade leise mit einem Mädchen. Zwei Kinder stehen vor den Regalen mit Material, ein anderes sitzt bereits an seinem Tisch und rechnet mit Perlenstäbchen. In der Leseecke, einer gemütlichen und von Regalen abgeschirmten Ecke, sitzt ein Junge und liest in einem Buch über die Steinzeit.

Die Tische in diesem Klassenraum stehen in Gruppen zusammen. Jeweils sechs oder acht Kinder teilen sich einen solchen Gruppentisch. Zwei Wände sind mit Regalen für das Material belegt. An der Fensterfront sind Nischen abgetrennt. In einer davon stehen zwei Computer. Das Lehrerpult vermisse ich zunächst. Es steht unauffällig an einer Seite. Vorn vor der Tafel ist viel freier Raum. Hier können Arbeiten auf dem Boden verrichtet werden.

In der Zeit bis 8.15 Uhr füllt sich der Klassenraum langsam. Einzeln oder in kleinen Gruppen treffen die Kinder ein. Manche wollen erst Kontakt zu ihren Freunden aufnehmen, ihnen das Wichtigste des vergangenen Nachmittags berichten. Andere fangen sofort an ihrem Platz mit einer Arbeit an. Manche Schüler begrüßen zuerst die Lehrerin, die inzwischen neben einem Kind sitzt, und wechseln ein paar leise Worte mit ihr. Die Kinder brauchen unterschiedlich lange, um zu einer Arbeit zu finden, aber gegen 8.30 Uhr haben alle eine Beschäftigung. Es ist jetzt ruhig in der Klasse. Der überwiegende Teil der Schüler arbeitet allein, einige zu zweit oder dritt, wobei sie sich flüsternd verständigen. Zwischendurch stehen immer wieder Kinder auf, bringen ihre fertigen Arbeiten in ein Ablagekörbchen auf dem Lehrerpult. Manche gehen an den Regalen entlang und suchen offensichtlich ein neues Material. Einigen Kindern macht die Lehrerin Vorschläge, was sie tun könnten. Sie setzt sich dann zu einem Kind und erklärt ihm die Arbeitsweise mit einem neuen Material. Mir fällt auf, dass in der Klasse eine sehr entspannte und ruhige Arbeitsatmosphäre herrscht, obwohl sich Kinder im Raum hin und her bewegen.

Gegen 9.30 Uhr wird es etwas unruhiger in der Klasse. Anscheinend sind gerade mehrere Kinder gleichzeitig mit einer Arbeit fertig geworden und wollen sie der Lehrerin zeigen oder sie etwas fragen. Die Unruhe ist auch dadurch entstanden, dass die Kinder warten müssen, bis sich die Lehrerin ihnen zuwendet. Als sie mit einem Glöckchen klingelt, wird es sofort leise. Die meisten Kinder schauen zur Lehrerin. Einige, die nicht sofort reagieren, werden von ihren Mitschülern aufmerksam gemacht. Das Glöckchen ist, so erfahre ich später, ein Signal, dass es entweder zu unruhig in der Klasse geworden ist oder dass die Lehrerin – manchmal auch ein Kind – eine Ankündigung machen möchte. Bei den vielfältigen Tätigkeiten der Schüler fällt es kaum auf, dass eine Lehrerin im Klassenzimmer ist. Ein Gast, der während der Freiarbeit den Raum betritt, muss sie meist erst einmal suchen. Sie sitzt mitten unter den Schülern, häufig arbeitet sie mit ihnen auch auf dem Boden. Dafür stehen Teppiche in einem Ständer bereit. Einige Kinder arbeiten auch draußen auf dem langen Flur.

Die Materialien sind sehr unterschiedlich. Manche Kinder rechnen mit roten, grünen, goldenen Perlen oder verschiedenfarbigen Perlenketten, andere schreiben Texte ab, erfinden eigene kleine Geschichten, legen oder kleben farbige Symbole, die für die verschiedenen Wortarten stehen, über Satzstreifen. Ein Junge nimmt sich eine Lese-Dose. Er stellt verschiedene Gegenstände, die in dem Korb liegen, vor sich auf den Tisch: ein kleines Plastikkamel, einen Nagel, eine Feder, insgesamt zwölf Dinge. Seine Lippen bewegen sich. Er versucht leise, die Namen auf den kleinen Kärtchen zu lesen, die zu den Gegenständen gehören, und sie richtig hin-

zulegen. Er meldet sich, als er fertig ist. Die Lehrerin kommt zu ihm, und sie betrachten gemeinsam sein Werk. Er ist sehr stolz. Er hat diese Lese-Dose schon einige Male genommen und sich die Namen inzwischen gut eingeprägt. Leise liest er sie der Lehrerin vor. Dann will er noch gleich das nächste, für ihn neue Dose erlesen. Zwei andere Erstklässler bauen gerade Tiere und Menschen auf einem Bauernhof aus Holz auf. Mir fällt auf, dass besonders die Erstklässler offensichtlich nicht nur die Lehrerin um Hilfe bitten, wenn Probleme auftauchen, sondern auch ältere Kinder. In den meisten Fällen helfen diese dann auch bereitwillig.

Inzwischen sind alle Teppiche ausgelegt. Ein Mädchen hat Bilder von Obst- und Gemüsesorten ausgebreitet und sortiert sie unter die passenden Oberbegriffe. Neben ihr auf dem Teppich hat ein Junge eine Europakarte aus Holz vor sich liegen und steckt Fähnchen mit den Ländernamen an die richtigen Stellen. Er kann das noch nicht aus dem Kopf, aber die Kontrollkarte, auf der alle Namen vermerkt sind, hilft ihm.

Ein Junge aus dem zweiten Schuljahr möchte draußen auf dem Flur die Tausenderkette auslegen. Er nimmt sie sich von einem Wandregal. Diese Kette besteht aus tausend Einzelperlen, die jeweils in Zehnerabschnitte unterteilt sind. Nachdem er sie auf dem Flur ausgelegt hat, holt er ein Döschen mit Plastikpfeilen, die er ebenfalls draußen auf ein rundes Tablett ausschüttet. In Zehnerschritten zählt er dann bis tausend und legt alle passenden Pfeile mit den Ziffern neben die Kette.

Während der Freiarbeit arbeiten die Kinder mit unterschiedlicher Intensität. Ich beobachte manche, die konzentriert und ausdauernd eine Arbeit nach der anderen zu Ende führen. Andere lassen sich leichter ablenken oder benötigen immer wieder Ruhepausen, in denen sie ein Bild malen oder in der Leseecke schmökern. Auch der Kontakt, den die Schüler zu ihrer Lehrerin suchen, ist unterschiedlich. Die einen scheinen sich völlig selbständig den ganzen Vormittag um ihre Arbeiten zu kümmern, andere benötigen immer wieder Zustimmung, Aufmunterung oder Anregungen zum Weitermachen.

Um 10.15 Uhr läutet die Lehrerin erneut mit dem Glöckchen und bittet die Kinder, ihre Arbeiten nun zu beenden und aufzuräumen. Es beginnt daraufhin ein lebhaftes Treiben: Die Tafel wird von zwei Schü-

lern geputzt, ein Mädchen füllt die Gießkanne, um die Blumen auf den Fensterbänken zu gießen. Mehrere Kinder sind damit beschäftigt, die Materialien in den Regalen zu ordnen und mit einem Staubwedel abzustauben. Auch die kleine Bibliothek in der Leseecke wird wieder geordnet. Der Computerchef beendet die Programme auf dem PC. Sogar der Boden wird mit Besen und Handfeger gesäubert. An der Wand hängt ein «Dienstplan». Die Ämter werden jede Woche neu verteilt.

Nach ungefähr zehn Minuten sind alle Aufräumarbeiten beendet, und die Kinder sitzen wieder an ihren Plätzen. Zwei Mädchen aus dem zweiten Schuljahr wollen noch eine Geschichte vorlesen, die sie heute zusammen geschrieben haben. Ein kleiner Junge aus dem ersten Schuljahr liest aus einem kleinen Leseheftchen vor. Alle drei ernten Applaus von der Klasse. Für die Frühstückspause deckt jedes Kind seinen Tisch, und nachdem der Kakao ausgeteilt worden ist, bitten die Kinder die Lehrerin, weiter aus einem Buch vorzulesen. Nach der etwa zehnminütigen Frühstückspause gehen die Kinder auf den Schulhof, denn nun schließt sich die Spielpause an, die bis 11.00 Uhr dauern wird. Anschließend geht es dann weiter mit dem Ergänzungsunterricht» (Ergänzungsunterricht, vgl. S. 174 ff).

Freiheit und Bindung

Aus diesem Bericht wird ersichtlich, dass sich die Freiarbeit sehr stark vom herkömmlichen Unterricht unterscheidet. Es wird deutlich, dass den Kindern ein hohes Maß an Freiheit eingeräumt wird. Gleichzeitig stellt sich die Frage nach den Grenzen dieser Freiheit.

Freiheit im Sinne Montessoris meint zunächst Entwicklungsfreiheit. Das bedeutet, dass das Kind die Möglichkeit haben soll, sich den Leitlinien seines inneren Bauplans gemäß zu entfalten. Aufgrund ihrer Beobachtungen an Kindern hat sie festgestellt, dass eine tiefe Konzentration, nämlich die Polarisation der Aufmerksamkeit, nur dann eintritt, wenn ein Kind sich freiwillig für eine Tätigkeit entscheiden kann. Diese Möglichkeit gibt sie dem Kind. Dazu bedarf es natürlich einer Vorbereiteten Umgebung mit entsprechenden Angeboten, aus denen das Kind wählen kann. Diese Angebote müssen genau auf die Bedürfnisse der Kinder abgestimmt sein. Weitere Aspekte der Entwicklungsfreiheit sind, dass das Kind die Art und Dauer seiner Tätigkeit selber bestimmen kann. Außerdem gehört zu den Grundvoraussetzungen der Freiarbeit, dass sich das Kind innerhalb der Klasse frei bewegen kann. Es kann entscheiden, ob es am Tisch, lieber auf dem Teppich oder sogar auf dem Flur arbeiten möchte. Zu der Möglichkeit der freien Bewegung im Klassenraum gehört auch die der Kontaktaufnahme untereinander.

Alle diese Freiheiten werden dem Kind gewährt. Die Freiheit, seine Tätigkeit sowie das Arbeitstempo selbst bestimmen zu können, verschafft dem Kind eine gewisse Unabhängigkeit vom Erwachsenen. Auf keinen Fall sind jedoch die hier aufgezählten Freiheiten zu verwechseln mit ungehemmtem Selbstlauf oder einer grenzenlosen Freiheit. Bei Montessori beinhaltet die Freiheit gleichzeitig auch immer einen Aspekt der Bindung. Dadurch, dass das Kind seine Tätigkeit frei wählt, bindet es sich gleichzeitig an eine Arbeit. Durch die Arbeit mit dem gewählten Material schreitet es in seiner Entwicklung voran. Diese Tatsache hat zwei Konsequenzen. Zum einen kann das Material nur dann zur Polarisation der Aufmerksamkeit und damit zu einem Bildungsprozess führen, wenn es sachgerecht eingesetzt wird. Das bedeutet, dass mit den Perlen des Multiplikationsbrettes nicht beliebige Muster gelegt oder die Tausenderkuben zu einem Turm aufgestapelt werden sollen. Das Material sollte überhaupt nie zweckentfremdet benutzt werden. Das setzt natürlich voraus, dass die Lehrerin dem Kind eine genaue Einführung in die Handhabung des Materials geben muss, damit es lernt, wie es damit arbeiten kann. Diese Einführung gibt ausschließlich die Lehrerin. Nur bei richtigem Umgang ist gewährleistet, dass das Material den Lernschritt vermittelt, den das Kind gerade braucht. Von daher ist das Kind also an die sachgerechte Arbeit mit dem Material gebunden. Die Forderung Montessoris, ihr Material nur zweckgebunden zu benutzen, ist vielfach kritisiert worden. Die Intention dieser Arbeitsmittel ist es jedoch, ganz bestimmte Lernschritte im Entwicklungsprozess des Kindes zu unterstützen und zu vermitteln. Sie ermöglichen es dem Kind, seine vielfältigen Umwelteindrücke und seine Psyche zu ordnen. Diese komplexe Aufgabe können sie nur dann erfüllen, wenn sie in der ihnen gemäßen Weise angewandt werden. Kinder, die sich kreativ betätigen wollen, finden in jedem Kinderhaus und in jeder Schule vielfältige Möglichkeiten und ein reiches Angebot vor. Sie können also während der Freiarbeit zwischen Phasen des zweckgebundenen Umgangs mit Material und solchen freier, phantasievoller Tätigkeit wechseln.

Hat das Kind sich für ein Material entschieden, bindet es sich insofern, als es jede begonnene Arbeit beenden sollte. Denn nur wenn das Kind sich intensiv auf eine Arbeit einlässt, kann es sein Interesse daran binden. Diese Bindung ist von großer Bedeutung, denn eine Polarisation der Aufmerksamkeit kann sich nur bei intensiver Beschäftigung mit einem Material einstellen. Natürlich wäre es unsinnig, würde ein Kind mehrere Materialien hintereinander wählen, jeweils anfangen, damit zu arbeiten, und sie dann nach kurzer Zeit wieder ins Regal zurückbringen. Sollte es einmal vorkommen, dass ein Kind mit einer selbst gewählten Arbeit noch überfordert ist, wird die Lehrerin ihm eine andere anbieten. Grundsätzlich gilt aber doch die Regel, dass die einmal gewählte Aufgabe zu Ende gebracht werden muss. Sind die Arbeiten sehr umfangreich, so hat es die Möglichkeit, an den folgenden Tagen weiterzuarbeiten.

Oft wird im Zusammenhang mit der Freiarbeit die Frage gestellt, ob denn nicht in einer Klasse, in der viele Kinder alle mit unterschiedlichen Tätigkeiten befasst sind, sich frei bewegen und miteinander Kontakt aufnehmen dürfen, ein riesiges Durcheinander herrschen müsse.

Voraussetzung dafür, dass während der Freiarbeit jedes Kind zu einer geordneten Arbeit finden kann, ist natürlich die Einhaltung gewisser Regeln. Die oberste Regel, die das Miteinander der Kinder in der Klassengemeinschaft bestimmt, ist die, dass die Freiheit des Einzelnen dort endet, wo das Interesse des anderen oder der Gemeinschaft beginnt. Eine Konzentration kann nicht eintreten, wenn es in der Klasse zu laut ist und arbeitende Kinder von anderen gestört werden. Die Freiheit wird also geordnet durch die Spielregeln des Miteinanderlebens. Das Kind ist nicht alleine, es muss lernen, Rücksicht zu nehmen, ebenso wie es dies in anderen Bereichen menschlichen Zusammenlebens tun muss.

Viele Kinder müssen erst einmal in die Lage versetzt werden, sich nach ihren inneren Gesetzen zu entwickeln. Montessori nennt diesen Prozess die *Normalisation.* Einige Kinder wurden durch das Unverständnis der Eltern, die ihnen zum Beispiel zu wenig selbstbestimmtes Handeln zugestehen, in ihrer natürlichen Entwicklung gehemmt. Es fällt ihnen daher auch in der Freiarbeit schwer, Eigenaktivitäten zu entwickeln. Ihre Konzentrationsspannen sind kurz, häufig sind sie mehr an der Richtigkeit ihres Arbeitsergebnisses interessiert als an der eigentlichen Tätigkeit. Montessori hat beobachtet, dass auch diese Kinder durch die Arbeit mit dem Material zu einer Polarisation der Aufmerksamkeit finden und sich «normalisieren» können.

Wichtig für die Lehrerin ist es, in solchen Fällen die Grenze zwischen der Gewährung von Freiheit und einer Vernachlässigung des Kindes zu erkennen. Solche Kinder sind durch das reiche Angebot an Material zunächst überfordert. Es fällt ihnen am Morgen oft schwer, sich für eines zu entscheiden. In dieser Situation dürfen sie nicht sich selbst überlassen bleiben, sondern benötigen die Hilfe der Lehrerin. Sie macht ihnen Vorschläge für ein Material; so gelingt es ihnen, sich auf eine Tätigkeit einzulassen.

Eine andere Form der Hilfe ist eine vorübergehende stärkere Lenkung durch die Lehrerin. Das bedeutet, dass die Lehrerin zumindest zeitweise dem Kind die freie Arbeitswahl nicht im vollen

Umfang gewährt. Es ist ihre Aufgabe, diesem Kind Hilfen zu geben, die man vielleicht mit Krücken vergleichen könnte, die das Kind dann weglegen kann, wenn es in der Lage ist, alleine zu gehen. Wie diese Hilfen aussehen, ist individuell verschieden. Möglicherweise verständigt sie sich mit dem Kind auf ein verbindliches Aufgabenpensum.

Henrik ist erst zu Beginn des zweiten Schuljahres zu uns gekommen. Vorher hat er eine Regelschule besucht. Er ist sehr lebhaft, laut und neigt zu Aggressionen. Mit der Atmosphäre in der Freiarbeit hat er zunächst große Schwierigkeiten. Es gelingt ihm nicht, leise zu sprechen; immer hört man seine Stimme heraus. Als Einzelkind sind ihm soziale Kontakte zu seinen Mitschülern besonders wichtig, und er nutzt die Freiarbeitszeit primär, um diese zu pflegen und um seinen sehr großen Bewegungsdrang auszuleben. Die Materialien interessieren ihn zwar; das Interesse bleibt aber immer kurzfristig und oberflächlich. Schnell räumt er die Arbeit wieder fort, wenn ich ihm nach der Lektion den Rücken zugedreht habe oder wenn er auf erste Schwierigkeiten stößt. Nach ein paar Tagen spreche ich mit ihm, erkläre ihm die Regeln der Freiarbeit. Natürlich kennt er auch noch gar nicht genug Material, um wirklich frei eine Wahl treffen zu können. Da er am liebsten mit anderen Kindern zusammenarbeitet, wobei ihm dann aber die Kommunikation untereinander wichtiger ist als die Arbeit, treffe ich mit ihm eine Verabredung. Ich zeige ihm ein neues Material, und er soll dann jeweils ein bestimmtes, von mir vorgegebenes Pensum erledigen, bevor er dann anschließend wieder frei eine Tätigkeit aussuchen darf. Henrik ist einverstanden, murrt aber in den nächsten Tagen sehr, als ich auf der Einhaltung unserer Verabredung bestehe. Oft braucht er dann so lange für die Erledigung seines Pflichtprogramms, dass er gar nicht mehr zu einer anderen Arbeit kommt. Es dauert einige Wochen, bis er erkennt, dass er noch viel Zeit hat, wenn er zügig seine Pflichtaufgaben erledigt. Inzwischen hat er auch einige Materialien kennen gelernt, aus denen er wirklich wählen kann. Trotzdem ist es noch ein langer Weg, bis er so selbständig arbeiten kann wie das Mädchen in dem folgenden Beispiel. Vielleicht wird er innerhalb der Grundschulzeit auch immer wieder Hilfen brauchen, auf alle Fälle aber macht er Schritte in Richtung Selbständigkeit und damit auch in Richtung Freiheit.

Kinder, die sich bis zum Schuleintritt bereits in Übereinstimmung mit ihrem inneren Bauplan entwickeln konnten, finden in der Freiarbeit sehr rasch zu konzentrierter Arbeit.

Christina kam bereits im Alter von fünf Jahren in meine Klasse. Schon bei Schuleintritt konnte sie flüssig fremde Texte lesen. Sie ist sehr interessiert an allem Neuen. Im Kindergarten war sie unterfordert. Das Lernen fällt ihr – vor allem im sprachlichen Bereich – sehr leicht. Wie gut, dass sie bei uns Arbeit findet, die ihrem hohen Niveau entspricht. Müsste sie nun gemeinsam mit allen anderen den Leselernprozess erneut beginnen, würde sie sich so langweilen, dass ihr das Lernen bald keinen Spaß mehr machen würde. Sie freut sich, neue Materialien kennen zu lernen, wählt ihre Arbeiten selbständig, arbeitet konzentriert auch über längere Zeiträume. Sie macht einen glücklichen und zufriedenen Eindruck und kommt gerne in die Schule.

Christina ist bereits normalisiert und entwickelt sich im Einklang mit ihrem inneren Bauplan. In der Klassengemeinschaft gehört sie zu den Kindern, die mich als Lehrerin eigentlich kaum «brauchen». Ab und zu bittet sie mich, ihr etwas Neues zu zeigen. Ihre Arbeitsergebnisse kontrolliert sie, wo es eben möglich ist, selbst. Sie benötigt keine zusätzliche Bestätigung durch mich. Wenn ich sie beobachte, habe ich den Eindruck, dass sie die Freiarbeit sehr harmonisch und im Einklang mit sich selbst verlebt. Konzentrationsphasen wechseln ab mit Ruhepausen oder Zeiten, in denen sie soziale Kontakte pflegt. Gerne kümmert sie sich um jüngere Klassenkameraden, liest mit ihnen oder lernt mit ihnen neue Buchstaben. Sie wählt sich völlig frei solche Arbeiten, die ihrem Leistungsstand entsprechen.

Zum Abschluss dieses Abschnitts sollen die Kinder selbst einmal zu Wort kommen. Wir ließen in unseren Klassen die Kinder der dritten und vierten Jahrgänge aufschreiben, was ihnen an der Arbeitsform Freiarbeit gefällt. Hier einige Zitate:

Ich finde gut, dass man sich in der Freiarbeit aussuchen kann, was man machen will. Da kann man nämlich auch das Fach machen, worin man noch nicht so gut ist. Dann finde ich noch gut, dass bei dem Material nicht nur für Mathe und Sprache was ist, sondern auch über Tiere und so. Und dass man mit seiner Freundin zusammenarbeiten kann und sich dabei auf den Teppich setzen kann. (Helen)

Wenn es leise ist. Mit den Erstklässlern macht es Spaß zu arbeiten. Mir gefällt das Einmaleinsbrett, die römischen Zahlen und das Markenspiel. Schreiben macht Spaß. Die schönen Holzmaterialien und noch allerhand Sachen. (Maren)

Dass man aussuchen kann, was man machen will. Wir finden es gut, dass es Teppiche gibt. Wenn wir in Mathe nichts verstehen, können wir es in der Freiarbeit machen. Dass die Lehrer so nett sind. So gefällt es uns in der Montessori-Schule! (Nathalie und Laura)

Mir gefällt, mit anderen zusammenzuarbeiten. In anderen Schulen hat man meistens viel mehr auf als hier. Man muss machen, was die Lehrer sagen. Hier kann man sich Rechenaufgaben nehmen, wenn man Lust hat. Und man hat viel mehr Möglichkeiten zu arbeiten, und man kann sich Material nehmen. Wir haben zwei große Regale. Man kann sich Sachen nehmen, die man gut findet und Spaß daran hat. (Dirk)

Mir gefällt an der Freiarbeit, dass man mit jemandem zusammenarbeiten darf. Und dass man mit dem Material arbeiten darf, das einen interessiert. In anderen Schulen hat man meistens keine Freiarbeit. Wir dürfen mit dem Material auch auf dem Flur arbeiten, und man kann sich frei bewegen. Deshalb finde ich die Freiarbeit gut. (Dennis)

Mir gefällt daran, dass man zu zweit arbeiten kann. Und ich darf mir eine Arbeit selbst aussuchen, zu der ich Lust habe. Wenn ich mich gestört fühle, darf ich die Flüsterliesel verteilen. Zu manchen Arbeiten brauche ich viel Ruhe. Dann gehe ich mit dem Teppich vor die Tür. Ich darf auch in die Leseecke gehen. Die Lehrerin hilft einem, wenn man Hilfe braucht. (Christina)

Mir gefällt, dass man sich die Arbeit selber aussuchen kann und sie auch mit anderen zusammen machen darf. Ich mache mit Marie-Christine und Nadine immer Wurzelziehen. Und wenn ich kein Wurzelziehen mache, dann mache ich blaue Karten. Ich bin schon bei 7! Was mir nicht so gefällt: dass man leise sein muss. (Katharina)

Mir gefällt das Geschichtenschreiben und dazu Malen. Aber es gibt noch mehr, das ich schön finde, dass ich es nicht auf ein Blatt kriegen würde! Ich finde noch schön die Trennübungen, und als ich im zweiten Schuljahr war, fand ich die Schönschreibkarten am besten. Nur Rechnen gefällt mir nicht! (Anja)

Mir gefällt der Sprachkasten, in den habe ich mich verliebt! Aber nun zum Schachbrett, dem tollen Rechenmaterial. Und nicht zu vergessen, die Rechenblätter! Und das gefällt mir nicht: Rechtschreibkarten. (Stefan)

Dass man machen kann, was man will. Und dass man zusammenarbeiten kann und andere Themen machen kann, die einem Spaß machen. (Kathrin)

Mir gefällt am besten das Wurzelbrett, die große Division und der liegende, der kleine und der große Rechenrahmen. Ich finde, das ist doch eigentlich normal, dass jeder das Selber-Aussuchen der Sachen so gut findet wie ich! (Sascha)

Die Einrichtung einer Klasse – Gedanken zur Vorbereitung einer Umgebung

Als wir begannen, für unsere neu einzurichtenden Klassen eine Vorbereitete Umgebung zu schaffen, ergaben sich wichtige Leitlinien: Das Klassenzimmer sollte

- den Lern- und Erfahrungsbedürfnissen der Kinder Rechnung tragen, indem es eine Vielzahl von Anregungen bietet;
- ihrem Bewegungsdrang Raum und Ziel geben;
- von den Kindern als ein geordnetes Ganzes empfunden werden, in dem sie sich wohl und geborgen fühlen.

Um unsere Vorstellungen verwirklichen zu können, hatten wir folgende Pläne für den Raum und dessen Einrichtung:

- An beiden langen Seiten des Klassenzimmers sollten Regale montiert sein, um alle Arbeitsmaterialien aufzunehmen; und zwar so, dass sie für die Kinder bequem erreichbar sind.
- Mit Hilfe einiger kleinerer, beweglicher Regale wollten wir Ecken abtrennen; eine als Leseecke mit Bibliothek, in die sich die Kinder zurückziehen können, wenn sie schmökern oder mal allein sein wollen; Arbeitsplätze für die Computer, eine Ecke sollte einen Tisch für Experimente aufnehmen; in einer anderen sollte der Tisch mit dem Bauernhof stehen, der eine wichtige Funktion im Leselernprozess hat.
- Die Schülertische sollten in Gruppen zusammenstehen, um eine Zusammenarbeit und Kommunikation untereinander zu ermöglichen und zu fördern.
- Zwischen den einzelnen Tischgruppen sollte genug Platz bleiben, damit die Kinder sich nicht gegenseitig behindern, wenn sie sich durch die Klasse bewegen, um Material zu holen oder Aufträge auszuführen.

- Einen relativ großen, freien Raum würden wir benötigen, damit Kinder ihre Teppiche auslegen könnten, um auf dem Boden zu arbeiten oder um dort einen Stuhlkreis bilden zu können.

Einzig die Frage, wo das Lehrerpult stehen sollte, spielte nur eine untergeordnete Rolle. Das Kind und das Material standen im Zentrum der Überlegungen.

Mit den vielen Wünschen an unseren Klassenraum stießen wir rasch an die Grenzen moderner Schulgebäudeplanung. Montessori-Klassen brauchen viel Platz, mehr als jede Regelklasse. Um alle Vorstellungen und Wünsche realisieren zu können, hätten wir doppelt so viel Raum benötigt. Und so ging es bald nur noch darum, aus dem Vorgegebenen das Beste zu machen. Nach langen Überlegungen, vielem Hin- und Herschieben der Tische und kleinen Regale fand schließlich alles seinen Platz, auch wenn die Tische enger stehen als geplant und der freie Raum nicht so üppig ausgefallen ist wie erträumt. Einen Ausweg aus diesem Dilemma bietet der Flur. Die Kinder können bei Bedarf mit ihren Teppichen auf den Flur gehen und ihre Arbeiten dort erledigen. Der Flur, der in anderen Schulen während des Unterrichts meist ungenutzt bleibt, gehört bei uns mit zum Klassenzimmer.

Nachdem die äußere Planung abgeschlossen war und das Gerüst unserer Vorbereiteten Umgebung stand, galt es, dieses mit Inhalt, sprich mit Material, zu füllen. Doch auch hier waren wir schon früh an Grenzen gestoßen, diesmal an finanzielle. Die komplette Ausstattung einer Montessori-Klasse für alle vier Jahrgänge kostet annähernd 15 000 Euro. In einer Zeit der Mittelkürzungen eine utopische Summe! Der vom Schulamt zugestandene Etat lag sehr weit darunter. Aber der örtliche Montessori-Verein unterstützte uns, und wir verplanten den an anderen Schulen für den Einkauf von Lehrbüchern vorgesehenen Elternbeitrag für das Material. Das ist möglich, weil unser Material die Lehrbücher weitgehend ersetzt. Welche Materialien wir vorrangig herstellen oder kaufen wollten, war unsere Entscheidung.

Auch das Einräumen des Materials erforderte einige Überlegungen. Alles sollte so geordnet sein, dass die Kinder sich rasch orientieren und alles ohne Probleme erreichen konnten.

In einer Vorbereiteten Umgebung sollte es neben der äußeren Ordnung, in der jedes Material einen bestimmten Platz im Regal hat, auch eine innere Ordnung geben. So gibt es z. B. feste Regeln für die Freiarbeit (vgl. S. 91); daneben gehören zu einer inneren Ordnung auch bestimmte Rituale, von der Begrüßung der Lehrerin über das Frühstück bis hin zu den Geburtstagsfeiern. Nur im Rahmen einer geordneten Vorbereiteten Umgebung erhält ein Kind die Sicherheit und Ruhe, die es zum Arbeiten braucht. Wichtig ist in dem Zusammenhang, dass die Kinder den Klassenraum als *ihren* Raum empfinden. Wenn sie sich in ihm wohl fühlen, werden sie auch entsprechend sorgfältig mit den Dingen in ihm umgehen. Letzteres scheint gerade heute, wo die Kinder mit Spielzeug und Lernspielen überhäuft werden, ein wichtiges Erziehungsziel zu sein.

Die Vorbereitete Umgebung einer Montessori-Klasse wird sich immer wieder verändern und an die Bedürfnisse der jeweiligen Schüler anpassen. Je nach Jahreszeit oder Interesse der Schüler werden z. B. besondere wechselnde Themenangebote bereitgestellt. Die Vorbereitete Umgebung ist also nicht eine starre Raumordnung oder ein festgelegter Kanon angebotener Arbeitsmaterialien, sie ist lebendige Antwort auf die kindliche Entdecker- und Lernfreude.

Das Montessori-Material

Viele Eigenschaften und Aufgaben des Montessori-Materials sind bereits in den vorangegangenen Kapiteln genannt und auch erläutert worden. In letzter Zeit wird von Lernmittelverlagen eine

Fülle von Arbeitsmitteln angeboten, die für die Hand des Kindes bestimmt sind. Einige orientieren sich dabei an den von Montessori entwickelten Materialien, sind jedoch nicht mit diesen zu vergleichen.

Montessori entwickelte ein System didaktischer Materialien, die aufeinander bezogen sind. Sie sind daher auch nicht beliebig einzusetzen. Sie erfüllen ihren Sinn erst in Verbindung mit der Vorbereiteten Umgebung und einem entsprechend vorbereiteten Erzieher. Er allein kann in ihren Gebrauch einführen. Die Vorbereitete Umgebung, der vorbereitete Erzieher und das Material bilden eine Einheit und schaffen erst die Möglichkeit für das Kind, sich seinen eigenen Gesetzen entsprechend entfalten zu können. Bevor wir im Folgenden einige Beispiele für die Arbeitsweise mit dem Material in unseren Schulen aus den Bereichen Mathematik, Sprache und kosmischer Erziehung darstellen, möchten wir noch einmal die wichtigsten Eigenschaften des Materials nennen.

Grundlegend ist, dass es aufeinander bezogen ist und zum Teil systematisch aufeinander aufbaut. Besonders im Bereich Mathematik lässt sich das gut verdeutlichen.

Jedes Material vermittelt einen einzigen Lernschritt und ist auf eine Schwierigkeit begrenzt. Dadurch wird gewährleistet, dass sich die Konzentration des Kindes auf die eine wesentliche Sache richten kann.

Jedes enthält eine direkte oder indirekte Fehlerkontrolle. Das Vorhandensein einer direkten Fehlerkontrolle besagt, dass die Aufgabenstellung nur vollständig lösbar ist, wenn das Kind alle Schritte richtig ausgeführt hat. Legt es die Pfeile an die Tausenderkette und ein Pfeil bleibt übrig, so ist das ein Zeichen dafür, dass das Kind nicht richtig gearbeitet hat. Eine indirekte Fehlerkontrolle dagegen sind z. B. die vorhandenen Kontrolltafeln, die sich das Kind nach vollendeter Arbeit holen kann, um sein Ergebnis zu überprüfen. Das Gleiche gilt für Aufgabenkarten, auf deren Rückseite das Ergebnis der Rechnung notiert ist.

Bei der Arbeit mit jedem Material vollbringt das Kind nicht

nur kognitive Leistungen, vielmehr werden seine Sinne mit angesprochen. Alle Aufgaben erfordern ein Hantieren mit konkreten Gegenständen, das Handeln des Kindes. Jedes Arbeitsmittel ist in einer Klasse nur einmal vorhanden.

Die Lehrerin muss das Material sehr genau kennen und damit umgehen können, damit sie weiß, wann sie es einem Kind anbieten kann. Die Einführungen sind von großer Bedeutung. Sie können nicht nebenher erfolgen, sondern die Lehrerin muss sich ganz auf das Kind, dem sie eine Lektion gibt, konzentrieren. Die Technik der Materialeinführung lernt die Montessori-Pädagogin in einer Zusatzausbildung. Wie die Einführung erfolgt, ist natürlich von Material zu Material verschieden; sie muss dabei aber einige wichtige allgemeine Grundsätze beachten:

Die Lehrerin holt das Material mit dem Kind zusammen aus dem Regal oder Schrank, damit dieses den Platz kennt, an den es das Arbeitsmittel zurückbringen muss, und damit es von nun an weiß, wo es zu finden ist. Die Lehrerin setzt sich neben das Kind und achtet darauf, dass alle für diese Arbeit notwendigen Hilfsmittel in erreichbarer Nähe sind. Außer dem Material, mit dem gearbeitet werden soll und den eventuell zusätzlich benötigten Mitteln, sollte nichts auf dem Tisch oder Teppich liegen. Bei der Lektion sollte die Lehrerin so wenig wie möglich sprechen. Nicht ihre Erklärungen sind wichtig, sondern das Material spricht für sich. Mit zunehmendem Alter der Kinder, wenn komplexe Materialien eingeführt werden, können auch mehr sprachliche Erklärungen nötig sein. Sobald das Kind selber eine Handlung übernehmen will, lässt die Lehrerin diese zu, es sei denn, sie hat den Eindruck, dass das Kind noch nicht sicher im Umgang mit dem Material ist. Sobald das Kind selbständig arbeiten kann, zieht sie sich zurück, beobachtet jedoch das Kind noch eine Weile.

Das mathematische Material

Die meisten Kinder entwickeln bereits im Vorschulalter ein Interesse für Zahlen. Sie beginnen, Dinge, die sie in ihrer Umwelt vorfinden, zu zählen, z. B. Spielautos, Gummibärchen, Steine oder Ähnliches. So kommt es, dass fast alle Kinder bei Schulbeginn die Zahlen des unteren Zahlenbereiches bereits kennen. Aber sobald sie den Bereich des konkreten Nachzählens verlassen, haben sie meist Schwierigkeiten. Das ist auch nicht verwunderlich, denn die abstrakte Welt der Zahlen ist eines der faszinierendsten Denksysteme, das der Mensch je erfunden hat. Wer sich in der Welt der Zahlen bewegen will, muss die strenge Ordnung, der dieses System unterworfen ist, kennen und wissen, welchen Regeln es gehorcht, und er muss zunächst wissen, was sich hinter dem Begriff «Zahl» verbirgt.

Zu Beginn ist da vieles schwer zu verstehen. Es beginnt damit, dass die Zahl ja nur das Zeichen für eine bestimmte Menge ist. Ein Kind hat eine Vorstellung von einer solchen Menge, soweit es sie selbst zählen kann, drei Äpfel oder vier Autos. Wie viel mögen dagegen hundert sein oder gar tausend? Für die meisten Kinder ist das einfach viel, sehr viel.

Aber die Welt der Zahlen hält weitere Überraschungen bereit. Was vier oder sieben bedeuten, wissen die Kinder, sie können beide Zahlen abzählen. Rücken die beiden Ziffern aber nebeneinander, so handelt es sich nicht mehr um vier und sieben, sondern um vierzig und sieben. Es ist schon schwer zu verstehen, dass in unserem Zahlensystem allein die Stelle, die eine Ziffer innerhalb einer Zahl einnimmt, ihren Wert markiert, sie kann also Einer, Zehner, Hunderter, Tausender usw. sein.

Damit das Kind in diese Welt der Zahlen eingeführt werden kann, ist es wichtig, dass es sich zunächst eine Vorstellung davon bildet, was sich hinter den abstrakten Zeichen verbirgt. Gleichzeitig muss es in die Regeln eingeführt werden, die der Umgang mit ihnen erforderlich macht.

Bei Hospitationen fällt immer wieder auf, dass erwachsene Besucher besonders lange und intensiv zusehen, wenn Kinder mit mathematischem Material arbeiten. Oft schließen sich im Gespräch Äußerungen an, wie: «Jetzt habe ich endlich verstanden, warum man eigentlich ...», und es folgt meist die Schilderung eines mathematischen Problems, das während der eigenen Schulzeit nicht verstanden wurde und nur mit Hilfe eines auswendig gelernten Lösungsweges gerechnet werden konnte. Die tiefere Einsicht in das «Warum» blieb aber verwehrt, weil sich keine Vorstellung von den grundlegenden mathematischen Fakten hatte bilden können.

Gerade diese aber soll dem Kind eröffnet werden, indem man ihm eine Hilfe an die Hand gibt, die es ihm erlaubt, sich selber eine Vorstellung von Zahlen und deren Gesetzmäßigkeiten zu entwickeln. Die Faszination des mathematischen Materials liegt darin, dass es so anschaulich ist und schwierige mathematische Operationen begreifbar macht.

Das mathematische Material umfasst viele Bereiche. Bereits im Kinderhaus vermitteln die Sinnesmaterialien mathematische Grunderfahrungen, wenn die Kinder beginnen zu ordnen, zu klassifizieren, zu zählen, Serien zu bilden. Ohne es zu wissen, eignen sie sich damit bereits ein grundlegendes Instrumentarium an. Immerzu bedienen wir uns dieser Fähigkeit, Regeln zu finden. Nichts anderes wird im Bereich der Mathematik von uns verlangt. Das Sinnesmaterial hilft dem Kind schon auf einer frühen Stufe, diese Fähigkeit zu entwickeln. Grundlegendes mathematisches Material hat Montessori denn auch die Sinnesmaterialien, z. B. Rosa Turm, Braune Treppe, Einsatzzylinder usw., genannt. Weitere Materialgruppen im Bereich Mathematik dienen zum Beispiel

- dem Aufbau des Zahlenverständnisses;
- der Einsicht in das dezimale Zahlensystem und in das Wesen der vier Grundrechenarten;
- der Übung des Zählens und grundlegender Rechenoperationen;

- der Einführung in die Geometrie;
- der Einführung in das Rechnen mit Potenzen und das Wurzelziehen.

Im Folgenden sollen aus der Fülle der Materialien einige exemplarisch beschrieben werden. Am so genannten *Goldenen Perlenmaterial* soll verdeutlicht werden, wie Kinder mit ihm arbeiten und so eine Vorstellung von Zahlen erhalten. Ziel jeden Mathematikunterrichts ist das Rechnen mit abstrakten Größen. Daher führt eine Abfolge verschiedener Materialien das Kind vom Umgang mit konkreten Perlenmengen schrittweise zur Abstraktion.

Das Goldene Perlenmaterial

Eines der wichtigsten Ordnungsgesetze unseres Zahlensystems ist, dass es auf der Grundzahl zehn beruht. Es ist also ein dezimales System, das heißt, die Zahlenmengen sind in Einer, Zehner, Hunderter usw. unterteilt. Diese feste Ordnung spiegelt sich im Goldenen Perlenmaterial wider. Wie sein Name bereits verrät, besteht es aus kleinen, goldfarbenen Glas- oder Plastikperlen. Es gibt Einzelperlen, die jeweils für die Menge eins stehen. Zehn Einzelperlen sind auf einem Draht zu einem Zehnerstäbchen verbunden, zehn Zehnerstäbchen bilden wiederum ein Zehnerquadrat, zehn Hunderter einen Tausenderkubus. Die Mengen eins, zehn, hundert und tausend sind also direkt in Perlen abgebildet.

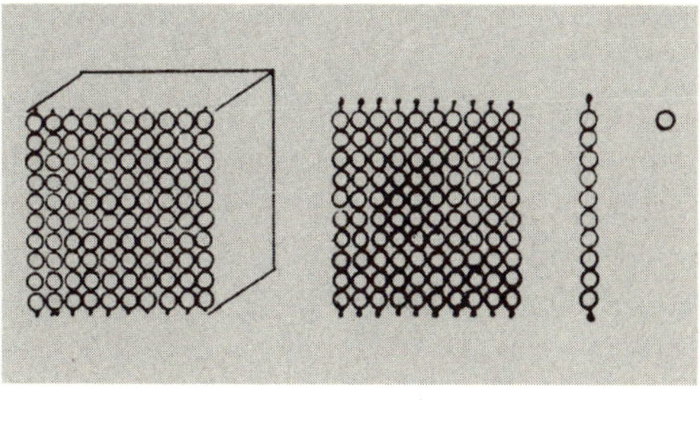

An dieser Stelle sei angemerkt, dass Maria Montessori bei diesem Material auch den Berührungspunkt zwischen Arithmetik und Geometrie aufzeigt. Die Zehn (10^1) stellt sich als Linie dar, die Hundert (10^2) als Quadrat, die Tausend (10^3) als Kubus. Ohne dass dieses Faktum Gegenstand einer Lehrerunterweisung zu sein braucht, bildet sich bei vielen Kindern bereits durch den Umgang mit dem Material eine Vorstellung von diesem Zusammenhang.

Die im Folgenden beschriebenen Lektionen und Übungen erstrecken sich über einen längeren Zeitraum. Auf jeder Stufe ist es dem Kind möglich, die Übungen so lange zu wiederholen, bis es sich völlig sicher fühlt und von sich aus danach drängt, Neues zu lernen. Unabhängig davon, wie rasch oder langsam ein Kind voranschreitet, am Ende hat sich jedem Kind ein Begriff vom Zahlenwert gebildet.

Doch das Material bietet mehr als nur ein anschauliches Abbild unseres Zahlensystems. Auf einer weiteren Stufe erfahren die Kinder mit seiner Hilfe, was es heißt, Zahlen zu addieren, zu subtrahieren, zu multiplizieren oder zu dividieren. Alle Übungen sind fortwährend mit Bewegung verbunden, viele Sinne werden dabei angesprochen.

Aufbau des Zahlbegriffs

Zunächst werden die vier Perlenkategorien vorgestellt und benannt: Einer, Zehner, Hunderter, Tausender. Das Kind befühlt die Perlen, nimmt sie in die Hand, wiegt sie und vergleicht. Es kann dabei feststellen, wie klein der Einer ist, der nur mit zwei Fingern gefasst werden kann, während der Tausender mit einer Kinderhand kaum noch zu greifen ist, so groß und schwer ist er.

In vielfältigen Übungen werden die Namen gefestigt. Vielen Kindern macht es auch Freude, die einzelnen Perlen nachzuzählen, zehn Einer sind ein Zehnerstäbchen, zehn Zehner ein Hunderter, zehn Hunderter ein Tausender. Es wird für das Kind bereits hier offensichtlich, dass die Zehn eine besondere Rolle spielt.

Aber damit nicht genug. Im Folgenden geht es darum, eine größere Menge Perlen zu holen. Dem Kind macht es Freude, nun wie ein Bankangestellter die Bank, d. h. das Tablett mit dem Perlenvorrat, zu verwalten. Auf Bitten der Lehrerin holt es eine gewünschte Menge Perlen. Immer wieder führt es dabei die gleichen Handgriffe aus: Zählen der Perlen auf dem Tablett, wiederum Zählen beim Überreichen. Damit spürt es immer wieder die Mächtigkeit der einzelnen Kategorien in der Hand, es lernt durch die Bewegung.

Anschließend lernen die Kinder, dass sie jeweils zehn Einer in einen Zehner, zehn Zehner in einen Hunderter usw. tauschen können. Dieses Tauschen ist sehr beliebt, und es macht den Kindern nun große Freude, einen ungeordneten Haufen Perlen zu ordnen und zu zählen. Auf einem Haufen liegen z. B. durcheinander drei Tausender, siebzehn Hunderter, zwölf Zehner, neunzehn Einer. Die einzelnen Kategorien werden nun voneinander getrennt, gezählt und, wenn nötig, getauscht. Am Ende liegen vor dem Kind auf dem Teppich vier Tausender, acht Hunderter, drei Zehner und neun Einer. Aus einem Chaos Ordnung zu schaffen, den Perlenhaufen überschaubar und zählbar gemacht zu haben, das erfüllt die meisten Kinder mit einem Gefühl tiefer Zufriedenheit.

Eine weitere, bei Kindern sehr beliebte Übung ist das «Aufbrechen» von Zahlen. Das Kind hat z. B. ein Zehnerstäbchen und erhält den Auftrag: «Lege eine Perle davon weg!» Meist gucken die Kinder zunächst sehr erstaunt, denn ganz offensichtlich ist dies nicht möglich, da alle Perlen fest verbunden sind. Nach einigem Nachdenken kommen sie schließlich auf die Lösung des Problems – sie wechseln das Zehnerstäbchen in Einzelperlen um und können die Aufgabe lösen. Sie haben verstanden, dass sie von einer Kategorie in die nächsttiefere wechseln müssen. Diese Aufgaben können beliebig schwierig gestaltet werden. Einige Kinder reizt es sehr, kleine Mengen von sehr großen wegzunehmen, im Extremfall eine Perle von einem Tausender. Diese Aufgabe ist nur durch mehrfaches Tauschen zu lösen.

Zahlennamen

Zu jeder Perlenmenge gehören bekanntlich Zahlen. Die Namen hat das Kind bereits im Ohr, nun soll es lernen, die Zahlen zu lesen und den entsprechenden Perlen zuzuordnen. Zum Material gehören Zahlenkarten, so genannte Kartensätze. Auf jeder Karte sind Ziffern farbig aufgedruckt; Einer grün, Zehner blau, Hunderter rot, (Einer-)Tausender wiederum grün. Die Zahlennamen werden schrittweise eingeführt und in Übungen gefestigt: Das ist die Eins, Zehn, Hundert, Tausend. Die «Bilder» werden verglichen, es wird festgestellt, wie viele Nullen zu jeder Zahl gehören usw.

Alle Zahlenkarten werden nun so ausgelegt, dass die Einer untereinander liegen, links davon finden die Zehner ihren Platz, davor die Hunderter, die Tausender. Die Ordnung des Zahlensystems wird hier in der Anordnung T-H-Z-E sowie in der Farbigkeit der einzelnen Kategorien widergespiegelt.

Im nächsten Schritt werden die Karten den einzelnen Per-

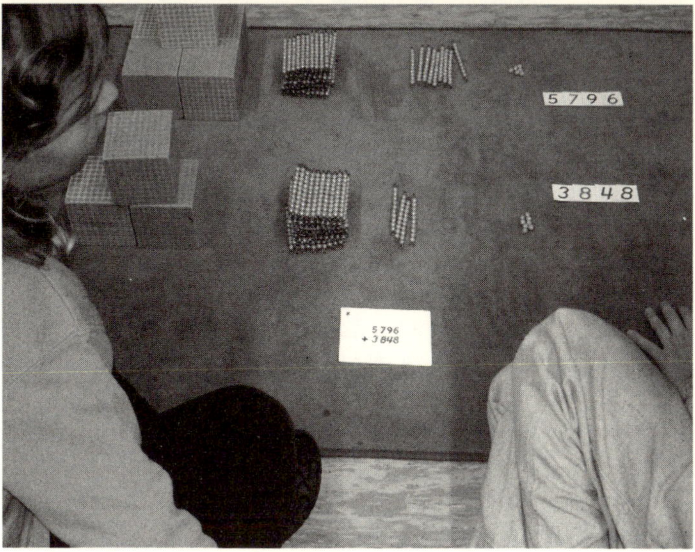

lenmengen zugeordnet. Auf einem Tablett liegen die Karten 6000-500-40-7 untereinander. Das Kind holt nun die entsprechende Menge Perlen. Die Karten können in einem weiteren Schritt übereinander gelegt werden, sodass das «neue» Zahlbild 6547 erscheint. Nun ist auch kein Geheimnis mehr, warum die Vier eben nicht Vier, sondern Vierzig ist. Das Geheimnis kann im wahrsten Sinne des Wortes gelüftet werden, wenn das Kind die Zahlkarten wieder auseinander schiebt und die einzelnen Kategorien vor Augen hat.

Manche Besucher verwundert es, dass Kinder im ersten Schuljahr bereits im Zahlenraum bis neuntausend rechnen, wird doch normalerweise nur der Bereich bis zwanzig erarbeitet. Das Hantieren mit großen Mengen, das Rechnen mit großen Zahlen übt auf Kinder eine ungeheure Faszination aus. Das Material ist so anschaulich, dass Kinder ohne Schwierigkeiten Rechenoperationen im Tausenderbereich ausführen können, wie wir im Folgenden sehen werden.

Ebenso anschaulich erfahren die Kinder, was es heißt, Mengen zu addieren. Bei den nun folgenden Übungen können zwei Kinder gut zusammenarbeiten. Die Lehrerin macht sie zunächst mit der Arbeitsweise vertraut. Nach der Einführung können sie alleine weiterarbeiten, denn auf jeder Arbeitskarte ist hinten die Lösung der Aufgabe notiert. So können die Kinder unabhängig von der Lehrerin ihre Arbeit selber kontrollieren. Vor Beginn der Arbeit wird das Perlenmaterial auf dem Teppich bereitgestellt, darüber hinaus werden nun drei Kartensätze mit Zahlen benötigt. Zwei kleine Kartensätze, mit deren Hilfe die beiden Summanden dargestellt werden, sowie ein großer Kartensatz für das Ergebnis.

An diesem Tag will ich Stefan und Isabel in die Addition einführen. Beide sind in der ersten Klasse und haben bereits mit dem Material gearbeitet, sind also mit dem Darstellen von Mengen und den Zahlen vertraut.

Auf der Karte ist die folgende Aufgabe notiert: 4631+2356. Stefan holt auf seinem Tablett die Perlen der ersten Menge und legt dazu auch die passenden Zahlen. Isabel hat auf ihrem Tablett die entsprechende zweite Menge. Wir vergleichen beide mit den Zahlen auf der Aufgabenkarte. Stefan legt nun seine Perlen und die Zahlenkarten auf den Teppich, Isabel legt im Abstand darunter ihre. Ich erkläre ihnen, dass dieses Plus-Zeichen das Zeichen für «Zusammentun» (Addieren) ist und schiebe mit einem Ruck beide Perlenmengen zusammen, sodass sie nun in einem ungeordneten Haufen liegen.

Die Addition erfolgt also nicht auf dem Papier, vielmehr können die Kinder konkret zwei Mengen zusammengeben und erfahren, dass aus zwei kleineren eine große Menge wird. Sofort beginnen die Kinder, wie sie es schon oft vorher getan haben, diesen ungeordneten Haufen Perlen zu sortieren: alle Einer zusammen, die Zehner, Hunderter, Tausender. Als das Ergebnis feststeht, suchen sie noch aus dem großen Kartensatz die passenden Zahlen und legen sie neben die Perlen. Nun kommt der spannende Moment, in dem die Aufgabenkarte umgedreht wird, und beide strahlen – das Ergebnis stimmt. Die folgende Aufgabe beobachte ich noch, doch dann arbeiten beide allein weiter. Besonders faszinierend scheint für sie der Moment zu sein, wenn beide Perlenmengen zusammengeschoben werden und ein großer Haufen Perlen daliegt.

Im folgenden Schritt werden die Aufgaben insofern schwieriger, als beim Auszählen des Ergebnisses getauscht werden muss, etwa bei der Aufgabe 5796+3848. Hier müssen vierzehn Einer so getauscht werden, dass die Kinder einen Zehner und vier Einer erhalten usw. Diese Schwierigkeitsstufung der Aufgaben findet sich bei jedem Rechenmaterial, zunächst Aufgaben, die ohne Tauschen zu lösen sind, dann mit Tauschen. Darüber hinaus sind in einigen Aufgaben auch mehrere Summanden zu addieren.

Die Multiplikation

Der Umgang mit dem Perlenmaterial ist so anschaulich, dass die Kinder im Folgenden auch ohne Mühe multiplizieren können. Zwei Teppiche haben sich Stefanie und Jan, beide in der ersten Klasse, nebeneinander ausgebreitet. Offensichtlich sehr beflügelt von ihrem Vorhaben, eilen sie zwischen dem Schränkchen, in dem die Goldenen Perlen aufbewahrt werden, und ihrem Arbeitsplatz hin und her. Kartensätze werden ausgelegt, ein Perlenvorrat türmt sich auf dem einen Teppich, auf dem anderen liegen die Hefte der Kinder, Federtasche und die kleine Dose mit den Aufgabenkärtchen.

«So», entfährt es Jan, der befriedigt auf das vor ihm liegende Arrangement blickt. Er nimmt eine Aufgabenkarte, auf der 1637 x 2 notiert ist. Er hält sie Stefanie hin. «Das ist gut, dann kann jeder eine Zahl legen», sagt er. Beide haben bereits eine Einführung erhalten und wissen, dass die Multiplikation eine verkürzte Addition gleicher Summanden ist.

Stefanie beginnt, sie wendet sich ihrem Partner zu: «Ich brauche bitte sieben Einer, drei Zehner, sechs Hunderter und einen

Tausender.» Jan beginnt sorgfältig die gewünschten Perlenmengen abzuzählen. Er legt ihr die Einer in die Hand, Stefanie zählt sie nach und legt sie auf den Teppich, daneben die Zehner, Hunderter, den Tausenderkubus. Danach bittet Jan um die gleiche Menge, Stefanie gibt sie ihm aus dem Perlenvorrat. Beide Perlenmengen liegen nun untereinander auf dem Teppich. Jan sucht aus dem kleinen Kartensatz die entsprechenden Zahlen zusammen, während Stefanie auf ein kleines Stück Papier «x 2» schreibt und es neben die Zahl legt. Gemeinsam schieben sie die Perlenmengen zusammen, und Stefanie beginnt zu zählen. Zunächst die Einer, bei zehn hält sie inne, bietet sie Jan an und sagt: «Ich möchte dafür einen Zehner», den sie im Tausch für zehn einzelne Perlen erhält. Genauso wird mit den anderen Perlenkategorien verfahren, sie werden gezählt und bei Bedarf getauscht. Nun liegen vier Einer, sieben Zehner, zwei Hunderter und zwei Tausender vor ihnen. Jan sucht aus dem großen Zahlensatz die entsprechenden Zahlenkarten heraus und legt sie neben das Ergebnis. Stefanie wartet und hält bereits die Aufgabenkarte in der Hand. Als Jan fertig ist, dreht sie sie um, beide vergleichen gewissenhaft das Ergebnis. Ihre Augen leuchten auf. «Stimmt!», triumphiert Jan. Auf beiden Gesichtern spiegelt sich der Stolz wider, ihre Arbeit richtig ausgeführt zu haben, und sie beugen sich nun über ihre Hefte, um die Aufgabe mit dem Ergebnis abzuschreiben.

Der Reiz der Arbeit liegt für Kinder im Hantieren mit dem Material. Ebenso anschaulich werden die Kinder in die Bereiche der Division und Subtraktion eingeführt. Jedes Mal führen sie die verlangte Rechenoperation konkret aus, indem sie Perlen hinzufügen, wegnehmen oder verteilen. Sie bewegen sich dabei, fühlen die Perlenmengen immer wieder in der Hand, sehen, wie sich die Mengen vergrößern oder verkleinern, ordnen Zahlenkarten dazu. Immer wieder wird eine Vielzahl von Sinnen angesprochen bei ihrem Tun.

Vom Konkreten zum Abstrakten

Das Goldene Perlenmaterial, mit dem die Kinder bisher arbeiteten, ist überaus anschaulich und konkret. Jede Zahlenkategorie hat ihre genaue Entsprechung in Perlen, das heißt, die Menge der Perlen stimmte stets mit dem Zahlenwert überein. Die Kinder konnten die Zahlenmenge sehen, fühlen, in der Hand wiegen. Ziel des Unterrichts ist es aber, dass die Kinder lernen, sich vom konkreten Abbild zu lösen, und am Ende allein mit den abstrakten Zahlen arbeiten können.

Maria Montessori hat Materialien entwickelt, die die Kinder schrittweise zu dieser Abstraktion führen. Am Beispiel der Addition sollen einige der Materialien beschrieben werden.

Markenspiel

In einem Holzkasten befinden sich bunte Plättchen. Alle sind gleich groß, etwa einmal ein Zentimeter. Grüne Plättchen mit dem Aufdruck «1» stehen für die Einer, blaue mit aufgedruckter 10 für die Zehner, rote mit der Markierung 100 und wiederum grüne mit dem Aufdruck 1000 für die Tausender. Die Farbgebung ist den Kindern bereits von den Kartensätzen vertraut, sie markiert die jeweilige Zahlenkategorie. Neu ist allerdings, dass alle Plättchen gleich groß sind, der Tausender in Form, Gewicht und Farbe dem Einer gleicht. Beim Goldenen Perlenmaterial war die Tausend noch als Würfel mit tausend Perlen dargestellt, beim Markenspiel lässt sich ihr Wert nicht mehr so unmittelbar ablesen, die Stelle, die das Plättchen innerhalb der Zahl einnimmt, ist entscheidend. Die aufgedruckte Wertigkeit 1 – 10 – 100 – 1000 hilft allerdings noch, dies zu veranschaulichen.

Der Umgang mit diesem Material fällt den Kindern meist sehr leicht, denn sie arbeiten mit ihm genauso, wie sie es zuvor mit dem Goldenen Perlenmaterial taten. Aufgaben der vier Grundrechenarten können ausgeführt werden, wiederum jeweils gegliedert in solche, die «aufgehen», und solche, bei denen getauscht werden muss.

Rechenrahmen

Fast jeder kennt aus der eigenen Kindheit die Rechenrahmen mit bunten Holzperlen, die auf Drähten beliebig hin- und hergeschoben werden können. Maria Montessori hat nun aus diesem Spielgerät durch kleine Änderungen, die sie vornahm, ein eindrucksvolles Rechenmaterial entwickelt.

Der *Kleine Rechenrahmen* besteht aus vier Drähten, die zwischen einen Holzrahmen gespannt sind. Jeweils zehn Perlen sind auf jedem Draht aufgezogen, in den uns bereits bekannten Farben Grün (Einer), Blau (Zehner), Rot (Hunderter) und wieder Grün (Tausender). Die Tausender sind räumlich etwas abgesetzt von den anderen Perlen angeordnet, um den Eintritt in die Tausenderkategorie zu kennzeichnen. Im Unterschied zum Markenspiel ist die Wertigkeit jeder Perle nur noch am Rahmen notiert. Die einzelnen Perlen unterscheiden sich also nur noch durch die Farbe und ihre Stelle innerhalb des Rahmens.

Wiederum lernt das Kind zunächst den Wert jeder Perle kennen, es kann zählen, indem es sie auf die andere Seite schiebt, bis sich zehn grüne Perlen auf der einen Seite befinden, die dann gegen eine blaue Zehnerperle getauscht werden.

Bei einfachen Additionsaufgaben werden zunächst die Perlen des ersten Summanden nach rechts geschoben, dann diejenigen des zweiten dazu. Anschließend werden Aufgaben bearbeitet, die ein Tauschen erforderlich machen. Diese Arbeit des Tauschens erfordert von den Kindern einige Konzentration, gleichzeitig bildet sie den Reiz des Materials.

Ein weiterführendes Material ist der *Große Rechenrahmen*. Er ermöglicht es, mit sehr viel größeren Zahlen im Zahlenraum bis zehn Millionen umzugehen.

Die Addition sehr großer Zahlen birgt keine neuen Schwierigkeiten. Wenn ich mich im Dezimalsystem auskenne, bleibt die Rechenoperation dieselbe, unabhängig davon, ob ich Zehner oder Zehntausender addiere.

Punktespiel

Eine Übertragung der gelernten Rechenoperationen auf das Papier bereitet in einem letzten Schritt die schriftliche Addition vor. Auf einem Blatt wird der erste Summand eingetragen, und die Einer, Zehner, Hunderter, Tausender werden als Punkte notiert, wiederum in den bereits vertrauten Farben; ebenso verfährt man mit den übrigen Summanden. Die Addition erfolgt, indem die einzelnen Punkte gezählt werden, jeweils zehn grüne Einerpunkte können durchgestrichen und gegen einen blauen Punkt eingetauscht werden. Der neue Zehner wird als eins in der entsprechenden Kategorie vermerkt. Im Grunde vollziehen die Kinder die schriftliche Addition. Anschauungshilfe bietet die Notation in Punkten sowie die Farbgebung der Kategorien. Das Wechseln oder Tauschen wird durch Durchstreichen der Punkte verdeutlicht.

Welch ein weiter Weg von der konkreten Darstellung der Zahl in goldenen Perlen bis hin zur Form des Punktespiels. Schritt für Schritt konnte das Kind sich von der konkreten Anschauung lösen. Jedes Material bot eine neue Stufe der Abstraktion. Die beschriebenen Beispiele zeigten die Abfolge der Materialien für die Addition. Genauso ließe sich das auch für die Bereiche der Subtraktion, Multiplikation, Division tun. Für jeden gibt es einen Kanon von Materialien, die aufeinander bezogen sind und in mehreren Schritten den abstrakten Umgang mit Zahlen vorbereiten. Es hieße also, die dem Material innewohnende Ordnung auf den Kopf stellen, würde ein Kind mit dem Punktespiel beginnen und sich erst anschließend mit dem Goldenen Perlenmaterial beschäftigen. Die Abfolge des Materials ist also nicht beliebig, sondern durch eine Ordnungsstruktur festgelegt. Für das Kind bedeutet das, dass seine Möglichkeit, frei unter dem angebotenen Material wählen zu können, hierdurch eingeschränkt ist.

Auf jeder Stufe wird eine Schwierigkeit isoliert. Das Kind hat die Möglichkeit, so rasch oder langsam voranzuschreiten, wie es möchte. Zu keinem Zeitpunkt wird es über- oder unterfordert sein. Die Lernschritte sind so bemessen, dass es auf jeder Stufe die vor ihm liegende Aufgabe bewältigen kann. Gerade dies ist von grundlegender Bedeutung. Kinder, die eine Arbeit selbständig bewältigt haben, sind stolz darauf, und aus diesem Erfolgserlebnis ziehen sie die Motivation für weitere Arbeit.

Allen mathematischen Materialien ist gemeinsam, dass sie nicht nur ästhetisch anzusehen sind, sondern vor allem auch durch Einfachheit und Klarheit beeindrucken. So ist es Montessori gelungen, schwierige mathematische Probleme anschaulich zu machen. Bruchrechnen, Wurzelziehen, binomische Formeln, natürlich sind dies Bereiche, die in den Lehrplänen für den Mathematikunterricht in Grundschulen nicht vorgesehen sind. Das Material bietet sie jedoch so kinderleicht, so anschaulich und begreifbar an, dass es vielen Kindern schon in der Grundschule Freude macht, sich damit zu beschäftigen.

Lesenlernen

Wie in kaum irgendeinem anderen Bereich der Grundschule bringen die Kinder bei Eintritt ins erste Schuljahr völlig unterschiedliche Voraussetzungen für das Lesenlernen mit. Während manche bereits Buchstaben benennen, kleine Wörter oder sogar ganze Texte lesen können, kennen andere noch keinen Buchstaben. Lange Zeit war es in der Vorschulzeit sogar üblich, dass besorgte Eltern oder Erzieherinnen des Kindergartens ihre Kinder bremsten, die sich schon für das Lesen interessierten. «Das ist doch noch viel zu früh!» hieß es und: «Wenn du dann in die Schule kommst, langweilst du dich!» Ganz falsch lagen die Eltern damit natürlich nicht, denn ein Kind, das sich auf die Schule freut, weil es erwartet, dort etwas Neues zu lernen, wird in den meisten Fällen enttäuscht sein, wenn es vieles von dem, was im Gleichtakt vermittelt wird, schon kennt oder kann. Nun hat sich aber in der jüngeren Vergangenheit in der Lesedidaktik die Erkenntnis durchgesetzt, dass Kinder nicht im Gleichtakt lesen und schreiben lernen, genauso wenig, wie sie zum gleichen Zeitpunkt sprechen lernen. Eine Bestätigung der Pädagogik der Montessori-Schulen, die den Gedanken schon immer propagiert hat, dass man Kinder auf der Stufe ihres Lernstandes abholen sollte.

Denn wenn die Voraussetzungen der Kinder in Bezug auf das Lesen so unterschiedlich sind, ist es einleuchtend, dass ein Unterricht, der auf eine gesamte Klasse abzielt, d. h., in dem alle gleichzeitig einen neuen Buchstaben oder ein neues Wort lesen lernen sollen, immer einen großen Teil der Kinder unter-, einen anderen Teil dagegen überfordern wird.

In der Montessori-Schule, in der das Kind nach seinen persönlichen Entwicklungsbedürfnissen und seinem Lern- und Arbeitstempo entsprechend lernen kann, läuft auch der Leselernprozess individuell unterschiedlich ab. Doch wie ist es zu schaffen, dass alle Kinder auf unterschiedlichen Stufen des Leselernprozesses arbeiten, und wie ist gewährleistet, dass hinterher wirklich alle lesen können? Diese Fragen stellen uns regelmäßig die Eltern der neuen Erstklässler. Vor allem sind viele erstaunt zu erfahren, dass wir ohne Fibel arbeiten. Im Folgenden wollen wir versuchen, den Ablauf des Leselernprozesses in unserer Montessori-Klasse einmal darzustellen und zu erläutern.

Lesenlernen ist ein komplexer Lernprozess, dessen Ziel es ist, einen geschriebenen oder gedruckten Text entschlüsseln zu können. Leseerziehung beabsichtigt aber nicht nur, die grundlegende Fähigkeit des Entzifferns von Zeichen zu vermitteln, sondern sie zielt darüber hinaus auch auf die Fähigkeit, sich Sinnzusammenhänge lesend zugänglich zu machen. Das bedeutet, dass Lesen keine reine Technik ist, sondern immer auf die Sinnentnahme im Geschriebenen zielt. Für den Leselernprozess folgt logischerweise, dass für ein Kind das, was es liest, auch einen Sinn haben muss. Wir bieten den Kindern daher keine Übungen an, in denen sinnlose Lautkombinationen gelesen werden.

Neben der Vermittlung der reinen Lesefertigkeit ist ein grundlegendes Ziel des Erstleseunterrichts die Vermittlung einer Lesemotivation. Das heißt, das Kind soll erfahren, wie viel Spaß es macht zu lesen und wie nützlich dies sein kann. Dementsprechend muss die Vorbereitete Umgebung Leseanreize bieten, die das Kind gerne annimmt.

Das Lesenlernen beginnt bei uns mit dem Schreibenlernen. Bereits am zweiten Schultag bekommen die Erstklässler von uns eine Lauttabelle an die Hand. Wir führen diese als ein besonderes Instrument ein, mit dem die Kinder gleich von Beginn an schreiben können, was sie wollen. Vorübung für das Schreiben und wichtige Grundlage ist das Hören und Analysieren der Laute, aus denen die Wörter aufgebaut sind. Dabei geht es nicht nur um das Hören der Anlaute, sondern von Anfang an trainieren wir die Kinder dahin gehend, genau hinzuhören und ein Wort in seine einzelnen Lautbestandteile zu zergliedern. Beherrschen sie diese Technik, können sie mit Hilfe der Lauttabelle das zugehörige Zeichen (den Buchstaben) für einen Laut auf der Tabelle suchen und notieren. Nach einer kurzen Einübungsphase lernt das Kind auf diese Weise sehr rasch, wie es alles, was es schreiben möchte, zumindest lautgetreu, notieren kann. Selbstverständlich kann hier noch nicht von einer rechtschriftlich korrekten Wiedergabe der Wörter die Rede sein. Die Lese- und Schreibdidaktik ist aber heute der Ansicht, dass die Fähigkeit zu einer lautgetreuen Wiedergabe ein wichtiges Vorstadium für das orthographisch richtige Schreiben bildet. Erst nach und nach werden anschließend spezifische Rechtschreibphänomene erarbeitet, wie z. B. die Endung -er, bei Vater, Mutter etc., nachdem das Kind zunächst Vata (oder Fata) und Muta notiert, weil das unserer tatsächlichen Aussprache entspricht. Auf den Elternabenden für die Schulanfänger bitten wir unsere Eltern immer eindringlich, nicht bereits zu Beginn des Schreiblernprozesses eine korrekte Rechtschreibung von den Kindern zu erwarten. Durch zu schnelles Korrigieren wird nämlich eine natürlicherweise vorhandene Schreibmotivation möglicherweise zerstört. Ein Kind, das stolz zu Hause seinen ersten Mitteilungszettel an die Eltern schreibt und als Rückmeldung nur zu hören bekommt, dass es bei diesem Zettel ja jedes Wort falsch geschrieben habe, wird vermutlich so schnell keine schriftliche Nachricht mehr verfassen. Da die ersten schriftlichen Äußerungen stets schwer zu lesen sind, da sie neben einer rein lautgetreuen Schreibweise meist auch keine Wortgrenzen enthalten, geben wir den Eltern den Tipp, sich das Geschriebene halblaut durchzulesen oder sich den Text noch einmal vom Kind vorlesen zu lassen.

Diese Methode des phonetischen Schreibens bietet den Vorteil, dass jedes Kind auf dem Niveau weiterarbeiten kann, auf dem es sich bei Schuleintritt befindet. In unseren Erstklassgruppen finden sich jedes Jahr solche Kinder, die recht schnell das Prinzip des Schreibens erfassen und innerhalb kürzester Zeit alle Buchstaben beherrschen. Andere benötigen sehr viel Zeit in der Phase, in der die lautliche Durchgliederung der Wörter geübt wird.

Bei der täglichen Übung des Aufschreibens von Wörtern und früher oder später auch Sätzen oder ganzen Geschichten prägen sich die Kinder nicht nur die Buchstaben ein, sondern üben auch permanent Zusammenziehen der Buchstaben, also das Lesen, weil sie ja feststellen müssen, was sie bereits notiert haben. Diese Methode entspricht den Prinzipien der Freiarbeit, weil die Kinder sehr selbständig und entsprechend ihrem Lernstand arbeiten können. Das Kind bestimmt selbst, wie lange es für das Schreiben braucht und wie viele Wiederholungen es benötigt.

Neben der oben beschriebenen Lauttabelle bilden bei Montessori die *Sandpapierbuchstaben* eine Grundlage des Schreiben- und Lesenlernens. Es handelt sich hierbei um Holzbrettchen, auf denen die Buchstaben des Alphabets aus Sandpapier ausgeschnitten aufgeklebt sind. Dabei haben die Konsonanten als Grundlage ein rotes Brettchen, die Vokale ein blaues. Neben den Buchstaben des Alphabets gehören auch die Umlaute sowie einige Doppellaute (au, ei, st, sch) zu den Sandpapierbuchstaben. Mit Hilfe dieses Materials lernt das Kind die Form der Buchstaben sowie ihre Schreibrichtung und die dazugehörigen Laute kennen. Es dient somit gleichzeitig dem Leselern- wie dem Schreiblernprozess. Das Kind fährt mit dem Zeige- und Mittelfinger seiner Schreibhand über das raue Sandpapier und spricht dazu den zum Buchstaben gehörigen Laut aus, den die Lehrerin natürlich vorher einführen muss. Durch den Vorgang prägen sich der Buchstabe und seine Form gleichzeitig auf drei Ebenen ein: einmal auf der optischen, indem das Kind den Buchstaben vor sich sieht, dann auf der akustischen, indem der Laut dazu gesprochen wird, und schließlich auf der Ebene der Bewegung durch das Nachfahren der Form des Buchstabens. Die Sandpapierbuchstaben gibt es in Druckschrift und auch in Schreibschrift, Letztere, um den Bewegungsablauf beim verbundenen Schreiben, das aber erst nach dem Erwerb der Druckschrift folgt, zu erlernen.

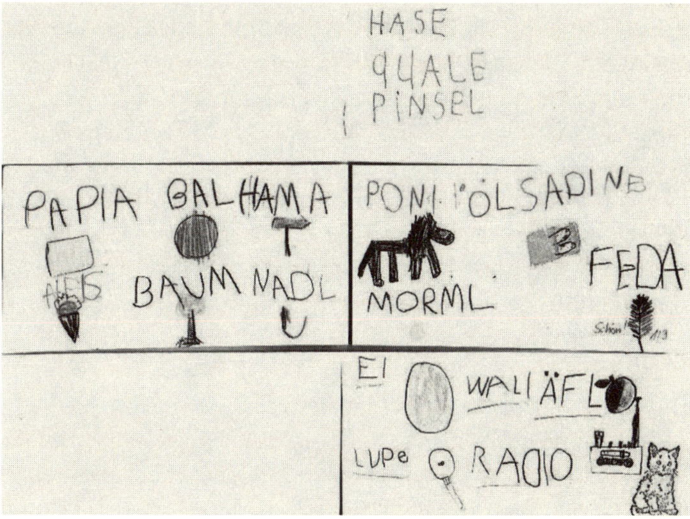

Dazu bieten sich zunächst als Bildmaterial Wörter an, die mehr oder weniger lautgetreu geschrieben werden und nur wenige Buchstaben haben, wie Jo-Jo, Nase etc. Jedes Kind erhält ein kleines Heftchen, in das es vorbereitete Bildchen kleben und daneben seine ersten Wörter notieren kann. Wie groß ist der Stolz, wenn das erste Heftchen voll geschrieben ist! Es wird dann als wahrer Schatz nach Hause getragen und den Eltern gezeigt. Oft haben Kinder dieses erste Schreibheftchen noch, wenn sie nach dem vierten Schuljahr unsere Schule verlassen. Das Schreiben muss in dieser Phase nicht unbedingt mit Bleistift ins Heft erfolgen. Das Kind kann alternativ dazu Buchstabenkästen nutzen, die kleine Kärtchen enthalten, auf denen die Buchstaben aufgedruckt sind. Die Kärtchen können zu Wörtern zusammengelegt werden. Selbst wenn ihnen der motorische Ablauf des Schreibens noch Schwierigkeiten bereitet, können sie mit Hilfe des Materials bereits Wörter oder sogar kleine Geschichten aufschreiben. Mit den Buchstabenkästen wird das möglich. Alternativ stehen natürlich auch ein Kasten mit Buchstabenstempeln und nicht zuletzt der PC zur Verfügung. Die Kinder üben damit zusätzlich den Auf- und Abbau von Worten.

Das erste Lesen von Wörtern erfolgt mit Hilfe der *Lesedosen.* Insgesamt sind es zwanzig Dosen, die jeweils fünf bis sieben Gegenstände in Miniaturausführung enthalten. Der Name eines jeden Gegenstands steht auf dazugehörigen kleinen Kärtchen. Die Lesedosen sind so aufgebaut, dass die ersten nur solche Dinge enthalten, deren Namen lautgetreu geschrieben werden, also einfach zu lesen sind. Lautgetreu heißt, dass die Buchstaben in einem Wort wirklich so gesprochen werden, wie die Kinder es gelernt haben (z. B. Jo-Jo, Lupe, Rose). Der Schwierigkeitsgrad nimmt von Dose 1 bis 20 ständig zu, sodass die letzte Dose schließlich Gegenstände wie Streichholzschachtel, Wärmflasche und Unterseeboot enthält. Darüber hinaus sind die Inhalte der Lesedosen so ausgesucht, dass alle Buchstaben des Alphabets darin vorkommen. Man kann sich sicher vorstellen, welche Faszination die kleinen Figuren und das Spielzeug in den Dosen auf die Kinder ausüben und wie gerne sie damit arbeiten. Es ist so, dass Kinder die Karten der beiden ersten Lesedosen schon recht schnell «lesen» können, indem sie sie einfach anhand der Anfangsbuchstaben den passenden Gegenständen zuordnen. Dies bedeutet bereits zu Anfang des Leselernprozesses ein motivierendes Erfolgserlebnis: «Ich kann schon lesen!»

Die erste Einführung in die Arbeit mit den Lesedosen erfolgt natürlich über die Lehrerin. Dazu setzt sie sich neben das Kind und breitet alle Gegenstände der ersten Dosen auf dem Tisch aus. Zur Klärung der Begriffe lässt sie sich die Namen der Dinge einmal vom Kind nennen. Dann schreibt sie eine Bezeichnung auf einen Zettel und fordert das Kind auf, ihn richtig zuzuordnen. Ebenso wird mit allen anderen Gegenständen verfahren. Dieses Aufschreiben hat eine wichtige Nebenfunktion: Das Kind erlebt unbewusst die kommunikative Funktion von Lesen und Schreiben. Jemand schreibt etwas auf, man kann es lesen und in Handlung umsetzen. Dieser kommunikative Ansatz ist von großer Bedeutung, denn er zieht sich durch alle Materialien des Bereichs Deutsch.

Erst nach der ersten Lektion kann das Kind mit den vorbereiteten Kärtchen selbständig weiterarbeiten. Eine Fehlerkontrolle liegt insofern im Material selbst, als das letzte Kärtchen nicht mehr zu dem Gegenstand passt, wenn ein anderes falsch hingelegt wurde.

Nach einem ähnlichen Schema wie die Lesedosen sind auch die *Leseheftchen* aufgebaut. Die Form der Heftchen erinnert bereits an ein kleines Buch, denn oberstes Ziel des Lesenlernens ist über die Vermittlung der reinen Fertigkeit hinaus immer das Wecken der Lesemotivation, die Hinführung zum Buch. Auch die Leseheftchen enthalten zunächst einfache Wörter – jeweils ein Wort pro Seite –, die mit zunehmender Heftnummer immer schwieriger werden. Insgesamt gibt es 32 Hefte in einer Größe von DIN A6. Sobald das Kind ein Heftchen fehlerlos lesen kann, erhält es das nächste, wobei es diese Heftchen behalten darf.

Auf der Stufe des «Wörterlesens» hält unsere Vorbereitete Umgebung in der Klasse noch eine Vielzahl von Übungen bereit, von denen hier nur einige beispielhaft beschrieben werden sollen.

Da ist einmal der bereits mehrfach erwähnte Bauernhof, ein «echter» Miniaturbauernhof aus Holz mit all seinen dazugehörigen Tieren und Menschen. Es macht den Kindern viel Freude, diese aufzubauen und anschließend Karten mit den Bezeichnungen zuzuordnen. In einer Ecke des Regals hängen Karten an Bändern, auf denen sich Bezeichnungen wie Tafel, Pult, Tornister, Regal usw. befinden, lauter Dinge, die im Klassenraum vorhanden sind. Die Kinder gehen mit diesen Karten umher und hängen sie an die bezeichneten Stellen. Es gibt ein kleines Körbchen mit Namenkärtchen, auf denen alle Kinder der Klasse verzeichnet sind. Auch diese können verteilt werden, indem jedes Kind seinen Namen auf seinen Tisch gelegt bekommt. Sollte ein Erstklässler sich bei dieser Arbeit einmal vertun, macht ihn mit Sicherheit ein älteres Kind darauf aufmerksam.

Eine andere Leseübung, die von den Kindern sehr gerne ausgeführt wird, besteht aus Holzbrettchen, auf die Bilder aus Bilderbüchern aufgezogen wurden. Bestimmte Gegenstände in diesen Bildern wurden mit Lochverstärkern markiert. Dazu gehören kleine Fähnchen mit den Namen dieser Gegenstände, die dann in die Löcher hineingesteckt werden. Nach einem ähnlichen Prinzip sind auch Landkarten verschiedener Länder aufgebaut. Hier werden die Namen der Staaten, ihrer Hauptstädte sowie deren Flaggen an der richtigen Stelle eingesteckt.

Im Leseregal finden sich darüber hinaus eine Menge weiterer Angebote, Zuordnungsübungen wie z. B. das Zusammenstellen von Tierbildern und Tiernamen oder deren Tätigkeiten und vieles mehr. Die Beschreibung der vielfältigen Materialien, die jede Lehrerin selbst hergestellt hat, würde hier zu weit führen. Dem Einfallsreichtum sind keine Grenzen gesetzt, und so unterscheidet sich das Material in diesem Bereich in jeder Klasse.

Wenn die Kinder dann einzelne Wörter schon gut erlesen, können sie diese Fähigkeiten auch an kleinen Texten erproben. Den Anfang hierzu bildet das Erlesen und Ausführen kurzer Aufträge. Die Lehrerin schreibt dem Kind während der ersten Einführung in diese Arbeit Handlungsanweisungen auf Papierstreifen wie zum Beispiel: «Male an die Tafel», «Schaue in die Nachbarklasse» oder «Hole eine Blume». Das Kind erliest den Text und führt die Anweisung dann aus. Diese Aufträge sind sehr beliebt bei den Kindern. Selbstverständlich gibt es auch für das selbständige Weiterarbeiten vorbereitete Auftragsstreifen. Oft kann man in unseren Klassen auch noch Zweit- oder Drittklässler beobachten, die sich zwischendurch das Körbchen mit den Auftragsrollen holen, um damit zu «arbeiten», obwohl sie längst sicher lesen können. Am Beispiel der Aufträge wird noch einmal deutlich, wie in Montessori-Schulen dem kindlichen Bedürfnis nach Bewegung und tätigem Umgang mit seiner Umwelt auch im Leselernprozess Rechnung getragen wird.

Einen weiteren Lese- und Schreibanreiz bildet das so genannte *Mäusealphabet*. Zu jedem Buchstaben existiert eine Karte, auf der Mäuse in den verschiedensten Situationen abgebildet sind. Oben über dem Bild stehen der Buchstabe, um den es geht, und der Name der Maus, der mit diesem Buchstaben beginnt. Unter dem Bild steht jeweils ein Satz, der möglichst oft den betreffenden Buchstaben enthält und zu dem im Bild Dargestellten passt. Hier zwei Beispiele: «Nina nascht gern grüne Nudeln», «Uli und Udo suchen eine U-Bahn». Der entscheidende Buchstabe ist immer rot hervorgehoben. Die Kinder haben an diesen Karten großen Spaß. Sie legen ganze Bücher an, indem sie die Mäusebilder abmalen oder abpausen und die Sätze darunter abschreiben.

Die Vorbereitete Umgebung hält auch eine Menge kleinerer Texte auf Karten oder in Leseheftchen bereit. Teilweise sind sie selbst verfasst oder aus Lesebüchern ausgeschnitten und aufgeklebt. Natürlich finden sich auch in der Leseecke schon Bücher für die erste Lesestufe.

Es ist nicht unbedingt zwingend, dass die Kinder beim Lesenlernen genau den hier beschriebenen Schritten folgen. Wie alles ist auch das Material im Bereich des Lesens zunächst einmal ein Angebot an das Kind. Manche versuchen sich zuerst an den Lesedosen oder Leseheftchen und lernen erst dann Buchstaben, die sie noch nicht kennen und auf die sie beim Lesen stoßen mit Hilfe der Sandpapierbuchstaben. Da die Kinder ihre Fähigkeiten meist recht gut selbst einschätzen können, steigen sie auf der Stufe in den Lernprozess ein, auf der sie sich bei Schuleintritt befinden. Kindern, die das Montessori-Kinderhaus besucht haben, ist ohnedies ein Teil des Materials bekannt.

Um die unterschiedlichen Bedingungen bei der Einschulung noch einmal deutlich zu machen, wollen wir eine Gruppe von Schulneulingen vorstellen, die in eine unserer Klassen aufgenommen wurde. Von diesen sieben Kindern konnte ein Mädchen bereits einfache fremde Texte selbständig erlesen. Es kannte fast alle Buchstaben. Ein weiteres Mädchen kannte ungefähr die Hälfte der Buchstaben und lernte, da es eine sehr hohe Motivation für das Lesen mitbrachte, innerhalb der ersten drei Schulwochen die restlichen Buchstaben und konnte dann auch bald mühelos lesen. Zwei weitere Kinder kannten bei Schuleintritt erst wenige

Buchstaben und arbeiteten langsam, aber kontinuierlich daran weiter. Die übrigen drei Kinder kannten zunächst nur den Anfangsbuchstaben ihres Namens. Dabei zeigte ein Junge noch gar kein Interesse für das Lesen, sondern arbeitete überwiegend mit Material aus dem mathematischen Bereich. Nach der Hälfte des Schuljahres war er der Einzige aus der Gruppe der Erstklässler, der noch keine Wörter lesen konnte und erst wenige Buchstaben kannte. Erst im Laufe des zweiten Jahres begann er sich für das Lesematerial zu interessieren und machte dann auch innerhalb kurzer Zeit große Fortschritte.

Eine Tatsache, die vielleicht viele Leser verwundern wird, ist, dass wir in der Montessori-Schule im Zusammenhang mit dem ersten Lesen auch sofort an der Analyse unserer Sprache arbeiten, das heißt grammatikalische Sachverhalte erarbeiten. Nun stellt gerade die Grammatik oft einen sehr trockenen Lernstoff dar, den man aus der eigenen Schulzeit meist in negativer Erinnerung hat. Maria Montessori hat einen Weg gezeigt, wie Kinder mit Spaß und Interesse an der Analyse der Sprache arbeiten können. Sie hat jeder Wortart ein bestimmtes Symbol zugeordnet. So symbolisiert ein schwarzes Dreieck das Nomen, ein kleines blaues Dreieck das Adjektiv, ein roter Kreis das Verb, um nur ein paar Beispiele zu nennen. Mit Hilfe dieser Symbole sind Kinder schon recht früh in der Lage, Wortarten zu bestimmen und voneinander zu unterscheiden, ohne dass sie die Bezeichnung der Wortarten kennen müssen. Sie legen einfach die Symbole über die Worte. Natürlich gibt es zu jeder Wortart eine spezielle Einführung sowie anschließende Übungen, durch welche die Kinder die Funktion der entsprechenden Wortart erfahren. Diese finden meist mit Hilfe der Figuren des Bauernhofs statt. Gemeinsam ist all den Übungen, dass das Kind im handelnden Umgang mit Dingen seiner Umgebung die Bedeutung der einzelnen Wortarten erfährt.

Kosmische Erziehung

Montessori hat ihre Vorstellungen von einer kosmischen Erziehung auf der Grundlage einer kosmischen Theorie entwickelt. Sie ging davon aus, dass der gesamten Schöpfung ein einheitlicher Plan zugrunde liegt. Unsere Erde, die Natur stellt eine Ganzheit dar, in der jedes Teil, jede Pflanze und jedes Lebewesen eine Aufgabe für das Ganze erfüllen. Umgekehrt dient das Ganze den einzelnen Teilen. Dadurch wird ein harmonisches Zusammenwirken erzielt und erhalten.

Innerhalb dieses Systems nimmt der Mensch eine Sonderstellung ein. Während die Natur unbewusst ihren vorbestimmten «Plan» erfüllt, kann er Entscheidungen treffen. Er greift in die Natur ein. Diese Veränderung hat – das wissen wir besonders heute in einer Zeit der Umweltkatastrophen – Folgen für die Natur.

Montessori sieht den Menschen eingebunden in einen kosmischen Schöpfungsplan. Ihr erklärtes Ziel war das einer einzigen universalen harmonischen Gesellschaft, in der gegenseitige Achtung, Hilfe für den Schwächeren, Dankbarkeit und Liebe vorherrschende Tugenden sind. Kein Stück Brot sollen Menschen essen, ohne etwa zu bedenken, wie viel Arbeit es gekostet hat, den Weizen zu pflanzen, zu ernten, zu mahlen und schließlich das Brot zu backen. Der Mensch sollte im Einklang stehen mit der Natur und mit seinen Mitmenschen.

Sie selbst sah ihre kosmische Theorie fast in die Nähe der Religion gerückt. Ihre Hoffnung war es, durch eine kosmische Erziehung das Gewissen und die Verantwortung der Menschen in Harmonie vereinigen zu können. Heute sind unsere Ziele bescheidener geworden, viele ihrer Vorstellungen muten idealistisch an. Trotzdem treffen ihre Gedanken unsere im Wandel begriffene Einstellung zur Natur. Nicht als Herren der Schöpfung dürfen wir uns verstehen, sondern als Teil eines Ganzen.

Aufgabe einer kosmischen Erziehung ist es, dem Kind eine Vorstellung von dem Zusammenspiel der Teile der Natur und dem

Menschen zu vermitteln. Die Achtung vor und Verantwortung für die Natur und die vom Menschen geschaffene Kultur sind die wichtigsten Ziele. Teilaspekte des Wissens über die Welt sind die Geographie, Astronomie, Geologie, Chemie, Physik und Biologie, Politik, Soziologie und Geschichte. Wichtig sind aber nicht nur Kenntnisse der einzelnen Teilbereiche, sondern das Erkennen der Zusammenhänge und des Zusammenspiels der Kräfte untereinander.

Die Frage stellt sich, wie wir Kindern, die heute vor allem in Städten leben und kaum noch mit Natur in Berührung kommen, Begegnungen und Erfahrungen vermitteln können. Als eine Möglichkeit forderte Montessori den Schulgarten, der von den Kindern angelegt und gepflegt werden soll. Hier können praktische Kenntnisse über Aussaat, Vermehrung von Pflanzen, Lebensbedingungen und die Notwendigkeit der Pflege im handelnden Umgang erworben werden. Aber auch in der Vorbereiteten Umgebung, also im Klassenraum, sollen Kinder täglich mit der Natur leben, indem sie Pflanzen auf den Fensterbänken oder ihren Tischen selbst pflegen oder für Tiere – etwa ein Aquarium mit Fischen – sorgen. So lernen sie schon früh, Verantwortung für die Natur zu übernehmen.

Besonders im naturwissenschaftlichen Bereich hielt Montessori es für notwendig, dass den Kindern die Möglichkeit zu kleinen Versuchen bereitgestellt wird. Die in diesen Versuchen gewonnenen Erkenntnisse (z. B. über Magnetismus, Elektrizität oder Hitzewirkung) machen elementare Vorgänge deutlich. Da Kinder an solchen Experimenten stets ein großes Interesse haben, wird dadurch ihre Neugier erweckt. Das Interesse an Zusammenhängen ist für Montessori der Beginn der Wissenschaft.

In vielen Montessori-Klassen finden sich Experimentierecken mit vorbereiteten Materialien für die verschiedensten Versuche. Sogar bei der Arbeit mit den so genannten Auftragskästen, einem Material, dessen Ziel primär das Einüben der Wortartbestimmung ist, werden die Kinder zu Experimenten aufgefordert. So soll z. B.

festgestellt werden, welche von drei vorgegebenen Stoffen wasserdurchlässig und welche undurchlässig sind. Natürlich können Materialien, Bücher oder auch naturkundliche Sammlungen niemals die Natur ersetzen. Wo immer dies möglich ist, sollen Kinder Lernerfahrungen draußen in der Natur machen.

Zu Beginn aller Studien steht die Faszination, und meist ist es Aufgabe der Lehrerin, diese Faszination zu wecken, durch eine Erzählung, ein Bild, einen Hinweis. Ist das Interesse einmal geweckt, so wird das Kind auch allein weiterforschen. Arbeitsmittel, die es dazu benötigt, wie Globus, Pinzette, Mikroskop, Karten und Bücher, sollte es in der Klasse vorfinden.

Das Ganze zu geben, indem man das Detail als Mittel gibt, bezeichnet Montessori als das wichtigste Gebot der kosmischen Erziehung. Das Studium z. B. eines Insekts gibt eine Vorstellung vom Bau aller Insekten.

Die Welt als Ganzes ist von dem Einzelnen nicht zu erforschen, sondern nur mittels der Vorstellungskraft zu erfassen. Voraussetzung dazu ist allerdings eine intensive Auseinandersetzung mit dem Detail. Die Kenntnis des Details ermöglicht dem Kind kraft seiner Phantasie Rückschlüsse auf die Zusammenhänge im Großen. Die genaue Kenntnis der Lebenszusammenhänge an einem Bach seiner näheren Umgebung befähigt das Kind, sich mittels seiner Phantasie eine Vorstellung zu machen von jedem beliebigen anderen Bach.

In der kosmischen Erziehung kommt der Lehrerzählung häufig eine zentrale Rolle zu, denn von ihr hängt es ab, ob der Funke der Begeisterung auf die Kinder überspringt. Welch einen Genuss bereitet es beispielsweise, mit einem Kenner des Waldes einen Spaziergang zu machen und zu lernen, welch eine Fülle von Beobachtungen man selbst auf einem kleinen Stück Wiese oder Wald anstellen kann: Lebenszusammenhänge werden deutlich, Nahrungsketten, die Vielfalt der Arten; Entdeckungen, an denen man bisher achtlos, weil kenntnislos vorüberging. Eine wesentliche Voraussetzung für solch anregende Erzählungen ist natürlich ein umfassendes Wissen der Lehrerin. Aber dies allein genügt nicht, auch ihre Einstellung ist wichtig. Ein Beispiel soll dies verdeutlichen: Eine Kollegin kam zu Besuch in die Klasse. Als Gastgeschenk brachte sie einen Strauß Bartnelken mit. Nach der Freiarbeit überreichte sie den Strauß und erzählte dazu eine ganz einfache Geschichte, nämlich die der Bartnelken. Wie sie die Samen geschenkt bekommen, sie eingepflanzt hätte und wie im ersten Jahr nur kleine grüne Pflanzen wuchsen. Im zweiten Jahr erst kamen diese schönen Blumen, denn Bartnelken sind zweijährige Pflanzen. In diesem Jahr habe sie kleine Tüten an einige Pflanzen gebunden, um wiederum Samen zu erhalten.

Die Kinder hörten der Schilderung mit großem Interesse zu. Eine kleine Geschichte, gewiss, aber manch einer hätte nur die Blumen überreicht. Das Wachsen und die Fortpflanzung der Blumen zum Thema zu machen, beides in das Ganze einzuordnen, das meint kosmische Erziehung.

Während ihrer Arbeit mit Kindern stellte Maria Montessori fest, dass bereits jüngere Kinder ein großes Interesse daran haben, wie sich die Erde entwickelt hat und wie die Menschen früher gelebt haben. Ganz im Gegensatz dazu ging man in den Richtlinien für den Sachunterricht in der Grundschule jahrelang davon aus, dass das Kind zunächst nur mit dem (geographisch und zeitlich) Naheliegenden konfrontiert werden soll. Die Beschäftigung mit der Entstehung der Erde ist – wenn überhaupt – erst in der Sekundarstufe vorgesehen. In den Montessori-Schulen können Kinder in der Freiarbeit auch diesen Interessen nachgehen.

Um dem Kind elementare Grunderfahrungen im Bereich Kosmische Erziehung zu vermitteln, entwickelte Montessori z. B. zwei Globen. Auf dem einen ist das Wasser blau, alles Land durch Sandpapier dargestellt. Hier erfährt das Kind: die Erde ist rund, sie besteht aus Wasser und Land, es gibt mehr Wasser als Land auf der Erde.

Dieser Globus bildet die von Natur aus vorhandenen Grundgegebenheiten ab. Auf einem zweiten Globus sind die Erdteile

unterschiedlich farbig markiert. Hier wird also nicht mehr allein die Natur abgebildet, sondern zusätzlich ein kultureller Aspekt. Der Mensch hat nämlich die Masse Land in Erdteile eingeteilt und sie benannt.

Für den Bereich der Geologie wurde von einem Montessori-Lehrer aus Köln, der sich besonders der Entwicklung von Materialien für den Bereich Kosmische Erziehung widmet, ein sehr anschauliches und bei Kindern beliebtes Material entwickelt, das wir hier beispielhaft beschreiben möchten, da es alle Aspekte der kosmischen Erziehung noch einmal verdeutlicht (vgl. H. Elsner, Der Geologie-Baukasten. In: Montessori-Werkbrief [Heft 1], 1982 [Sonderheft]).

Mit diesem Material sollen die Kinder in geologische Grundbegriffe eingeführt werden. Es geht dabei nicht allein darum, dass sie die unterschiedlichen Schichtungen und Verformungen unserer Erdkruste kennen lernen. Darüber hinaus sollen sie geologische Formationen in ihrer Umwelt entdecken. Ein weitergreifendes Ziel ist es, dass die Kinder Verständnis und Verantwortungsbewusstsein für ihre Umwelt entwickeln.

Ausgangspunkt für die Arbeit mit dem Geologie-Baukasten sollte die konkrete Anschauung bilden. Dort, wo z. B. Baugruben ausgehoben werden, können Kinder, betrachten sie die Seitenwände, bereits entdecken, dass die Erde geschichtet ist. Daraus ergibt sich ein Gespräch, Fragen werden gestellt, die Lehrerin erzählt. Das heißt aber nicht, dass die Vorgehensweise nicht auch umgekehrt erfolgen kann, wenn ein Kind zunächst den Geologie-Baukasten in der Klasse entdeckt und erst im Anschluss an seine Arbeit draußen nach Beispielen für das Erfahrene sucht. Immer aber bildet die Lehrererzählung einen unerlässlichen Bestandteil der Arbeit, unabhängig davon, ob sie als Einführung in diese Arbeit, während derselben oder im Anschluss daran erfolgt. Denn das Kind will natürlich wissen, wie es überhaupt zur Bildung der Erdschichten oder zu deren Veränderung gekommen ist.

Das Phänomen der Erdschichtungen wurde nun in ein Schema umgesetzt. Das Material besteht aus Holzkuben mit einer Kantenlänge von zehn Zentimetern, auf denen Erdschichten in unterschiedlichen Farben eingezeichnet sind. Durch die vorangegangene Lektüre eines Lese- und Kontrollbuches hat der interessierte Schüler bereits erfahren, dass es verschiedene Veränderungen in diesen Erdschichten gibt, wie diese aussehen und wie sie entstehen. Er hat z. B. gelernt, dass durch seitlichen Druck eine Faltung entstehen kann. Nicht nur durch die Lektüre, sondern durch zusätzliche Materialien kann er den Vorgang auch praktisch nachvollziehen. So wurden z. B. mehrere verschiedenfarbige Teppichreste an einer Latte befestigt und in ein entsprechend großes Holzkästchen gelegt. Schiebt das Kind nun mit einem Holzstock, der durch ein Loch geführt werden kann, diese Teppiche zusammen, so kann es sehen, wie eine Faltung entsteht.

Im Lese- und Kontrollbuch sind die Formationen durch Zeichnung und passende Fotos dargestellt. Dazu werden jeweils der Name sowie eine knappe Beschreibung des Phänomens gegeben.

Verschiedene geologische Veränderungen sind nun auf insgesamt fünfzehn Kuben abgebildet. Während auf fünf von ihnen die verschiedenen Formen der Faltungen zu sehen sind, werden auf anderen Erscheinungsformen wie Mulde, Sattel, Verwerfung und Spaltung dargestellt. Auf sechs weiteren Kuben sind die Streifen für die Erdschichten ganz gerade aufgezeichnet. Alle Kuben können nebeneinander gestellt werden, sodass eine schematische Darstellung unserer Erdkruste entsteht. Mit Hilfe eines daruntergestellten zusätzlichen Quaders kann ein Kubus erhöht werden, sodass ein Horst entsteht. Eine Karte, die die jeweils gezeigte geologische Erscheinungsform benennt, kann jedem Kubus zugeordnet werden.

Der gleiche Sachverhalt, der auf den Kuben dreidimensional abgebildet wird, ist dann auf entsprechenden quadratischen Karten noch einmal, diesmal aber nur zweidimensional dargestellt. Dazu existieren Karten in der gleichen Größe mit Texten, die die unterschiedlichen geologischen Erscheinungen noch einmal definieren. Aufgabe des Kindes ist es, die Karten richtig zuzuordnen.

Um zu verdeutlichen, dass es die Naturerscheinungen nicht nur im Großen gibt, wurde zusätzlich eine Steinesammlung angelegt. An den Steinen sind viele geologische Veränderungen noch einmal im Kleinen zu entdecken.

Wenn das Kind so weit fortgeschritten ist, hat es also die Reihe der Kuben aufgebaut, die Abbildungen auf den Karten daruntergelegt, ebenso die Definitionskarten. Wiederum darunter liegen die Steine auf entsprechenden Abbildungen.

Dies ist bis hierhin schon eine sehr umfangreiche und beeindruckende Arbeit. Viele Kinder wollen nun das Gelegte auch noch zeichnerisch festhalten, um das Ergebnis nach Hause mitnehmen zu können. Aus dieser Erfahrung heraus und aufgrund der Tatsache, dass es für Grundschulkinder noch sehr schwierig wäre, diese Arbeit ohne Hilfe zeichnerisch umzusetzen, wurden entsprechende Hilfsmittel entwickelt und dazugestellt. So findet das Kind vorbereitete Streifen, mit denen es die Erdschichten aufkleben kann, Schablonen, mit denen es die Umrisse der Kuben und auch der Formen wie bei der Faltung vorzeichnen kann. Ein Beispiel für eine umfassend Vorbereitete Umgebung im Sinne Montessoris in Bezug auf die Arbeit mit diesem Material.

Viele Kinder malen, nachdem sie die Erdschichten abgezeichnet, vielleicht sogar noch die Definitionen daruntergeschrieben haben, Bäume, Städte, Fabriken oben auf ihr Schema der Erdkruste. Sicher werden Kinder, die sich mit dieser Arbeit beschäftigt haben, auch weiterhin nach Steinen suchen, auf denen sie die Erscheinungen entdecken können.

Die Arbeit mit dem Geologie-Baukasten kann das Kind wiederholen, sooft es möchte. Es kann diese Arbeit allein oder mit Partnern ausführen. Phantasie und Faszination sind die Triebfedern, die ein Kind dazu befähigen, sich über einen sehr langen Zeitraum mit einem Material wie dem Baukasten zu beschäftigen. Lehrererzählungen, Fotos und Entdeckungen in der Umwelt haben ein Staunen über Kräfte in der Natur geweckt. Die schematischen Darstellungen geben dem Kind durch ihre Klarheit die Möglichkeit, Erklärungen zu finden für Erscheinungen in seiner Umwelt und deren Entstehung.

Die «neue» Lehrerin

Die Tätigkeit einer Montessori-Lehrerin unterscheidet sich in vielem von der Arbeit der Lehrerinnen, die an Regelschulen beschäftigt sind. Im herkömmlichen Unterricht hat die Lehrerin oft eine zentrale Rolle inne. Sie bestimmt alle wesentlichen Lernentscheidungen. Zunächst macht sie sich Gedanken darüber, welches Unterrichtsthema in ihren Stunden behandelt werden soll. Sie versucht, einen möglichst motivierenden Einstieg in das Thema zu finden, um alle Kinder dafür zu begeistern. Sie plant darüber hinaus auch die Unterrichtsform vor: Klassengespräch, Gruppen-, Partner- oder Einzelarbeit. Während des Unterrichts entscheidet sie, welche Schüleräußerungen aufgenommen werden, weil sie den Unterricht voranbringen, und welche eher nebensächlich sind. Der eigentliche Lernanstoß geht also von ihr aus. Von ihrem Geschick und ihrer Phantasie hängt es vor allem ab, wie viele Kinder das geplante Stundenziel erreichen.

In den Montessori-Schulen dagegen liegt der Akzent sehr deutlich auf den Aktivitäten des Kindes. Während der freien Arbeit entscheidet das Kind selber, mit welchem Material und wie lange es arbeiten will. Nun könnte man meinen, dass damit die Person der Lehrerin überflüssig geworden sei. Das ist natürlich nicht der Fall, aber Montessori sieht die Aufgaben der Lehrerin in völlig neuem Licht. Pädagogik ist für sie Hilfe zum Leben, die Lehrerin ist also eine Helferin, die das Kind auf seinem Weg zur Persönlichkeitsentfaltung unterstützen soll.

Die Forderung nach der «neuen» Lehrerin ist auf die Persönlichkeit der Erzieherin gerichtet. Sie hat ihre Einstellung zum Kind laufend zu überprüfen. Geduld, Liebe und Achtung vor dem Kind sind die wichtigsten Eigenschaften, die sie fordert:

Geduld, dem Kind sein eigenes Entwicklungstempo zuzugestehen, warten zu können, bis es bereit ist für ein neues Angebot oder eine Lektion. Achtung vor der kindlichen Persönlichkeit und jedem Entwicklungsfortschritt, aber auch vor der Arbeit des Kindes. Liebe zum Kind schließlich, ohne die keine Erziehung denkbar ist. Sie ist für Montessori Ausgangspunkt und Ziel jeden erzieherischen Handelns.

Bereits während ihrer ersten Erfahrungen mit Klassen stellte Maria Montessori fest, dass sich ein neuer Typ der Lehrerin herausgebildet habe: «*... statt des Redens muss sie das Schweigen lernen, statt zu unterrichten, muss sie beobachten; statt der stolzen Würde* *dessen, der unfehlbar erscheinen will, muss sie das Kleid der Demut anlegen.»* (Montessori, Schule des Kindes, S. 122 f)

So leicht Montessoris Forderungen klingen, es ist für Lehrerinnen nicht einfach, sie zu befolgen. Während ihrer Ausbildung haben sie gelernt, dass sie es sind, die das Lernen steuern. Nun sollen sie sich darin üben, am Rande zu stehen, sich zurückzunehmen, genau zu beobachten, wann ihre Hilfe gefragt ist.

Im folgenden Bericht erzählt eine Lehrerin, die fast dreißig Jahre lang an Regelschulen gearbeitet hat, was es für sie bedeutete, nach so langer Zeit Montessori-Lehrerin zu werden.

«Ich war mit neunzehn Jahren nach der Ausbildung an einer Lehrerbildungsanstalt bereits Junglehrerin und arbeitete an einer Schule im Allgäu, zuerst als Hospitantin und dann als Aushilfe in allen Klassen. Ich nahm bald ein Angebot der Kirche wahr, ließ mich als Hilfskatechetin ausbilden und arbeitete ein halbes Jahr lang als Religionslehrerin. Ich hatte in der Zeit alle Klassen zu unterrichten, morgens von der ersten bis zur achten Klasse, nachmittags die Berufsschüler. 1949 ging ich an meine alte Schule zurück und wurde Klassenlehrerin einer dritten Klasse. 1951 erhielt ich meine erste ‹richtige› Stelle an einer anderen Schule. Dort blieb ich neun Jahre.

1960 zog ich in eine andere Stadt und arbeitete hier 15 Jahre lang als Lehrerin und Konrektorin an einer Grundschule. Ich war immer sehr engagiert. In all meinen Beurteilungen stand: ‹Sie hält einen straffen, zielgerichteten und disziplinierten Unterricht.› Das war als Lob gedacht, und nach meiner Ausbildung war ich natürlich ebenfalls der Meinung, dass es die wichtigste Aufgabe des Lehrers sei, alles in der Hand zu haben. Ich versuchte, die Pläne zu erfüllen, aus der Fülle des Stoffes für das Kind eine Auswahl zu treffen, natürlich immer zu dessen Wohle. Vor allem wollte ich versuchen, durch eine gute Vorbereitung die Kinder zu motivieren. Ich sah, dass es immer wieder Kinder gab, die im Lernstoff nicht mitkamen. So versuchte ich schon früh, diesen Kindern durch Förderunterricht oder Hausaufgabenbetreuung zu helfen.

Allem Neuen stand ich aufgeschlossen gegenüber. Zum Beispiel ar-

beitete ich mich schon früh in die Mengenlehre ein. Ich führte Elternseminare für diesen Bereich durch und hatte immer eine offene Klassentür.

1976 kam ich dann an eine Montessori-Schule. Bis dahin wusste ich über Montessori gerade so viel, wie ich während der Ausbildung erfahren hatte, also eigentlich sehr wenig. Ich durfte noch vor dem Wechsel bei einer Kollegin hospitieren und war fasziniert von der Ruhe der Kinder, davon, wie selbständig sie arbeiteten, wie frei sie sich in der Klasse bewegten, am Tisch oder auf dem Boden arbeiteten. Auch die Lehrerin hat mich sehr beeindruckt, sie war so ausgeglichen, freundlich und leise.

Ich war geradezu fassungslos, es kam mir vor, als sei ich auf einem anderen Stern. Ich dachte: ‹Das ist die Schule!› Ich wechselte also an die Montessori-Schule und übernahm gleich zum Halbjahr eine vierte Klasse. Das war natürlich ein schwieriger Start. Ich hatte zu unterrichten, parallel dazu besuchte ich den Diplomkurs, hospitierte bei Kolleginnen und kaufte und las einfach alles, was ich zum Thema Montessori bekommen konnte. Ich begann zunächst sehr langsam mit der Freiarbeit. Ich machte erst normalen Unterricht, der dann in Freiarbeit überging. In dieser Zeit half mir eine Mutter sehr, die ebenfalls das Montessori-Diplom hatte. Sie hat mir vor allem durch ihre Art, mit Kindern umzugehen, viel gezeigt. Sie half mir aber auch bei der Einrichtung der Klasse und in der Freiarbeit. Vor allem machte sie so viel positive Stimmung bei den Eltern, dass ich ihr noch heute dankbar dafür bin. Eltern können so viel aufbauen, aber auch zerstören.

Für mich war das eine Zeit großer Umstellung. Ich war sehr dominierend gewesen, das stand ja auch in allen Gutachten. Ich hatte den Unterricht stark gelenkt und war immer der festen Überzeugung gewesen, dass das auch gut sei für das Kind. Nun lernte ich, dass Montessori das ganz anders sieht. Bei ihr steht nicht der Lehrer im Mittelpunkt des Erziehungsprozesses, sondern das Kind. Ich begann daran zu arbeiten, mich als Person in der Klasse zurückzunehmen. Ich musste erst lernen, Vertrauen in das Kind zu investieren, es als Partner zu sehen. Vor allem musste ich lernen, dass nicht ich allein entscheide, was für es gut ist, sondern dass das Kind selber weiß, was es braucht.

Das alles hatte Auswirkungen auf meine Persönlichkeit, ja, es war eine Art Umbruch für mich. Heute bin ich sehr froh, dass ich damals im Alter von fünfzig Jahren diesen Sprung gemacht habe, dass ich es schaffen konnte, im Kind den Partner zu sehen. Es ist schön zu sehen, wie ein Kind sich entwickelt, wie Blüten sich entfalten, die man hegen und stützen, manchmal auch beschneiden muss, aber der Baum muss immer seine eigenen Früchte tragen können.

Mich fasziniert auch heute noch immer wieder, wie Kinder mit Hilfe des Materials durch das ‹Begreifen› lernen können. Das Material ist so anschaulich, dass selbst ich den Sinn einiger Operationen z. B. im Bereich des Bruchrechnens erst während des Diplomkurses verstanden habe. Ganz klar geworden ist mir in dieser Zeit, dass das Wichtigste, was wir unseren Kindern mitgeben können, die Freude am Lernen ist. Wichtiger als jede Stofffülle ist, dass das Kind gelernt hat, wie man lernt. Dazu gehört auch, die Selbständigkeit des Kindes zu fördern, ihm Zeit zu geben, es auch Irrwege gehen zu lassen und nicht gleich korrigierend einzugreifen. ‹Hilf mir, es selbst zu tun!›, das ist für mich zur wichtigsten Leitlinie geworden.

Als sehr positiv erlebe ich auch die Arbeit im Kollegium. Jeder ist für den anderen da und bereit zu helfen. Jeder öffnet seine Klassentür, es ist ein echtes Miteinander, kein Rivalisieren, wie ich es oft an anderen Schulen erlebt habe.

Meine Unterrichtsvorbereitung hat sich sehr verändert. Früher war das Hauptproblem die Motivation der Kinder. Ich las viele Fachbücher, zerbrach mir den Kopf, schleppte alle möglichen Anschauungsmaterialien aus dem Lehrmittelraum herbei. Heute ist die Motivation praktisch kein Problem mehr für mich. Das Material motiviert nach wie vor sehr stark, obwohl es vor fast hundert Jahren entwickelt wurde.

Meine Vorbereitung ist allerdings seitdem viel zeitaufwendiger geworden. Ich überprüfe die Richtlinien und überlege, welche Ziele kann ich in der Freiarbeit erreichen, welches Material muss ich zusätzlich erstellen. Das Herstellen und die Pflege der Vorbereiteten Umgebung kosten sehr viel Zeit. Häufig bin ich noch nachmittags oder samstags in der Schule. Eigentlich bin ich nie fertig, ich höre immer nur auf.

Auch meine Sprache hat sich verändert. Früher sprach ich relativ laut und bestimmt, um mich durchzusetzen. Ich habe der Klasse eine Disziplin von außen aufgesetzt. Aber Erziehung fängt von innen an, das habe ich bei Montessori gelernt. Die Kinder spüren, der Lehrer will ihnen helfen, auch mit Schwierigkeiten fertig zu werden. Ich spreche heute leise und brauche mich nicht mehr mit Gewalt durchzusetzen, ich kann mich zurücknehmen.

Ich bin immer wieder erstaunt über die Kinder. Sie orientieren sich in ihrem Verhalten weniger am Lehrer, sie fühlen sich selber verantwortlich. Wenn ich morgens früh die Klasse aufgeschlossen habe, muss ich meist noch einmal weg und in der Verwaltung etwas erledigen. Wenn ich dann zurückkomme, sitzen die Kinder da und arbeiten, ganz ruhig und selbstverständlich. Das ist noch heute immer wieder ein Phänomen für mich.

Ich versuche immer, mich auf die Kinder einzustellen. Genauso wichtig ist aber auch die Elternarbeit, denn letzten Endes können wir nur dann erfolgreich arbeiten, wenn Eltern und Schule nach denselben Grundsätzen erziehen. Die Eltern müssen sich also ebenfalls an den Grundsätzen Montessoris orientieren. Sie müssen im Kind den Partner sehen, das heißt, es selbständig entscheiden und arbeiten lassen. Ich habe jeden Tag zwei Mütter in der Freiarbeit, die mir helfen, und freue mich immer über die gute Zusammenarbeit.

Ich denke, Montessori hat uns so viel zu sagen, wenn wir uns nur dafür öffnen und selbst zu einer Änderung bereit sind.»

Lernen vollzieht sich für Maria Montessori im Austausch zwischen Kind, Lerngegenstand und Vorbereiteter Umgebung. Nicht zufällig taucht in diesem Modell die Person der Lehrerin nicht auf. Ihr Einwirken ist eher indirekt. Eine wichtige Hilfe, welche die Lehrerin dem Kind anbietet, ist die Vorbereitete Umgebung, in der das Kind alle notwendigen Anregungen vorfindet. Es ist nicht etwa damit getan, Regale irgendwie mit Lernmaterialien zu füllen, wie in den vorausgegangenen Kapiteln deutlich wurde. Nur in einer übersichtlichen Umgebung findet das Kind zu der gewünschten Konzentration und Entfaltung. Die Vorbereitete

Umgebung muss allerdings auch laufend gepflegt werden. Die Vorbereitung und Pflege der Umgebung ist für Montessori eine indirekte Arbeit, denn hier werden für das kindliche Tun die Bedingungen geschaffen, in der sich das Lernen vollziehen soll.

Der folgende Bericht beschreibt die Arbeit einer Montessori-Lehrerin während einer ganz gewöhnlichen Woche.

«Meine Woche beginnt eigentlich schon am Sonntagnachmittag. Meine Freunde und meine Familie kennen das bereits. Gegen vier Uhr beginne ich unruhig zu werden und empfehle mich meist mit den Worten: ‹Ihr wisst schon, meine Wochenpläne!› Die Kinder der ersten bis vierten Jahrgangsstufe erhalten montags ihre Hausaufgabenpläne für die ganze Woche. Das bedarf einiger Überlegungen und Absprachen mit Kolleginnen, mit denen ich zusammenarbeite. Wir arbeiten zu dritt, jede von uns leitet eine Klasse mit vier Jahrgängen, die Kinder jeden Jahrgangs werden zu Fachgruppen zusammengefasst.

Sonntags klingelt nun das Telefon, und die Absprachen beginnen. Was sollen die Zweitklässler in Mathematik arbeiten, was in Sprache, wer erhält individuelle Hausaufgaben und so fort. Dabei sprechen wir auch über Schwierigkeiten, tauschen Informationen aus. Hannahs Rechtschreibtest ist schlecht ausgefallen, viele Flüchtigkeitsfehler, ich kann es meiner Kollegin erklären, weil ich weiß, dass Hannahs Eltern sich getrennt haben, eine große Umstellung für das Kind. Philipp ist noch immer unsicher im Einmaleins, er kann es in der Freiarbeit noch kräftig üben. Fast eine Stunde dauert das Gespräch.

Ich setze mich an den PC und beginne, den Wochenplan zu schreiben. Dann überlege ich, was in der Woche wohl geschehen soll. Ich überprüfe meine Aufzeichnungen. Christoph war letzte Woche so abgespannt und müde, er fand nicht so recht zur Arbeit. Ich erinnere mich, dass er sich brennend für das Mittelalter interessiert. Vielleicht macht es ihm Spaß, über ein Thema wie Ritter oder Burgen eine Arbeit zu schreiben, vielleicht gewinnt er so wieder Kraft und Lust? Rasch schaue ich noch ins Internet, ob ich kindgerechte Informationen zum Thema finde. Gleich morgen will ich in der Klasse nachschauen, was es dort zu diesem Thema gibt.

Montag

Schon früh mache ich mich auf den Weg, ich traue dem Kopiergerät in der Schule nicht, oft kostet es große Mühe, bis man ihm die gewünschten 30 Exemplare des Wochenplanes entlockt hat. Der Informationswand entnehme ich, dass niemand krank ist, also kein Vertretungsunterricht, dafür hat sich morgen eine Hospitationsgruppe angesagt.

Auf dem Flur begegnet mir bereits Stefan; obwohl er um die Ecke wohnt, ist er so früh da. Er genießt den Morgenplausch und beginnt, die Stühle herunterzustellen. Ich ziehe rasch meine Hausschuhe an und suche unsere Bücher über das Mittelalter zusammen. Nach und nach kommen die anderen Kinder, die Freiarbeit beginnt.

Nach der Freiarbeit notiere ich mir rasch, was die Kinder gearbeitet haben, dazu noch manches, was mir bemerkenswert erscheint. Lea hat heute von sich aus eine Geschichte geschrieben und einem anderen Kind bei seiner Arbeit geholfen, beides für sie große Fortschritte. Mit einem Stapel Freiarbeitsheften unter dem Arm gehe ich nach Hause, dort kann ich in Ruhe nachsehen, was die Kinder während der Freiarbeit geschrieben haben. Mir fällt ein, dass ich noch unbedingt neue Pappe brauche. Die Kinder lieben es, daraus Buchdeckel für ihre kleinen Arbeiten zu machen. Außerdem ist am Donnerstag wieder Materialabend mit Eltern, und ich brauche die Pappe für neue Aufgabenkarten. Also rufe ich ‹meinen› Bilderrahmer an und frage, ob er nicht wieder Passepartout-Abfälle für mich habe. Ich habe inzwischen verschiedene Stellen, die mich versorgen – eine Druckerei, Eltern, die Papierreste mitbringen. Ich kann eigentlich alles gebrauchen.

Abends setze ich mich hin und überlege, welche Materialien am Donnerstag wohl gebastelt werden sollen, und sehe meine Unterlagen nach Kopiervorlagen und Ideen durch. Alles muss so weit vorbereitet sein, dass die Eltern möglichst rasch mit der Arbeit beginnen können.

Dienstag

Hospitationstag – die Kinder bemerken kaum, dass drei weitere Lehrer in der Klasse sind, diese sind auch sehr leise. Manche dagegen begnügen sich nicht allein mit dem Zuschauen, sondern beginnen, die Kinder aus-

zufragen, und stören sie bei der Arbeit. In der Pause sprechen wir noch über das, was sie eben gesehen haben, dann geht es für mich mit dem Ergänzungsunterricht weiter. Christoph saß übrigens heute schon über seiner Burgenarbeit vertieft, er hatte auch schon Urlaubsbilder vom Castel del Monte dabei. Heute schleppe ich außer den Freiarbeitsheften auch noch die Schneidemaschine nach Hause, um alle Pappen vorzuschneiden. In der Schule komme ich nicht dazu. Also nachmittags abmessen, schneiden, sortieren. Bald liegt ein beruhigend großer Haufen geschnittener Karten vor mir. Das wird wieder für einige Zeit reichen.

Gegen acht klingelt das Telefon, eine Mutter ruft an. Ihr Kind ist Legastheniker und von den Sprachhausaufgaben befreit, stattdessen besucht es zweimal die Woche nachmittags einen besonderen Förderkurs. Sie will mir erzählen, wie schön es dort ist und wie glücklich sie über die Lösung sei.

Mittwoch

Um kurz vor halb acht der erste Anruf einer Mutter, ihr Kind ist krank. Ich höre mir alles an und versuche ihr dann freundlich zu erklären, dass sie in Zukunft deswegen nicht anzurufen braucht. Eine kleine Notiz, die sie einer Mitschülerin mitgeben kann, genügt auch.

In der Schule kontrolliere ich noch vor dem Unterricht die Verbrauchsmaterialien und ergänze, was fehlt. Die Leseecke sieht etwas unordentlich aus, die Kinder, deren Dienst es ist, sie aufzuräumen, haben sie wohl vergessen.

In der Freistunde habe ich ein Elterngespräch. Die Mutter ist sehr besorgt, ob ihr Kind wohl auch genug arbeitet. Das Gefühl, nicht genau zu wissen, was in der Freiarbeit geschieht, beunruhigt sie. Mir ist schon aufgefallen, dass sie ein starkes Bedürfnis hat, ihr Kind zu kontrollieren; nicht nur die Aufgaben, auch die Ordnung in der Schublade unter dem Tisch. Ich versuche, ihr ein Stück Zutrauen zu ihrem Kind zu vermitteln, so wie ich es habe. Wir werden sicherlich noch viele Gespräche führen. Die Änderung der eigenen Einstellung fällt vielen Eltern nicht leicht, wie viel eigene Ängste stecken dahinter!

Nachmittags fahre ich damit fort, neues Material vorzubereiten, schreibe Aufgaben, male, klebe und sortiere. Folien für die Laminiermaschine muss ich noch kaufen und Klammern für die Heftmaschine!

Donnerstag

In der Pause ‹Teambesprechung›. Alle Lehrerinnen unserer drei Klassen treffen sich. Wir bleiben gleich oben in den Räumen. Diese Gespräche sind wichtig. Viele Informationen über Kinder werden ausgetauscht: Wie verhalten sie sich in der Freiarbeit und wie im Fachunterricht, wann kann die Sachunterrichtslehrerin mit den Viertklässlern für die Fahrradprüfung üben, eine Kollegin zeigt eine Kartei mit Knobelaufgaben, die sie entworfen hat. Meist ist diese Pause viel zu kurz – und die übrigen Kollegen sehe ich selten. Einmal habe ich Aufsicht, das andere Mal muss ich zum Schwimmen fahren, dann ist wieder Teambesprechung usw.

Um halb acht bin ich wieder in der Schule, neun Eltern sind gekommen, um zu helfen. Ich habe so viel Material vorbereitet, dass alle etwas zu tun haben, und bis zehn Uhr haben wir viel geschafft. Ich bin froh über diese Hilfe und räume stolz alles gleich in die Regale, die Kinder werden sich morgen freuen.

Freitag

Schon vor Schulbeginn steht ein Vater vor der Klassentür. Sein Sohn wird auf dem Schulweg von einem anderen Jungen geärgert. Wir unterhalten uns kurz miteinander, dann biete ich ihm meine Sprechstunde an. Am Morgen brauche ich meine Ruhe und Gelassenheit für die Kinder.

Heute werden die Hausaufgabenhefte eingesammelt. Ein riesiger Stapel liegt vor mir. So viel wie möglich sehe ich noch in der Schule durch, den Rest nehme ich mit nach Hause.

Eine ganz gewöhnliche Woche? Ja, wirklich! Nächste Woche ist zwar kein Bastelabend, dafür treffe ich mich mit zwei Kolleginnen, die an anderen Montessori-Schulen arbeiten. – Wo wir uns kennen gelernt haben? Im Montessori-Kurs. Worüber wir sprechen? Natürlich über Montessori.

Trotzdem – damit kein falscher Eindruck entsteht –, auffressen lassen wir uns von unserer Schule nicht, jedenfalls nicht ganz.»

Bisher war nur von Arbeiten der Lehrerin die Rede, die außerhalb des eigentlichen Unterrichts liegen. Worin bestehen aber ihre Aufgaben während der Freiarbeit? Denn ganz ohne sie geht es auch nicht. Als Mittler stellt sie den ersten Kontakt zwischen dem Kind und der selbst gewählten Sache her. In einer Lektion weist sie es in den richtigen Gebrauch des Materials ein.

Während einer Einführung soll so wenig wie möglich gesprochen werden, denn nicht durch lange Vorträge, sondern durch das Tun soll sich dem Kind das Material erschließen. Sobald es alleine weiterarbeiten kann, zieht sich die Lehrerin zurück. In dieser Phase des selbständigen Arbeitens darf das Kind dann nicht mehr gestört werden.

Eine wichtige Aufgabe der Lehrerin während der Freiarbeit ist es, die Kinder zu beobachten. Sie muss genau wissen, auf welchem Lernstand sich das Kind befindet, welche Materialien es schon bearbeitet hat und ob es vielleicht für ein neues Material und eine neue Lektion bereit ist. Ihre genaue Kenntnis des Materials sowie ihr Wissen über den kindlichen Entwicklungsstand sind entscheidende Voraussetzungen dafür, dass ein Kind zur Polarisation der Aufmerksamkeit findet.

Gleichzeitig hat die Lehrerin dafür zu sorgen, dass alle Kinder ungestört arbeiten können. Ihr eigenes Verhalten hat dabei großen Vorbildcharakter. Bewegt sie sich geräuschvoll in der Klasse, spricht sie laut, so kann sie nicht erwarten, dass die Kinder von sich aus zu Stille und konzentrierter Arbeit finden. Einige Regeln, die sie aufstellt, geben dem Kind Orientierungspunkte für sein Verhalten während der Freiarbeit. Von der Konsequenz, mit der die Lehrerin diese Regeln vorlebt und auf ihre Einhaltung achtet, hängt es ab, ob die Kinder sie einsichtig finden.

Wie ein Freiarbeitsvormittag aus der Sicht der Lehrerin verläuft, welche Aufgaben sie in dieser Zeit hat, zeigt die nachfolgende Schilderung. *«Es ist halb acht. Ich bin meist schon um diese Zeit in der Schule, wie viele meiner Kolleginnen auch. Der Unterricht beginnt zwar offiziell erst um Viertel nach acht, aber alle öffnen ihre Klassen bereits wesentlich früher.*

Ein Blick auf den Vertretungsplan, ein kurzes Gespräch, und um Viertel vor acht bin ich in der Klasse. Die wenigen Minuten allein im Klassenzimmer, bevor die ersten Schüler kommen, sind mir wichtig. Ich schaue an den Regalen entlang, ob alle Materialien richtig stehen, und werfe einen Blick in meine Aufzeichnungen vom Vortag, in denen ich notiert habe, was jedes Kind während der Freiarbeit gearbeitet hat. Marie hat schon angekündigt, dass sie weiter an ihrem Dinosaurierbuch arbeiten will, und ich kontrolliere kurz, ob genug Papier für ihre Arbeit im Fach ist.

Die Tür öffnet sich, Katharina schaut herein. Es ist noch vor acht, aber da ihre Eltern beide berufstätig sind, kommt sie immer schon so früh. Sie begrüßt mich, erzählt von ihrem Fahrrad und beginnt, die Stühle hinunterzustellen. Jetzt kommen Joshua und Thomas. Sie winken und verschwinden noch einmal, um draußen ihre Schuhe auszuziehen. Joshua stellt seine Tasche an seinen Platz und geht an die Tafel, um das Datum anzuschreiben, sein Klassendienst. Thomas kommt an meinen Tisch, er wollte für heute eine Einmaleinsreihe lernen und mir aufsagen. Er hat es nicht vergessen.

Nach und nach kommen nun auch die anderen Kinder. Sie begrüßen mich, und einige erzählen kurz irgendeine Neuigkeit. Ich empfinde es als sehr angenehm, dass die Kinder gleich nach ihrer Ankunft in die Klasse kommen können. Der Unterrichtsbeginn ist fließend. Einige haben sich schon eine Arbeit genommen, andere kommen erst und finden bereits eine Arbeitsatmosphäre vor. Der Gong um Viertel nach acht ist für uns an den meisten Tagen überflüssig, denn ohne mein Zutun wechseln die Kinder alleine aus dem Erzählen in das Arbeiten über.

Eine Gruppe Kinder sitzt noch um das Aquarium herum und flüstert. Sie diskutieren die Entwicklungsfortschritte der Kaulquappen seit gestern. Viel ist aber nicht festzustellen, und so fällt der Bericht der beiden Kinder, die ihre Beobachtungen aufschreiben wollen, entsprechend kurz aus.

Alle Kinder sitzen nun an ihrer Arbeit, bis auf Paul, der noch unruhig an seinem Platz hin- und herrutscht. Er hat einen großen Bewegungsdrang und kann sich zudem oft nicht entscheiden, was er tun soll. Er wird dann leicht unruhig, wippt mit den Beinen, schnalzt mit der Zunge oder versucht, das Interesse seines Nachbarn auf sich zu ziehen. Er braucht noch häufig meine Hilfe bei seinen Entscheidungen. Ich gehe zu ihm, und gemeinsam beratschlagen wir, was er tun könnte. Am Vortag hat er mit dem Markenspiel begonnen, dort wird er weiterarbeiten, danach will er eine Geschichte schreiben. Sichtlich erleichtert, weil er nun weiß, was er tun will, geht er an das Regal. Ich bleibe noch eine Weile neben ihm sitzen, um zu sehen, wie er mit den Aufgaben zurechtkommt, aber er arbeitet nun ruhig.

Birte meldet sich, das Zeichen, dass sie etwas von mir will. Sie möchte das Malbrett kennen lernen. Sie hat es bei einem anderen Kind an ihrem Tisch gesehen und möchte nun ebenfalls damit arbeiten. Sie hat es schon an ihrem Platz aufgebaut. Ich zeige ihr, wo sie das kleine Blöckchen mit den zum Material gehörenden Aufgaben findet. Dann setzen wir uns, und ich beginne damit, an der ersten Aufgabe zu arbeiten. Alles ist so anschaulich, dass sich jedes weitere erklärende Wort erübrigt. Gespannt schaut Birte zu, und bereits nach wenigen Minuten greift sie ein. Sie möchte nun alleine weiterarbeiten. Ich kann mich kurz darauf erheben, sie kommt nun allein zurecht.

Im Moment sind alle Kinder in ihre Arbeiten vertieft, und so setze ich mich an meinen Schreibtisch, um sie zu beobachten. Diese Augenblicke, in denen ich mich zurückziehe, sind sehr wichtig. In den meisten Fällen arbeite ich während der Freiarbeit mit einem Kind am Tisch oder sogar auf dem Teppich. In diesen Phasen habe ich einen sehr engen Gesichtskreis und konzentriere mich ganz auf dieses eine Kind. Die anderen wissen auch, dass sie mich während einer Lektion nicht stören dürfen. Genauso wichtig sind dagegen die Momente, in denen ich aus der Distanz die Kinder beobachten kann. Ich sehe nicht nur, was sie arbeiten, viel wichtiger noch ist es zu sehen, wie sie arbeiten. Fabian zum Beispiel ist völlig in seine Arbeit versunken, er hantiert mit Bruchrechenkreisen, er scheint den Rest der Klasse gar nicht mehr wahrzunehmen. Stefan dagegen scheint ein Problem bei seinem Rechenrahmen zu haben, er murmelt vor sich hin, vergleicht immer wieder sein Ergebnis mit dem auf der Karte. Sein Nachbar, der das Material schon kennt, wird auf ihn aufmerksam und wendet sich ihm zu. Sie flüstern und rechnen die Aufgabe noch einmal gemeinsam. Das Problem löst sich ohne mein Zutun, und beide wenden sich nun wieder ihren Arbeiten zu. So beobachte ich sowohl die Arbeitsintensität der Kinder als auch ihre sozialen Kontakte untereinander. Einige arbeiten fast die gesamte Freiarbeit über selbständig, während andere häufiger meine Hilfe brauchen, sei es bei der Entscheidung für eine Arbeit oder weil sie meine Bestätigung brauchen. So bei Björn. Er hat große Schwierigkeiten, lesen zu lernen.

Heute hat er sich wieder die Bildkarten genommen, an denen er am Vortag bereits gearbeitet hat. Er hat die passenden Namen unter jedes Bild gelegt, meldet sich sichtlich stolz, und wir betrachten gemeinsam sein Werk. Er liest mir die Namen vor. Er braucht die mehrmalige Wiederholung jeder Leseübung ebenso wie meine Bestätigung. Nun will er die Namen abschreiben und im Hochgefühl des Geschafften gleich noch eine neue Dose mit Bildern bearbeiten.

Am anderen Ende der Klasse ist es etwas lauter geworden. Lisa, ein sehr temperamentvolles Kind, hat sich das Hunderterbrett geholt und gerade alle Zahlenplättchen auf den Tisch gekippt. Ich beobachte sie. Sie hat noch Schwierigkeiten, sich an Regeln zu halten und längere Zeit bei einer Sache zu bleiben. So auch jetzt; nach einigen Minuten erlahmt ihre Energie, und sie beginnt, die Plättchen wieder einzupacken. Ich gehe zu ihr und mache ihr Mut. Eine Weile setze ich mich einfach neben sie, sie ist nun etwas konzentrierter. Als sie die Hälfte der Zahlen auf das Brett gelegt hat, stehe ich auf und sage ihr, dass ich gleich noch einmal vorbeischauen werde, um zu sehen, wie viel sie geschafft hat.

Während ich noch bei dem einen oder anderen Kind bin, meldet sich Lisa wieder. Sie ist schneller fertig geworden als gedacht und zeigt mir nun ihr Werk. Sie hat es doch geschafft, und das ist für sie das Wichtigste.

Inzwischen ist es schon nach zehn Uhr. Ich läute die Glocke, das Zeichen, dass jeder nur noch seine Aufgabe abschließen kann und dann einräumen soll. Die Kinder, die einen Klassendienst übernommen haben, beginnen mit dem Tafelwischen, Blumengießen oder Abstauben. Dann beginnt das Frühstücksritual mit einem Lied, einer Geschichte und dem Frühstücken. Währenddessen versuche ich, noch, meine Notizen in meinem Klassentagebuch zu vervollständigen. Ich trage ein, was jedes Kind gearbeitet hat, und notiere als besondere Beobachtung, dass Lisa es heute geschafft hat, ihre gewählte Arbeit zu Ende zu führen.»

Soziale Erziehung

Von einigen Kritikern wird der Montessori-Pädagogik vorgeworfen, sie lasse die soziale Erziehung unbeachtet. Vielmehr fördere sie individualistische Bestrebungen, indem sie das einzelne Kind in den Mittelpunkt ihrer Bemühungen stelle. Dem aufmerksamen Leser ist sicher schon in den bisherigen Ausführungen bewusst geworden, wie viele soziale Kontakte sich innerhalb einer Montessori-Klasse abspielen können. Eine elementare Grundlage für das soziale Milieu in der Klasse bildet die Zusammensetzung der Gemeinschaft aus verschiedenen Altersstufen. Eine solche Zusammensetzung, die mehrere Jahrgänge umgreift, entspricht der natürlichen Lebensumwelt des Kindes. Sowohl in seiner Freizeit als auch in der Familie ist jedes Kind mit Älteren und Jüngeren zusammen, niemals nur mit Kindern derselben Altersstufe. Insofern ist eine Klassengemeinschaft, die eine Gruppe von 25 oder mehr gleichaltrigen Kindern umfasst, unnatürlich. Jedes Kind versucht, sich auf irgendeine Art von den anderen abzugrenzen. Die einen versuchen, besser zu sein als die Mitschüler, andere erleben es als extrem negativ, wenn sie schwächer sind als die Mehrheit. Diese Konkurrenzkämpfe können zu unterschwelligen oder auch offenen Differenzen führen. Die Folge daraus ist, dass unter Umständen nur wenig Bereitschaft zu einer Zusammenarbeit mit den Klassenkameraden vorhanden ist.

Sind aber in der Klasse außer der eigenen Altersgruppe auch jüngere und ältere Kinder, gibt es kaum Anlass zu einem Wettkampf. Hinzu kommt, dass in Montessori-Schulen sowieso alle Kinder auf einem unterschiedlichen Niveau und mit unterschiedlichen Materialien arbeiten, sodass ein direkter Vergleich mit dem Können oder Nichtkönnen des Mitschülers entfällt.

Wir selber machten in unseren Klassen eine interessante Beobachtung, die die oben dargelegten Thesen stützt. Im ersten Jahr unserer Klassenführung hatten wir aus organisatorischen Gründen nur eine Kombination des ersten und zweiten Schuljahres. Ein Gemeinschaftsgefühl entwickelte sich nur langsam und wurde eigentlich im ganzen Schuljahr nicht recht fest. Als im folgenden Schuljahr die Lerngruppe, nach dem Zugang von sieben weiteren Erstklässlern, insgesamt drei Jahrgänge umfasste, änderte sich das Klima fast schlagartig. Die «Großen» zeigten eine ausgeprägte Hilfsbereitschaft den neuen Erstklässlern gegenüber. Sie freuten sich, mit den «Kleinen» Lesen üben zu können und ihnen bei der Arbeit mit einem neuen Material zu helfen. Die neuen Kinder wiederum lebten sich rasch und ohne Probleme in die Klassengemeinschaft ein. Viele Regeln schauten sie einfach von den Großen ab. Diese wiederum waren bemüht, ein gutes Beispiel zu geben. In unseren Klassen übernehmen die älteren Kinder jeweils zu Beginn eines neuen Schuljahres Patenschaften für die Erstklässler. Bereits vor den Sommerferien schreiben sie ihrem «Patenkind» einen Brief, in dem sie ihm wichtige Informationen für den Einschulungstag mitteilen und ausdrücken, dass sie und die ganze Klasse sich schon auf ihr Kommen freuen. Oft werden die Kinder zu einem Besuch in ihrer zukünftigen Klasse eingeladen. Das Übernehmen der Patenschaften ist besonders beliebt bei den Zweitklässlern, die ja jetzt nicht mehr die «Kleinen» sind und darauf natürlich stolz. Das Modell der Patenschaften hat den Vorteil, dass die neueingeschulten Kinder sofort einen Ansprechpartner haben, der ihnen den Anfang erleichtert, indem er ihnen hilft, sich zurechtzufinden. So werden auch zurückhaltende Kinder sehr rasch in die Gemeinschaft integriert. Für die «Paten» hingegen bedeutet das Übernehmen dieser Aufgabe andererseits eine gewisse Verantwortung und Verpflichtung. Auf diese Art entwickeln die Kinder ein Gefühl für die Klassengemeinschaft als Gruppe, und sie sind stolz auf diese Gruppe.

Soziales Leben in der Schule bleibt aber nicht nur auf die eigene Klassengemeinschaft beschränkt. In vielen Montessori-Schulen besteht die Möglichkeit, während des Unterrichts Kontakt zu Schülern aus anderen Lerngruppen aufzunehmen. In einigen holländischen Montessori-Schulen sind sogar die Klassenräume nur durch flexible Trennwände voneinander abgeteilt. Bei uns wird durch offene Klassentüren und die Möglichkeit, auf den Fluren arbeiten zu können, das Miteinander von Kindern aus verschiedenen Klassengemeinschaften gefördert.

Antonio scheint heute nicht so motiviert zu arbeiten. Schon seit einer Viertelstunde streicht er an den Regalen im Klassenraum entlang, ohne sich für eine Arbeit entscheiden zu können. Nach weiteren zehn Minuten in der Leseecke schaut er mal nach, was sich auf dem Flur draußen tut. Er ist unzufrieden mit sich selber und drückt diese Unzufriedenheit draußen zunächst einmal dadurch aus, dass er einem Kind, das dort mit einer Perlenkette arbeitet, zwei Zahlenpfeile wegnimmt. Die Lehrerin hat ihn aber beobachtet, geht ruhig zu ihm hin und spricht mit ihm. Antonio legt daraufhin die beiden Pfeile wieder an ihren Platz und schlendert weiter den Flur entlang. Vor der Nachbarklasse beginnen gerade zwei Kinder damit, ein Material aus dem Bereich kosmische Erziehung, den Vogelbaum, auszulegen. Antonio beobachtet sie eine Weile. Man sieht seinem Gesicht an, dass ihn das Material interessiert. Er fragt die beiden Kinder, ob er mitarbeiten dürfe. Sie sind einverstanden, und bereits wenige Minuten später sind alle drei intensiv damit beschäftigt, die Vogelbilder und Namen an den richtigen Stellen zu platzieren.

Der Kontakt zu den Kindern aus anderen Klassen ist auch dadurch gegeben, dass sie sich aus dem Ergänzungsunterricht bereits kennen.

Ein denkbarer Idealfall wäre es natürlich, wenn im selben Gebäude Kinderhaus, Grundschule und weiterführende Schule untergebracht wären, sodass auch zwischen diesen Gruppen ein soziales Miteinander möglich wäre. Eine solche Einheit würde den ursprünglichen Vorstellungen Maria Montessoris entsprechen, ist aber bisher nur an einigen wenigen Schulen verwirklicht. Der Übergang vom Kinderhaus in die Schule und von der Grundschule in die Sekundarstufe könnte in einer solchen Einrichtung fließend und ohne Probleme erfolgen.

Die äußeren Bedingungen einer jahrgangsübergreifenden Klasse fördern also die Entwicklung sozialer Verhaltensweisen. Darüber hinaus werden aber an Kinder in Montessori-Einrichtungen bereits vom Kinderhaus an hohe Anforderungen in Bezug auf ihr soziales Verhalten gestellt. Eine Arbeitsform, in der jeder seine Tätigkeit frei wählen kann, erfordert selbstverständlich ein ungewöhnliches Maß an Rücksichtnahme auf den anderen. Ein

Beispiel: Die Kinder dürfen zwar jederzeit miteinander sprechen, aber nie so laut, dass andere dabei in ihrer Konzentration gestört werden könnten. Das Gleiche gilt auch für die Möglichkeit der Bewegung durch den Klassenraum. Ein anderer Aspekt in diesem Zusammenhang: Die Auswahl unter den vorhandenen Arbeitsmitteln ist frei. Ein Prinzip des pädagogischen Konzeptes ist aber, wie bereits erwähnt, dass jedes Material nur einmal vorhanden ist. Es erfordert Geduld und Rücksichtnahme, falls das gewünschte Material bereits «vergeben» ist; aber auch die Notwendigkeit einer Einigung, wenn zwei Kinder gleichzeitig nach demselben Material greifen.

Einige Beispiele aus unserer Unterrichtspraxis verdeutlichen das Verhalten der Kinder untereinander:

Christian ist jetzt seit drei Monaten in der Schule. Er hat schon einige Buchstaben gelernt und kann kurze Wörter erlesen. Jeden Tag übt er mit seiner Lesepatin Anna, einem Mädchen aus dem dritten Jahrgang. In letzter Zeit wurden vor der Frühstückspause häufig Geschichten vorgelesen, die Kinder während der Freiarbeit geschrieben hatten. Christian möchte nun gerne auch eine Geschichte schreiben, aber er kann seine Gedanken natürlich noch nicht zu Papier bringen. Er möchte aber unbedingt eine Erzählung von sich im Klassen-Geschichtenbuch sehen. Nach kurzem Überlegen hat er eine Idee. Er bittet Anna, ob sie eine von ihm diktierte Geschichte aufschreiben könne. Anna ist einverstanden, setzt sich mit Christian an den PC und schreibt seine Geschichte auf. Anschließend liest sie ihm das Geschriebene noch einmal vor. Er malt dann noch ein schönes Bild auf das Blatt und legt es stolz ins Körbchen. Am nächsten Morgen findet er seine Geschichte mit seinem Namen darunter im Geschichtenbuch wieder und freut sich.

Till ist im ersten Schuljahr, das vor drei Wochen begonnen hat. Er möchte das erste Mal mit der Tausenderkette arbeiten. Vorsichtig nimmt er sie aus dem Regal und greift gleichzeitig das Döschen mit den Zahlenpfeilen. Dann geht er zum Teppichständer und versucht, mit seiner linken Hand einen Teppich herauszuziehen, was ihm aber nicht gelingt. Thomas, ein Junge aus dem vierten Jahrgang, hat ihn beobachtet. Er steht auf, geht zu Till und zieht für ihn einen Teppich aus dem Ständer. Dann trägt er ihn noch ganz selbstverständlich auf den Flur, wo Till mit seiner Arbeit beginnen kann.

Sozialerziehung bedeutet auch, Rücksicht nehmen und den anderen in seiner Eigenart akzeptieren zu lernen. Das wird im folgenden Beispiel deutlich.

Mara kommt aus sehr schwierigen häuslichen Verhältnissen. Ihre Mutter lebt nicht mehr, sie wohnt bei der Großmutter, einer Analphabetin. Durch schlimme Erlebnisse, die sie hinter sich hat, ist sie bei Schuleintritt sehr verstört. Sie reagiert aggressiv auf Mitschüler und Lehrerinnen und bedroht vorzugsweise die kleineren und schwächeren Kinder. Die Freiarbeit stört sie oft, indem sie sich schreiend wie ein kleines Kind zu Boden wirft oder einen Streit anfängt. Die anderen Kinder der Klasse haben zunächst kein Verständnis für Maras Verhalten. Nachdem ich mit ihnen aber mehrfach über Maras schwierige Lebenssituation gesprochen habe, tut sie den Kindern Leid. Sie bemühen sich, freundlich zu ihr zu sein, nehmen sie in den Arm, wenn sie wieder anfängt zu toben. Jeden Tag kümmert sich ein Kind in der Freiarbeit um sie, hört ihr vor allem zu, lässt sie erzählen; eine Sache, zu der ich als Lehrerin einer Klasse von 28 Schülern natürlich nur sehr begrenzt Zeit habe. Ihre Mitschüler nehmen Mara vor allem auch gegen Kinder aus anderen Klassen, die ihre Situation nicht kennen, in Schutz. Die Klasse hat sie aufgenommen und akzeptiert, dass ich an Mara nur sehr niedrige Anforderungen stellen kann, was die Einhaltung von Regeln oder ihr Arbeitsverhalten betrifft.

Andrea ist im zweiten Schuljahr und hat noch große Schwierigkeiten mit dem Lesen. Sie hat sich noch nie getraut, vor der ganzen Klasse zu lesen. Heute nimmt sie allen Mut zusammen und meldet sich, als ich vor der Frühstückspause frage, ob jemand vorlesen möchte. Sie hat sich einen einfachen Text ausgesucht und kommt damit zum Pult. Vor Aufregung hat sie ein ganz rotes Gesicht. Die Klasse ist mucksmäuschenstill. Müh-

sam erliest Andrea Wort für Wort des Textes. Als sie fertig ist, klatschen alle spontan Beifall. Andrea strahlt!

In diesem Beispiel wird ein anderer Aspekt deutlich: Kinder können den Erfolg ihres Mitschülers neidlos anerkennen. Wenn sie nicht in Konkurrenz zueinander stehen, können sie sich viel leichter über die Erfolge und Ergebnisse der anderen mitfreuen und ihrer Bewunderung auch Ausdruck verleihen, was sie sehr oft spontan tun.

Zur Sozialerziehung gehört aber auch das Einhalten einer Ordnung. Vielen Kindern fällt es sehr schwer, ihre persönlichen Dinge in Ordnung zu halten. Hefte werden bemalt, geknickt, Lineale zerbrochen usw. Die Montessori-Klassen beinhalten durch die Zusammenstellung und Anordnung des Materials eine vorgegebene Ordnung. Die Kinder erfahren hier auch konkret die Notwendigkeit einer Ordnung, denn wenn ein Material nicht mehr an seinem Platz steht, können sie es nicht mehr wiederfinden. Ein wöchentlich wechselnder Dienst kontrolliert bei uns nach jeder Freiarbeit, ob die Materialien wieder am richtigen Platz im Regal stehen. Andere Dienste kümmern sich um die Ordnung an der Garderobe, kehren nach dem Unterricht den Boden oder schauen, ob alle Bücher in der Leseecke wieder ins Regal zurückgestellt wurden. Die Kinder machen sich gegenseitig darauf aufmerksam, wenn z. B. ein Mitschüler seine Jacke nicht am Garderobenhaken aufgehängt hat oder wenn noch ein Füller unter dem Tisch liegt.

In der Frühstückspause wird vorgelesen. Oliver, ein Erstklässler, bringt seine leere Kakaoflasche zum Mülleimer unter dem Waschbecken. Dabei stößt er an das Kehrblech, das an einem Haken über dem Papierkorb hängt. Mit einem lauten Krach fällt es in den Abfalleimer. Schnell und ohne sich darum zu kümmern, geht Oliver wieder auf seinen Platz. Da steht Marvin, ein Junge aus dem dritten Schuljahr, auf, geht zu ihm hin, und in die Stille hinein hört man ihn flüstern: «Hey, Oliver! Hast du nicht

gemerkt, dass das Kehrblech runtergefallen ist? Es liegt jetzt im Müll!» Sofort steht Oliver wieder von seinem Platz auf und hängt das Kehrblech wieder an den Haken.

Jeder kommt einmal mit einem Dienst an die Reihe. Für manche Kinder ist es eine ganz neue Erfahrung, sich selber um eine geordnete Umgebung zu bemühen, denn zu oft wird ihnen diese Pflicht zu Hause von den Eltern ganz selbstverständlich abgenommen.

Die aufgeführten Gesichtspunkte zeigen also, dass die besondere Art des Arbeitens in der Montessori-Schule soziale Verhaltensweisen begünstigt. Natürlich werden zusätzlich Fragen des Umgangs miteinander thematisiert, z. B. im Montags- oder Frühstückskreis oder im Klassenrat. Wie an anderen Schulen auch, werden im Fachunterricht Arbeitsformen wie Gruppenarbeit geübt. Projektwochen, Theateraufführungen, Klassen- und Schulfeste sind weitere feste soziale Bestandteile des Schuljahres.

Zusammenfassung

Geht man davon aus, dass sich jedes Kind nach seinem individuellen Entwicklungsplan entfaltet, so folgt daraus für die Schule, dass nicht alle Kinder zur selben Zeit das Gleiche lernen können. Kernstück des Unterrichts an Montessori-Schulen bildet daher die **Freiarbeit**, in der die Schüler Art und Dauer ihrer Tätigkeit frei bestimmen können. Die Freiheit, die ihnen dabei gewährt wird, sieht Montessori als Grundvoraussetzung für eine gesunde Entwicklung an. Gleichzeitig wird diese Freiheit jedoch begrenzt durch die **Vorbereitete Umgebung**, die Struktur des Materials und die Regeln des Gemeinschaftslebens in der Klasse. Die **jahrgangsübergreifende Klassenzusammensetzung** begünstigt soziale Verhaltensweisen.

Maria Montessori bezieht die Persönlichkeit der Lehrerin ganz wesentlich in ihre Überlegungen ein. Ihre Fähigkeit zur Selbsterziehung und ihr Bemühen, sich immer wieder an den Bedürfnissen des Kindes auszurichten, sind entscheidende Voraussetzungen für die Montessori-Arbeit. Sie unterstützt die Entwicklung des Kindes indirekt, indem sie die Vorbereitete Umgebung bereitstellt, es mit dem Material vertraut macht, für eine Atmosphäre der Liebe und des Vertrauens sorgt.

Das Material besteht im Kern aus den von Maria Montessori selbst entwickelten Übungen, wird aber durch die Lehrerin ständig ergänzt. Es ist so aufgebaut, dass es vom Konkreten zum Abstrakten führt und dabei jeweils einen Lernschritt oder eine Schwierigkeit vermittelt. Dadurch ist es dem Leistungsstand des Kindes genau angepasst und ermöglicht einen kontinuierlichen, systematischen Lernfortschritt.

Elternfragen zur Montessori-Schule

Lernen Kinder bei uns das Gleiche wie an der Regelschule?

In den folgenden Kapiteln sollen einige Fragen angesprochen werden, die uns von Eltern immer wieder gestellt wurden. Eine dieser Fragen ist die, ob ihr Kind an einer Montessori-Schule auch das Gleiche lerne wie an einer Regelschule. Diese Frage entspringt natürlich der Sorge, ob das Kind angemessen auf das Leben in der Gesellschaft oder zunächst einmal ganz einfach für die weiterführende Schule so vorbereitet wird, dass ihm durch den Besuch der Montessori-Grundschule langfristig keine Nachteile entstehen.

Um die Frage zu klären, ist es wichtig zu wissen, dass Montessori-Schulen bis auf wenige Ausnahmen, die überwiegend in Süddeutschland zu finden sind, keine Privatschulen sind. Der Unterschied zwischen einer Privat- und staatlichen Schule besteht darin, dass Erstere von einer privaten Institution getragen wird, zum Beispiel der Kirche oder einer Elterninitiative. Waldorfschulen sind solche Privatschulen. Die Gründer dieser Schulen können ihnen ein eigenes Gepräge und eine eigene Zielsetzung geben.

Montessori-Schulen sind in der Regel öffentliche Schulen. Sie stellen ein zusätzliches Angebot zum Regelschulsystem dar.

Freiarbeit und Lehrpläne

Damit gewährleistet ist, dass in den Schulen eines Bundeslandes dieselben Lern- und Erziehungsziele angestrebt und annähernd die gleichen Lerninhalte vermittelt werden, haben die Kultusminister der Länder für jede Schulstufe Richtlinien und für jedes

Unterrichtsfach Lehrpläne veröffentlicht. Jeder Lehrer an einer öffentlichen Schule muss seinen Unterricht auf der Grundlage dieser Vorgaben planen und durchführen. So ist gewährleistet, dass alle Schüler vergleichbare Fähigkeiten und Fertigkeiten erwerben. So gibt es beispielsweise in Nordrhein-Westfalen verbindliche Anforderungen in den einzelnen Fächern, die nach Klasse 2 oder 4 erreicht sein müssen.

Daher müssen Lehrer an Montessori-Schulen ebenso wie die an jeder Regelschule ihren Unterricht nach diesen Richtlinien und Lehrplänen ausrichten und mit ihren Klassen an den standardisierten Vergleichsarbeiten (VERA) teilnehmen. Nicht der Inhalt der Lernziele unterscheidet sich in der Montessori-Schule, sondern der Weg, auf dem diese erreicht werden. Darüber hinaus bietet die Fülle des Materials interessierten Kindern die Möglichkeit, sich Sachverhalte zu erarbeiten, die in den Lehrplänen der Grundschule nicht erfasst sind. In der Freiarbeit lernen die Kinder aber mehr als nur bestimmte Inhalte.

Lernziel Selbstbestimmung

Durch die offene Arbeitsform der Freiarbeit können die Schüler wichtige Fähigkeiten erlangen, die im gelenkten Unterricht nicht in gleichem Maße vermittelt werden können. Solche wichtigen Ziele sind Selbständigkeit und Selbstbestimmung. Diese beiden Qualifikationen sind in der heutigen Zeit, in der das Leben der meisten Menschen zunehmend fremdbestimmt ist, besonders wichtig. Damit das Kind mündig und selbständig werden kann, muss es auch Gelegenheit zur Selbständigkeit haben. Durch ein rein rezeptives Verhalten, bei dem der Schüler Dargebotenes nur in sich aufnimmt, können diese Eigenschaften nicht gefördert werden. Montessori sah das Kind als aktives Individuum, das seinen Lernprozess selbst steuert, und bot ihm dazu die entsprechenden Lernhilfen in Form von Materialien an. Es ist klar, dass ein Kind sich in einer Unterrichtsform, in der es Lerngegenstand und Arbeitszeit frei wählen darf, weniger fremdbestimmt fühlt.

Förderung der Lernmotivation

Selbstbestimmtes Lernen macht Spaß und führt zu einem größeren Erfolg, als wenn die Aufgaben nur vorgegeben sind. Das kann jeder aus seinem eigenen Erleben bestätigen.

Ein zusätzlicher Aspekt ergibt sich aus der Tatsache, dass die Kinder solche Aufgaben wählen können, die genau ihrem Leistungsstand entsprechen. Das bedeutet, dass sie weder unter- noch überfordert sind, wie es oft dann der Fall ist, wenn alle Kinder einer Klasse zur selben Zeit denselben Stoff lernen sollen. Die Lehrerin richtet dann ihre Lernziele nach einem fiktiven Mittel aus. In jeder Klasse wird es immer eine kleine Gruppe von Kindern geben, die den Stoff schon sehr rasch beherrscht, andere hingegen, die ihn noch nicht so schnell auffassen können. Differenzierungs- und andere Fördermaßnahmen sollen dem entgegenwirken. Eine so individuelle Anpassung der Aufgabenstellung an den Leistungsstand des Einzelnen wie in der Freiarbeit kann im normalen Klassenunterricht nie erreicht werden. Aufgaben, die dem Leistungsstand des Kindes genau entsprechen, kann es bewältigen. Das Gefühl, eine Aufgabe selbständig gelöst zu haben, vermittelt dem Kind ein Erfolgserlebnis. Erfolgserlebnisse wiederum fördern die Freude am Lernen und das Selbstbewusstsein des Kindes und damit die Motivation.

Weitere positive Aspekte des Materials im Hinblick auf die Lernmotivation ergeben sich durch das Vorhandensein der Fehlerkontrolle. Eine Eigenkontrolle des Schülers ist also möglich. Er erfährt sofort nach Abschluss jeder Aufgabe, ob er sie richtig gelöst hat, und ist bei richtiger Lösung zur Weiterarbeit motiviert. Ist das Ergebnis jedoch falsch, erlebt das Kind dies nicht in dem Maße als Misserfolg, da es die Fehlerkontrolle selbst vornimmt.

Die Grundschule prägt entscheidend die kindliche Einstellung zum Lernen und zur Institution Schule allgemein. Daher ist es besonders wichtig, in dieser Zeit eine stabile Lernmotivation aufzubauen. Die Kinder sollen Freude am Lernen haben. Das ist die beste Voraussetzung für späteren (Schul-)Erfolg.

Lernen des Lernens

Heute machen Wissenschaft und Technik so rasche Fortschritte, dass Sachwissen sehr schnell an Aktualität verliert. Es ist also für jeden Menschen sehr wichtig, nicht allein über einmal gelerntes, festes Wissen zu verfügen, sondern er muss gelernt haben, wie er sich neue Wissensgebiete erschließen kann. In der Freiarbeit lernt das Kind, sich für eine Arbeit zu entscheiden, sie zu planen, sie vorzubereiten und sich seine Arbeitszeit selbst einzuteilen.

Ein Beispiel aus unserer Praxis: Die älteren Kinder unserer Klasse schreiben Jahresarbeiten über ein selbst gewähltes Thema, wie «Eisenbahn», «Die Steinzeit» oder «Das Meerschweinchen». Die Art und den Umfang dieser Arbeiten planen die Kinder ganz selbständig. Sie gehen in Bibliotheken, um sich Bücher auszuleihen, forschen auf entsprechenden Kinderseiten im Internet und sammeln z. B. Bilder aus Zeitschriften. Der Junge, der sich mit dem Thema Eisenbahn beschäftigte, schrieb an die Deutsche Bahn. Er erhielt nicht nur Antwort, sondern wurde zu einer Fahrt auf einer Rangierlok eingeladen. Die Lehrerin steht bei der Ausführung dieser Jahresarbeiten zwar als Beraterin zur Verfügung, die Gestaltung der Arbeit liegt jedoch allein in der Hand der Kinder. Es ist eine wichtige Erfahrung für sie, festzustellen, dass sie sich selbst auf den Weg machen müssen, wenn sie Informationen zu einem Thema bekommen wollen.

Darüber hinaus muss das Kind in der Gemeinschaft der Klasse Absprachen treffen, etwa bei der Auswahl des Materials oder wenn es mit anderen Kindern zusammenarbeiten will. Soll eine gemeinsame Arbeit erstellt werden, gehört dazu, dass Kinder lernen, wie sie sich die Arbeit erleichtern können, indem sie die Aufgaben untereinander verteilen.

Lernen durch Anschauung

Die Forderung, besonders in der Grundschule den Lernstoff so anschaulich wie möglich darzubieten, ist schon so alt wie die Erkenntnisse der Entwicklungspsychologie, dass vor allem jüngere Kinder am leichtesten durch den konkreten Umgang mit Gegenständen «begreifen» können und erst mit zunehmendem Alter in der Lage sind, auch abstrakt aufzufassen. Das Prinzip der Anschauung gründet auf der Annahme, dass nur unter Inanspruchnahme möglichst vieler Sinne und über den unmittelbaren Sachkontakt Einsichten gewonnen werden können.

Frederic Vester hat sich in seinem Buch «Denken, Lernen, Vergessen» intensiv mit den Faktoren, die Lernen begünstigen oder es erschweren können, auseinander gesetzt. Er geht davon aus, dass der Mensch während seiner ersten Lebensjahre bestimmte Grundmuster des Denkens ausgeprägt hat. So gibt es Menschen, die sich einen Sachverhalt am liebsten im Gespräch erklären lassen. Andere brauchen zum Verständnis unbedingt die praktische Anwendung, das Tun, während eine weitere Gruppe am besten durch Beobachtung, also visuell, lernt. Eine letzte schließlich erfasst vornehmlich über den Intellekt. Die meisten Menschen verfügen jedoch nicht nur über ein Grundmuster des Verstehens, auch wenn eines vielleicht dominiert.

Ob ein Wissensstoff nun leicht oder nur schwer erfasst wird, hängt entscheidend davon ab, ob seine Darstellung mit den beim Lernenden vorgeprägten Denkmustern übereinstimmt. Aus den Erkenntnissen Vesters müsste für die Schule folgen, dass im Unterricht möglichst viele verschiedene Wahrnehmungskanäle angesprochen werden sollten. In einem vor allem auf Sprache ausgerichteten Frontalunterricht werden immer die Schüler benachteiligt sein, deren Grundmuster eher auf begreifendes (haptisches) oder visuelles Erfassen angelegt sind. Alle Lerntypen profitieren jedoch davon, wenn Lernstoff von verschiedenen Seiten her erschlossen werden kann. Je mehr Ebenen der Darstellung angeboten werden, desto nachhaltiger kann sich das zu Lernende im Gedächtnis verankern.

Obwohl natürlich heute in allen Grundschulen Lernstoff mit viel Anschauung und konkretem Handeln erarbeitet wird, erfüllt doch die Vorbereitete Umgebung in den Montessori-Schulen diese Forderung in besonderem Maße. Arbeitet etwa ein Kind mit Sandpapierbuchstaben, so werden diese von der Lehrerin eingeführt. Zusätzlich kann es den Buchstaben gleichzeitig sehen, erfühlen und den zugehörigen Laut hören.

Ein anderer Aspekt der Anschaulichkeit des Materials: Wir wissen, dass es so aufgebaut ist, dass es stufenweise vom Konkreten zum Abstrakten führt. Dadurch werden grundsätzliche Vorgehensweisen im Gedächtnis verankert. Das bedeutet, dass nicht schematisch oder formelhaft gelernt wird, sondern ein tiefer Verstehens- und Erkenntnisprozess stattfindet. Während Kinder rein mechanisch Gelerntes erfahrungsgemäß sehr schnell wieder vergessen, bleiben Sachverhalte, die sie auf diese Weise gelernt haben, länger und fester im Gedächtnis.

Das Üben

In Richtlinien für den Unterricht wird die Notwendigkeit des Übens als besonders wichtig herausgestellt. Das Wiederholen eines bereits gelernten Stoffes ist notwendig, damit er sich dauerhaft einprägt und auch jederzeit abrufbar bleibt. Montessori hat schon früh erkannt, dass die Wiederholung ein Prinzip kindlicher Betätigung ist. Ihr Material ist so aufgebaut, dass auf jeder Stufe eine Wiederholung der Übung möglich ist. Gleichzeitig stehen zu jedem Lernschritt Materialien bereit, die diesen durch Übung vertiefen.

Freiarbeit und Freie Arbeit

In neueren Richtlinien spielt der Begriff Freie Arbeit eine wichtige Rolle. Das führt bei vielen Eltern zu der Frage, ob diese Freie Arbeit nicht dasselbe sei wie die Freiarbeit an einer Montessori-Schule. In den Richtlinien werden Phasen der freien Arbeitswahl zum einen gefordert, um entsprechend dem unterschiedlichen Entwicklungs- und Leistungsstand der Schüler differenzierte Angebote machen zu können, zum anderen sollen die Schüler lernen, Eigeninitiative zu entwickeln. Sie können während der Freien Arbeit bestimmten Interessen nachgehen, bereits gelernte Sachverhalte vertiefen oder haben mehr Zeit zum Üben. Sie können darüber hinaus innerhalb der Klassengemeinschaft Kontakte aufnehmen und frei entscheiden, mit wem sie zusammenarbeiten möchten. An vielen Regelschulen wurde daher Zeit für Freie Arbeit in den Stundenplan aufgenommen. Sie ist jedoch in keiner Weise mit der Freiarbeit an Montessori-Schulen vergleichbar.

Legt man den Stundenplan einer Montessori-Klasse und den einer Regelklasse nebeneinander, so fällt ein Unterschied sofort ins Auge. Die Freiarbeit in Montessori-Schulen bildet mit bis zu fünfzehn Wochenstunden den Kern des Unterrichtsgeschehens, wohingegen der Anteil der Freien Arbeit an Regelschulen sehr viel geringer ist. Oft ist es auch organisatorisch so geregelt, dass normale Fachunterrichtsstunden für Kinder, die mit dem Stoff der Stunde bereits fertig sind, in eine Freiarbeitsphase auslaufen, in der diese eine Beschäftigung wählen können.

Der unterschiedliche Stellenwert im Stundenplan ist ein Hinweis auf die inhaltlichen Unterschiede zwischen Freier Arbeit und Freiarbeit nach Montessori. Ausgangspunkt für die Freie Arbeit ist die Klasse als Ganzes. Um aber auch den individuellen Lernbedürfnissen Rechnung zu tragen, werden zwischen dem normalen Unterricht, in dem alle gemeinsam lernen, Phasen eingeplant, in denen dann jedes Kind einzeln arbeitet und lernt. Intention dieser Maßnahme ist neben den bereits oben aufgezählten Vorzügen einer freien Arbeitswahl, dass Kinder, die nicht so schnell lernen, während dieser Zeit üben und so Defizite in bestimmten Bereichen ausgleichen können. Kinder, die sehr rasch lernen, können sich in dieser Stunde mit erweiternden Angeboten beschäftigen. Das bedeutet, das Ziel der Maßnahme ist wiederum die Klasse als Ganzes und der gemeinsame Unterricht, in dem dann alle Kinder wieder das Gleiche lernen.

Es wird deutlich, dass Freie Arbeit an der Regelschule eine methodische Maßnahme ist, bei der die Klasse als Ganzes Ausgangs- und Zielpunkt darstellt. Maria Montessori hingegen stellt die Bedürfnisse des einzelnen Kindes in den Mittelpunkt. Die freie Wahl der Arbeit ist bei ihr ein weiterreichendes, grundlegendes Unterrichtsprinzip, das es dem Kind nicht nur ermöglicht, sich Wissen anzueignen, vielmehr soll es im Umgang mit dem Material seine Persönlichkeit entfalten können. Eine Freiarbeit in diesem Sinne kann nur unter ganz bestimmten Bedingungen stattfinden, zu denen die Vorbereitete Umgebung und das Material gehören sowie eine Lehrerin, der sich die Denkweise Montessoris zu Eigen gemacht hat.

Ein weiterer Unterschied zwischen Freier Arbeit und Freiarbeit nach Montessori liegt in der Struktur des Materials, das in diesen Stunden benutzt wird. Alle Grundschullehrerinnen, die Freie Arbeit in ihren Klassen einplanen, müssen eine Fülle verschiedener Arbeitsmittel kaufen oder herstellen. Dieses ist jedoch in keiner Weise mit dem Montessori-Material zu vergleichen, das systematisch aufgebaut ist und einen kontinuierlichen Lernablauf garantiert. Es stellt eben mehr als nur ein Übungsmaterial dar, es ist ein Entwicklungsmaterial.

Aus der Tatsache, dass das Montessori-Material systematisch aufeinander aufbaut und aufeinander bezogen ist, folgt, dass es nicht sinnvoll sein kann, in Regelklassen nur einige dieser Materialien bereitzustellen.

Während Freie Arbeit also eine methodische Maßnahme ist, die der Differenzierung dient, ist die Freiarbeit an den Montessori-Schulen ein zentraler struktureller Unterrichtsbestandteil.

Wie behält die Lehrerin den Überblick?

Achtundzwanzig Kinder in einer Klasse, die allen vier Jahrgangsstufen angehören. Einige arbeiten bereits sehr selbständig, anderen fällt es noch schwer, eine Arbeit zu beenden. Der eine möchte eine Einführung in ein Mathematikmaterial, der andere beschäftigt sich mit Sprache, der Dritte mit einem kosmischen Material usw. Das eine Kind braucht sehr viel Ermutigung, das nächste ist sehr sprunghaft.

«Wie kann die Lehrerin überhaupt einen Überblick behalten, wenn achtundzwanzig Kinder zur selben Zeit an völlig verschiedenen Materialien arbeiten?» In der Tat, jede Montessori-Lehrerin hat sich mit der Frage auseinander zu setzen, wie sie die Freiarbeit übersichtlich für das Kind und sich gestaltet. Allein der Wunsch, seine Arbeit an den Gedanken Montessoris auszurichten, genügt nicht. Einige Regeln zum Ablauf der Freiarbeit sowie Notizen über den Lernerfolg gehören dazu.

Ein erklärtes Ziel der Freiarbeit ist es ja, dem Kind eine geordnete Umgebung zu bieten: Dazu gehört auch die Ordnung der Lehrerin in ihrer Arbeit. Die im Folgenden aufgeführten Beispiele sind unserer Unterrichtspraxis oder Gesprächen mit Kollegen entnommen. Nach unseren Erfahrungen sind zwei Aspekte besonders wichtig: Die Organisation des Ablaufs der Freiarbeit und die Notwendigkeit, dass die Lehrerin jederzeit wissen muss, auf welchem Lernstand sich jedes einzelne Kind befindet.

Im normalen Unterricht spricht die Lehrerin alle Kinder gleichzeitig an, anders in der Freiarbeit. Während einer Einführung wendet sich die Lehrerin nur einem Kind oder einer sehr kleinen Gruppe zu, die anderen Kinder arbeiten selbständig an ihrem Material. Es ist unbedingt wichtig, dass Lehrerin und Kind während der Zeit einer Einführung nicht gestört werden. Wie aber kann sie sicher sein, dass die restlichen Kinder dies akzeptieren?

Eine Möglichkeit ist die, dass sie mit allen Kindern ein Zeichen vereinbart, das bedeutet: «Jetzt nicht stören!» Das kann ein kleiner Wimpel sein, den sie mit an den Tisch nimmt, an dem sie ihre Einführung gibt. Es kann auch ein besonderer Schemel sein, auf dem sie während der Einführung sitzt. Was immer es ist, die Kinder müssen wissen, dass es Zeiten gibt, in denen die Lehrerin nicht von ihnen angesprochen werden darf, sie also warten müssen.

Das Geflecht der Abmachungen, das die Freiarbeit reguliert, ist abhängig von der Persönlichkeit der Lehrerin. Die eine fühlt sich zum Beispiel durch einen Geräuschpegel bereits gestört, der ihrer Kollegin vielleicht als durchaus normal erscheint. Viele der im Folgenden beschriebenen Ordnungsaspekte mögen für sich genommen banal wirken, in der Summe schaffen sie jedoch die Voraussetzung für die gewünschte Konzentration und Ruhe während der Freiarbeit.

Viele Fragen an die Lehrerin nach Papier, vergessener Schere oder dem kleinen Additionsheft zum Streifenbrett erübrigen sich, wenn jedes Kind weiß, wo es das Material finden kann. Wie Teppiche ausgerollt, Material geholt und weggestellt wird – dies sind alles Dinge, die nur dann von selbst funktionieren, wenn sie erklärt und geübt sind. Das Gleiche gilt für die Vereinbarung, dass in der Freiarbeit nur leise gesprochen und gegangen werden darf. Jedes Zusammenleben unterliegt Regeln, das Zusammenleben in der Klasse auch, und diese müssen bewusst gemacht werden.

Freie Wahl der Arbeit heißt selbstverständlich nicht, dass sich Kinder Arbeiten nehmen und nach Belieben abbrechen können. Wohl können sie sich frei entscheiden für eine Arbeit, sie sollen aber wissen, dass jede Arbeit abgeschlossen werden muss. Sollte das an einem Tag nicht möglich sein, weil die Arbeit zu umfangreich oder die Aufmerksamkeitsspanne des Kindes zu gering ist, dann kann es nach Absprache mit der Lehrerin diese am nächsten Tag beenden. Das Kind lernt, die eigene Arbeit einzuteilen, und es weiß, dass es sie beenden muss.

Woher aber weiß die Lehrerin, dass ein Kind eine Arbeit begonnen hat und diese noch beenden muss? Obwohl die meisten Kinder von sich aus begonnene Tätigkeiten wieder aufnehmen, ist es nötig, dass sie sich notiert, welche Arbeiten ausgeführt werden. Viele Materialien beinhalten auch eine schriftliche Fixierung. Diese wird in besondere Freiarbeitshefte geschrieben, die jeden Tag in ein spezielles Ablagekörbchen gelegt und von der Lehrerin nach dem Unterricht kontrolliert werden. Dieses Verfahren bietet zwei Vorteile, zum einen wird die Lehrerin während der Freiarbeit entlastet, sie braucht sich in der Regel nicht mit der Korrektur zu befassen, zum anderen sieht sie jeden Tag, was die Kinder gearbeitet haben. Da einige Materialien ohne schriftliche Notate bearbeitet werden, kann dies allerdings nicht die einzige Kontrollmöglichkeit sein.

Eine weitere Möglichkeit besteht darin, am Ende der Freiarbeit auf einem Tagesblatt die Arbeiten jedes Kindes zu notieren. Dieses Verfahren ist zwar zeitaufwendig, bietet aber einige Vorteile. Neben dem Namen des Kindes wird notiert, was es gearbeitet hat, es ist aber auch Platz für weitere Beobachtungen, etwa zu seinem Sozialverhalten, seiner Konzentrationsfähigkeit an diesem Tag und vieles mehr. Interessant ist es auch, diese täglichen Eintragungen über einen längeren Zeitraum zu vergleichen. Sie können auch als Grundlage für Elterngespräche dienen.

Eine Liste, auf der alle Materialien und die Namen der Kinder aufgeführt sind, ist eine weitere Hilfe. Beherrscht ein Kind ein Material, so wird dieses darin mit Datum notiert. Mit der Zeit erhält die Lehrerin so einen guten Überblick über den Leistungsstand der Kinder.

An einigen Schulen wird für jedes Kind während der vier Grundschuljahre ein Entwicklungsprotokoll geführt. In ihm wird jeder noch so kleine Lernfortschritt in den Bereichen Arbeits- und Sozialverhalten sowie in den verschiedenen Fachbereichen verzeichnet. Alle Freiarbeitsregeln und Kontrollbogen für die Lehrerin haben nur ein Ziel: Sie sollen Schülern und Lehrern die Arbeit erleichtern. Beide sollen nicht durch unnötige Störungen abgelenkt werden, sondern ihre ganze Konzentration auf das Wesentliche richten können. Alle beschriebenen Möglichkeiten der Kontrolle dürfen deshalb nie Selbstzweck sein, sie dienen einzig dazu, Orientierungshilfen zu geben und zu einer ruhigen Freiarbeit beizutragen.

Was ist, wenn ein Kind nicht arbeitet?

In den Montessori-Schulen gehen wir von der Annahme aus, dass das Kind sich selbständig und selbsttätig entwickelt. Gäste, die in einer Montessori-Klasse hospitieren, sind meist sehr begeistert von dem, was sie gesehen haben. Doch manchmal schließt sich auch die Frage an: «Was tun Sie eigentlich, wenn ein Kind sich wirklich für gar nichts interessiert oder wenn es sehr lange einseitig nur an einem Themenbereich arbeitet?»

Natürlich kommt es hin und wieder vor, dass ein Kind während der Freiarbeit am liebsten nichts tut. Viele Kinder haben vorübergehende Phasen, in denen sie sich zurückziehen. Meist sind die Gründe für solch ein Verhalten leicht zu finden. Die Lehrerin wird zunächst einfach immer wieder versuchen, das Kind für ein Material zu interessieren und es zu motivieren. In der Freiarbeit ist es ihr möglich, mit dem Kind zusammen ein Interessensgebiet herauszufinden und ihm speziell dazu aus der Fülle des Materials eine Arbeit anzubieten. Unserer Erfahrung nach ist es den Kindern nach einer gewissen Zeit darüber hinaus einfach zu langweilig, nichts zu tun, während die anderen arbeiten. Meist kommt dann «urplötzlich» das Interesse an einem Material. Vielleicht hat es die Arbeit eines anderen Mitschülers beobachtet und möchte es nun auch versuchen. Hat es dann erst einmal seinen Einstieg gefunden, indem es sich intensiv für eine Arbeit interessiert, wird es auch für weitere Angebote offen sein.

Ein andauernd desinteressiertes Verhalten hingegen ist nicht «normal», wenn man davon ausgeht, dass Kinder an allem Neuen interessiert sind. In einem solchen Fall, der aber nicht häufig eintritt, muss die Lehrerin zuerst versuchen, die Gründc hierfür herauszufinden.

Liegt es möglicherweise daran, dass die Eltern eine sehr hohe Leistungserwartung an das Kind haben? Ist es vielleicht so, dass es zu Hause schon viel lernen musste oder muss? Ist es also schon ständig überfordert worden, sodass es jetzt vorzieht, lieber gar nichts zu tun, als die nächste Aufgabe wieder nicht zu schaffen?

Hat das Kind andere Probleme, sei es im Elternhaus oder auch mit Mitschülern in der Schule, ist es unglücklich? Solchen und ähnlichen Fragen muss die Lehrerin nachgehen. Das bedeutet intensive Gespräche mit den Eltern und mit dem Kind selbst. Kommt man hier nicht weiter oder zeichnen sich sogar tiefer liegende Probleme ab, kann sie Fachleute hinzuziehen, wie etwa die Mitarbeiter einer schulpsychologischen Beratungsstelle. Erst wenn sie die Gründe für das nicht vorhandene Interesse des Kindes kennt, kann sie auch in einer angemessenen Weise darauf reagieren.

Weitere Elternfragen zielen darauf ab, was die Lehrerin tut, wenn ein Kind sich nur einseitig mit einer Materialgruppe beschäftigt, zum Beispiel nur rechnet und nicht lesen lernen will. Es ist ein Problem für die Lehrerin, sich darüber klar zu werden, ob und wann sie in einem solchen Fall eingreift. Entscheidend ist, wie viel Vertrauen sie dem Kind entgegenbringt und ob sie die

Geduld hat, die sensible Phase zum Beispiel für das Lesen abzuwarten.

Eine Kollegin berichtete von einem Kind, das während des gesamten ersten Schuljahres nur mit Mathematikmaterial gearbeitet hatte und in diesem Bereich schon sehr weit fortgeschritten war. Dagegen konnte es aber noch kein Wort lesen. Da der Junge aber andererseits stets intensiv und konzentriert arbeitete, griff die Lehrerin nicht ein. Wenige Wochen vor dem Ende des ersten Schuljahres kam der Junge eines Morgens zu ihr und sagte: «So, rechnen kann ich jetzt. Was kann man denn hier sonst noch lernen?»

Immer wieder hören wir von Kolleginnen solche und ähnliche Beispiele. Trotzdem handelt es sich dabei um Ausnahmefälle, denn die meisten Kinder konzentrieren ihr Interesse nicht so lange Zeit auf nur einen Themenbereich. Hat die Lehrerin das Vertrauen in das Kind, kann sie auch die Tatsache akzeptieren, dass es sich eine Zeit lang – aus unserer Erwachsenensicht einseitig – mit nur einem speziellen Thema beschäftigt. Offensichtlich ist gerade diese Tätigkeit zu diesem Zeitpunkt für das Kind wichtig. Doch auch diese Phase wird mit Sicherheit enden, und es wird sich einem anderen Lerngegenstand zuwenden. In vielen Fällen orientiert sich das Kind an dem, was andere Kinder arbeiten. Sie benötigen nicht den Impuls der Lehrerin, sondern fragen nach dem Material, das gerade der Freund bearbeitet. Häufig kommt es dann zu einer «Modewelle», in der gerade ein bestimmtes Material besonders nachgefragt wird.

Es ist nicht möglich, auf die eingangs zitierte Elternfrage eine pauschale Antwort zu geben. Die Frage, wie die Lehrerin reagiert, ist abhängig von der ganz individuellen Situation des Kindes. Außerdem spielen noch andere Faktoren eine wichtige Rolle, wie die Zusammenarbeit mit den Eltern, das Verhältnis der Lehrerin zum Kind. In jedem Fall macht es einen großen Unterschied, ob ein Kind sehr konzentriert arbeitet, wenn auch nur auf einem Gebiet, oder ob es sich gar nicht auf eine Arbeit einlassen kann.

Montessori-Pädagogik bedeutet jedenfalls nicht, dass die Kinder sich völlig selbst überlassen sind. Gerade die Kinder, die mit der Arbeitsform Freiarbeit, aus welchen Gründen auch immer, Schwierigkeiten haben, benötigen besondere Hilfe und Zuwendung der Lehrerin. In solchen Fällen kann es vorkommen, dass, wie auch schon an anderer Stelle geschildert, die Freiheit der Arbeitswahl vorübergehend eingeschränkt werden muss, damit das Kind zu einer sinnvollen Tätigkeit kommen kann.

Beispielsweise kann es sein, dass ein Kind Arbeit bisher stets als Misserfolg erlebt hat. Aufgabe der Lehrerin ist es dann, ihm kleine überschaubare Aufgaben zu stellen, die seiner Leistungsfähigkeit angemessen sind. So kann sie ihm Erfolgserlebnisse vermitteln:

Nils kam mit sieben Jahren in meine Klasse. Er war bereits ein Jahr vorher eingeschult, dann aber zurückgestellt worden. Man merkte ihm an, dass er bisher überwiegend Misserfolgserlebnisse gehabt hatte. Er war sehr unruhig und motorisch ungeschickt. In seiner ehemaligen Klasse hatte er den Clown gespielt, der sich an keine Regeln halten muss. Da er in einer Jahrgangsklasse mit Gleichaltrigen zusammen war, hatte er mit diesem Verhalten Erfolg gehabt. In der neuen Gemeinschaft versuchte er gleich, wieder in die vertraute Rolle des Klassenkaspers zu schlüpfen. Dadurch, dass hier aber der überwiegende Teil der Schüler älter war, kam er mit seinem Verhalten nicht an. Wenn er versuchte, sich über Regeln hinwegzusetzen, und herumalberte, machte einer der Großen ihn aufmerksam, dass sein Benehmen überhaupt nicht lustig sei, sondern nur störe. Ich brauchte ihm überhaupt nichts zu sagen.

In den ersten Wochen wollte Nils nicht arbeiten. Die meiste Zeit saß er auf seinem Stuhl, legte den Kopf auf den Tisch und lutschte am Daumen, oder er lag in der Leseecke. Wenn ich ihm ein Material zeigte, arbeitete er zwar mit, äußerte aber sehr deutlich sein Desinteresse. Die größten Schwierigkeiten machte es ihm, zu schreiben und zu lesen.

Nach Gesprächen mit seiner Mutter und seiner ehemaligen Lehrerin war mir klar, dass Nils sich einfach nichts zutraute, vor allem im sprachlichen Bereich. Ich zeigte ihm daher in der nächsten Zeit mathe-

matisches Material. Obwohl seine Konzentrationsfähigkeit nur sehr begrenzt war, schaffte er doch wenigstens einige Aufgaben und strahlte dann über mein Lob. Ich verpflichtete ihn nun, jeden Tag einige Aufgaben zu rechnen, und lobte ihn immer ganz besonders, wenn er sie geschafft hatte. Anschließend konnte er dann machen, was er wollte. Und er fing an, sich zu beschäftigen. Er malte sehr viel oder spielte Einkaufen mit anderen Kindern. Jedenfalls saß er nicht mehr untätig herum. Nach und nach weitete ich sein «Pflichtprogramm» aus und ging auch dazu über, ihm sprachliche Übungen anzubieten. Dabei verstärkte ich ihn immer wieder durch mein Lob.

Eines Tages, nach vier Monaten in meiner Klasse, bat er mich, ihm das Einmaleinsbrett zu zeigen. Ich gab ihm eine Lektion, und er rechnete an diesem Morgen alle Einmaleinsreihen hintereinander, wozu er fast die gesamte Freiarbeitszeit benötigte. Gerade weil die Perlen durch seine motorische Unruhe immer wieder links und rechts vom Brett sprangen, war das für ihn eine ungeheure Konzentrationsleistung. Natürlich war er sehr stolz auf seinen Erfolg, über den ich in der Frühstückspause auch noch einmal vor der ganzen Klasse berichtete.

Nachdem Nils einmal die Erfahrung gemacht hatte, dass er Aufgaben erfolgreich beenden konnte, verlor er nach und nach seine Abneigung gegen die Arbeit und konnte sich plötzlich auch dem Lesen und Schreiben zuwenden. Er machte Fortschritte und hat wohl auch gesehen, dass die Arbeit mit dem Material Spaß macht. Heute kommt es nur noch selten vor, dass Nils untätig an seinem Platz sitzt oder herumgeht. Wenn er sich jedoch in einer solchen Phase befindet, so lasse ich ihn gewähren, denn ich weiß, er wird sich später wieder eine Arbeit suchen. Natürlich sind die Reaktionen von Nils nicht nur auf mein Verhalten als Lehrerin zurückzuführen. Auch die Atmosphäre in der Klasse wird einen wichtigen Einfluss auf ihn ausgeübt haben. Er hat beobachten können, wie die anderen Kinder mit Freude arbeiten, und sich sicher auch davon «anstecken» lassen. Unter diesem Aspekt gesehen ist es wichtig, dass in einer Klasse nicht zu viele solcher «Problemkinder» sein dürfen, weil die Gesamtatmosphäre dann nicht mehr diese positive Wirkung haben kann.

Warum gibt es Fachunterricht an Montessori-Schulen?

Die Freiarbeit nimmt an Montessori-Schulen den Hauptteil des Unterrichtsgeschehens ein. Zusätzlich wird gebundener Unterricht in Form von Klassen- oder Fachunterricht erteilt. An den einzelnen Montessori-Schulen ist das Verhältnis zwischen Freiarbeit und Ergänzungsunterricht unterschiedlich geregelt. Ein zweites Schuljahr an unserer Schule hat zum Beispiel einundzwanzig Wochenstunden, davon vierzehn Stunden Freiarbeit.

Die Bezeichnung für die Form des Ergänzungsunterrichts differiert, sie kann Fach- oder einfach gebundener Unterricht lauten. Unsere Beschreibung bezieht sich auf die uns bekannten Schulen. Gemeinsam ist allen, dass der Ergänzungs- oder Fachunterricht, wir verwenden im Folgenden beide Begriffe synonym, in jedem Fall nur eine Ergänzung zur Freiarbeit darstellt und meist in der zweiten Hälfte des Vormittags, also nach der großen Pause, erteilt wird. Ergänzungsunterricht kann in zwei verschiedenen Formen stattfinden. Entweder werden die einzelnen Jahrgänge aus drei verschiedenen Klassen zu Gruppen zusammengefasst, oder die jahrgangsgemischte Klassengemeinschaft bleibt auch während des Fachunterrichts erhalten.

Damit der Ergänzungsunterricht möglichst reibungslos abläuft und eine Kontinuität über die vier Grundschuljahre hinweg gewährleistet ist, erfordert seine Organisation einige Vorüberlegungen. An vielen Schulen ist es so, dass jeweils drei oder vier Klassen eine organisatorische Einheit bilden. Die jeweiligen Jahrgangsstufen dieser Klassen werden zu einer Fachunterrichtsgruppe zusammengefügt. Einmal gebildete Lerngruppen bleiben über alle vier Grundschuljahre erhalten. Die Schüler finden sich sehr rasch sowohl in der Klasse als auch in ihrer Jahrgangsgruppe zurecht.

Die Lehrerin ist in der Grundschule eine sehr wichtige Bezugsperson. Wie an jeder Grundschule bemüht man sich auch an

Montessori-Schulen darum, möglichst wenige Lehrerinnen für den Unterricht in einer Klasse einzusetzen.

Welche Form des Ergänzungsunterrichts gewählt wird, ob jahrgangsübergreifend oder jahrgangsbezogen, hängt vom Fach, der Lehrerversorgung und der Organisationsstruktur der jeweiligen Schule ab. Unserer Erfahrung nach können Kunst, Musik und unter Umständen auch Bereiche aus der Kosmischen Erziehung in jahrgangsgemischten Klassen erteilt werden. In diesen Stunden profitieren die jüngeren Kinder von den Erfahrungen der älteren, während umgekehrt jüngere Kinder oft Sichtweisen einbringen, die den älteren schon fremd geworden sind. Fächer wie Deutsch, Sachunterricht, Englisch, Mathematik oder Sport werden eher in altershomogenen Gruppen unterrichtet.

Der Ergänzungsunterricht soll, wie der Name sagt, die Freiarbeit ergänzen. Das heißt, er soll die Bereiche abdecken, die in der Freiarbeit nicht oder nicht so gut erarbeitet werden können, weil sie ein gemeinsames Lernen und Arbeiten erfordern.

Während die Begründung für Fachunterricht in Sport, Kunst, Musik oder Religion einleuchtet, mag man sich hingegen fragen, wozu denn überhaupt zusätzlicher Unterricht in Sprache oder Mathematik stattfinden muss, wo doch die Vorbereitete Umgebung eine Fülle von Materialien für diese Fächer enthält. Dazu ist zu sagen, dass es Bereiche gibt, die nicht allein durch den Umgang mit dem Material erarbeitet werden können.

Hierzu seien einige Beispiele angeführt: Lerninhalt des Deutschunterrichts ist es unter anderem, sich mit Texten auseinander zu setzen. Das erfordert oft ein gemeinsames Lesen und Besprechen, etwa eines Gedichtes oder eines Buches. Nur in einem Gespräch können offene Fragen geklärt, Gefühle beim Lesen des Textes geäußert, über die Intention des Autors diskutiert werden. Die Kinder üben dabei wichtige Regeln der Gesprächsführung ein.

Ähnliches gilt für den Bereich der Textherstellung. Zwar nutzen die meisten Kinder die Freiarbeit dazu, Geschichten zu schreiben, und lernen, da die Geschichten vorgelesen werden, durch die Reaktion ihrer Zuhörer, wie sie Phantasieerzählungen ansprechend und unterhaltsam gestalten können. Doch ist es unbedingt notwendig, im dritten und vierten Schuljahr Kriterien zu erarbeiten, die die Gestaltung der verschiedenen Textarten betreffen. Denn ob nun eine unterhaltsame Erzählung, eine genaue Beschreibung oder ein Bericht erstellt werden soll: Jede dieser Textarten hat ihre eigene Intention und erfordert die Einhaltung bestimmter Kriterien. Szenisches Spiel oder Rollenspiel sind zwei weitere Bereiche, die sich eher im Ergänzungsunterricht verwirklichen lassen.

In der Mathematik-Fachstunde werden verschiedene Lösungsansätze einer Aufgabe besprochen, Strategien für Knobelaufgaben ausprobiert, oder es wird zuweilen auch einfach nur geübt. Das von Maria Montessori entwickelte Material ist so gut strukturiert, dass die Kinder in diesem Bereich sehr viele Erkenntnisse selbsttätig und selbständig gewinnen können. Gleichwohl fordert die neue Didaktik auch für dieses Fach einen hohen kommunikativen Anteil. Kinder sollen ihre Lösungsansätze verbalisieren und mit anderen diskutieren. Unterricht, der im Kern auf Gesprächen basiert, benötigt einen anderen Platz als die eher meditativ angelegte Freiarbeit. In besonderem Maße gilt das für den Grundschul-Englischunterricht.

Im Ergänzungsunterricht werden Sachverhalte exemplarisch erarbeitet. Aus diesem Unterricht ergeben sich dann häufig Anregungen für eine Weiterbeschäftigung während der Freiarbeit. Umgekehrt können sich aus der Freiarbeit Themen für eine Fachunterrichtsstunde ergeben, die nicht selten von einem Kind vorgeschlagen werden.

Die Vermittlung von Inhalten, die in der Freiarbeit aufgrund der individuellen Arbeitsweise nicht so gut erarbeitet werden können, ist aber nur ein Aspekt des Ergänzungsunterrichts. Darüber hinaus ist es für die Kinder unserer Ansicht nach notwendig, auch diese für sie ja zunächst ganz fremde Form des Unterrichts kennen zu lernen und sich darauf einzustellen. In der Freiarbeit sind die Schüler daran gewöhnt, dass sie ihre Lerninhalte selbst bestimmen und auch festlegen können, wie lange sie sich damit beschäftigen wollen. Im Fachunterricht dagegen arbeitet die ganze Kindergruppe gemeinsam an einer Sache, was bedeutet, dass die Interessen des Einzelnen zurücktreten müssen. Im Fachunterricht gibt zudem die Lehrerin ein Thema vor, was natürlich nicht heißt, dass nicht auch auf Schülerwünsche eingegangen wird. Aber auch das bedeutet eine Umstellung für die Kinder. Da der weitaus größte Teil unserer Schüler nach der Grundschulzeit auf eine «normale» weiterführende Regelschule wechselt, sollen sie natürlich auf die Art des Unterrichts, der sie dort erwartet, vorbereitet werden.

In der Freiarbeit können die Kinder wählen, ob sie mit Partnern zusammenarbeiten möchten, und machen von dieser Möglichkeit auch regen Gebrauch. Im Ergänzungsunterricht können die Arbeitsformen Gruppen- und Partnerarbeit nun noch einmal verstärkt eingeübt werden. Manche Kinder, die es in der Freiarbeit grundsätzlich vorziehen, für sich alleine zu arbeiten, stellen hier auf einmal fest, welche Vorteile z. B. die Arbeit in einer Gruppe mit sich bringen kann. Zur Einübung solcher Partnerarbeitsformen gehört natürlich auch ein Thematisieren derselben. Schwierigkeiten, Probleme, Lösungsmöglichkeiten, aber auch positive Erfahrungen können und müssen miteinander besprochen werden.

Passt der Einsatz von Computern zur Montessori-Pädagogik?

Wenn Sie in eine Montessori-Klasse kommen, werden Sie heute immer in einer Ecke Kinder vor einem oder mehreren PCs sitzen sehen. Die Tatsache, dass Medienerziehung zum Konzept einer jeden Grundschule gehört, muss inzwischen nicht mehr diskutiert und hinterfragt werden. Die Lehrpläne legen in allen Bundesländern Ziele für diesen Bereich fest. Ein oder zwei Computer gehören als Selbstverständlichkeit zur Vorbereiteten Umgebung jeder Montessori-Klasse. In vielen Klassen besteht ein Internet-Zugang über diese Rechner; zumindest fänden wir das wünschenswert. Der Computer dient als ein Arbeitsmittel, mit dem z. B. Geschichten geschrieben, korrigiert und vervielfältigt werden. Die Kinder genießen hier die Möglichkeit, das Geschriebene rechtschriftlich überarbeiten zu können, und gestalten ihre Texte auch gerne durch die Verwendung besonderer Schriftarten oder das Einfügen von Bildern. Auf CD-ROMs wie z. B. der «Löwenzahn»-Serie können Informationen zu bestimmten Interessensgebieten gesucht werden, sei es für eine Arbeit im Bereich Sachunterricht oder für das Erstellen der Jahresarbeit zu einem bestimmten, von den Kindern ausgewählten Thema. Der Zugang zum Internet bietet darüber hinaus die Möglichkeit, Kontakte aufzubauen und zu pflegen oder eigene Arbeitsergebnisse einzustellen und damit vielen zugänglich zu machen. Manche Schulen, überwiegend allerdings weiterführende Schulen, realisieren dies im Rahmen eines Intranetzes, andere kommunizieren über die eigene Schule hinaus, z. B. mit ihren Partnerschulen im Ausland. Schülerinnen und Schüler beteiligen sich auch an der Gestaltung der Schulhomepage. Ein gutes Beispiel für die Möglichkeiten der Realisierung bietet die Homepage der Montessori-Grundschule Rochusstraße in Köln, die auf ihrer Homepage Arbeitsergebnisse aus den Klassen und aus Projekten einer breiten Öffentlichkeit zugänglich macht (s. Anhang).

Unserer Erfahrung nach ist sogar die Erarbeitung von Präsentationen mit Hilfe entsprechender Programme, wie z. B. durch Powerpoint durchaus schon in der Grundschule umsetzbar. So haben wir beispielsweise die Ergebnisse einer Projektwoche mit dem Thema «Haustiere – Tierhäuser» mit vielen Fotos, selbst gemalten Bildern und eigenen Texten zu einem Vortrag zusammengestellt, der dann auf dem Schulfest gezeigt wurde. Bei der Erstellung der Präsentation hatten die Kinder sehr viel Spaß und konnten spielerisch einiges über die Funktionsweise und die Möglichkeiten des Präsentations-Programms erfahren.

Trotz der Selbstverständlichkeit der Anwendung neuer Medien im Unterricht ist zu fragen, inwiefern eine unterrichtliche Nutzung des Computers im Einklang oder im Widerspruch zu den Prinzipien der Montessori-Pädagogik steht. Zu dieser Frage existieren bereits einige Untersuchungen (vgl. Christian Fischer, Neue Medien und Montessori-Pädagogik, in: Harald Ludwig, Christian Fischer, Reinhard Fischer [Hrsg.], Verstehendes Lernen in der Montessori-Pädagogik. Erziehung und Bildung angesichts der Herausforderungen der Pisa-Studie). Im Vorangegangenen haben wir erläutert, dass alle Arbeitsmittel, die wir in der Vorbereiteten Umgebung einsetzen, bestimmten Kriterien standhalten müssen. Ein Computer kann ein leitendes Prinzip, das Montessori aufgestellt hat, nicht erfüllen, nämlich die Forderung nach dem Lernen mit allen Sinnen. Er kann niemals die grundlegenden Erfahrungen, die das Kind durch den handelnden Umgang mit dem Material machen kann, ersetzen. Auch wenn es mittlerweile sogar Programme gibt, die das Montessori-Material auf dem Bildschirm «handhabbar» machen. Die Übungen am PC können aber das Arbeiten mit dem konkreten Material ergänzen.

Durchaus fördert der Umgang mit dem PC das Trainieren sensomotorischer Fertigkeiten, indem er die Auge-Ohr-Hand-Koordination schult oder die räumliche Wahrnehmung verbessern kann. Wir alle wissen, dass der Umgang mit dem Computer für die meisten Kinder sehr motivierend ist. Auch wenn eine Vielzahl der Kinder heutzutage schon zu Hause die Möglichkeit zur Nutzung eines Computers hat, ist seine Attraktivität nicht gesunken. Diese Anziehungskraft kann man sich durch den Einsatz vernünftiger Software zunutze machen, um bestimmte Lerninhalte unter attraktiven Bedingungen zu üben. Aufgaben aus dem Bereich der Mathematik, wie zum Beispiel das schnelle Rechnen von Einmaleinsaufgaben, oder der Rechtschreibung können hier nach dem Prinzip der individuellen Passung in Hinblick auf Schwierigkeitsgrad und Zeitaufwand mit Hilfe entsprechender Software geübt werden. Der Erfolg der Übungen kann zudem selber kontrolliert werden. Dies entspricht Maria Montessoris Forderung nach Selbstkontrolle und dem kleinschrittigen Lernen nach dem Prinzip der Isolation der Schwierigkeit. Viele Programme bieten heute die Möglichkeit, sich den individuellen Schwierigkeiten des einzelnen Kindes «anzupassen» und gezielte Aufgaben zur Übung anzubieten. Bei der Arbeit mit Lernsoftware wird selbstverständlich auch das individuelle Lerntempo berücksichtigt. Das alles passt zu den Kriterien der Montessori-Pädagogik. Bei der Vielfalt der angebotenen Lernsoftware fällt es allerdings schwer, eine Entscheidung zu treffen. Wir achten bei der Auswahl darauf, dass – ähnlich wie bei den Arbeitsmaterialien – der Blick für das Wesentliche nicht durch zu viele ablenkende Dinge verstellt wird. So steht bei manchen Programmen die grafische Animation so im Vordergrund, dass die Kinder sich überwiegend an hüpfenden Fröschen und schwebenden Ufos erfreuen die, in den meisten Fällen, die Konzentration auf das Wesentliche erschweren oder unmöglich machen.

Für die im Laufe der letzten zwanzig Jahre geborenen Kinder sind die gar nicht mehr so «neuen» Technologien Teil ihrer natürlichen Umgebung. Während die Erwachsenen sich deren Handhabung erst mühsam erarbeiten müssen, «saugt» diese Generation den Umgang mit den Technologien förmlich auf, wie alles andere in ihrer Umgebung. Wenn man sich diese Tatsache vor Augen hält und zudem davon ausgehen muss, dass die meisten Kinder ja schon Zugang zu einem Computer hatten, wenn sie in die Schule kommen, müssen wir sie auch in diesem Bereich dort abholen, wo sie stehen. Als ich in meiner Klasse ein Notebook einsetzte, um einigen Kindern eine spezielle Rechtschreibsoftware zugänglich zu machen, hatte ich zunächst keine Maus und war überrascht, wie geschickt die Kinder mit dem Touchpad umgehen konnten. Im späteren Leben wird die Nutzung der Technologien für die Kinder eine Selbstverständlichkeit, ja, eine Notwendigkeit darstellen. Insofern ist ein Zugang für alle in der Schule zu gewährleisten. Dabei geht es nicht in erster Linie um die Kompetenzen, den PC zu bedienen, das Internet auf Informationen durchsuchen zu können, Texte für eine Veröffentlichung zu gestalten, sondern um eine Erziehung zu einer kritischen Einstellung gegenüber den Inhalten des Internets und gegenüber dem PC. Was kann er leisten, und wann kann ich mich besser anderer Mittel bedienen? Durch die Erfahrung, dass jeder alle Inhalte ins Netz stellen kann, werden die Kinder zur Frage kommen, wie es denn um die Wahrheit dieser Inhalte bestellt ist. Bei Recherchen muss immer die Frage mitspielen, wer hat diese Information ins Netz gestellt, was ist daran vielleicht fragwürdig. Ganz wichtig ist es natürlich auch, die Kinder rechtzeitig auf Gefahren bei der Kommunikation im weltweiten Netz aufmerksam zu machen. Manche Kinder nutzen im häuslichen Umfeld den PC überwiegend als Spielekonsole. Diese Kinder erleben in der Schule weitergehende Möglichkeiten des Arbeitsgeräts Computer und lernen vielleicht auch, bestimmte Spiele kritisch zu sehen. Ein wichtiges Ziel der Erziehung zur Medienkompetenz wäre damit erreicht.

Die Freiarbeit als Arbeitsform bietet in geradezu idealer Weise die Möglichkeit, Medienpädagogik zu integrieren. Durch das Angebot der Vorbereiteten Umgebung können der PC und der Zugang zum Internet als Arbeitsmöglichkeiten zur Verfügung stehen und individuell genutzt werden. Das bietet die Möglichkeit zu vielfältigen Entdeckungen, Erfahrungen und Gesprächen mit den Schülern und Schülerinnen. So kann eine Polarisation der Aufmerksamkeit auch am PC stattfinden.

Hausaufgaben, das können die meisten Eltern bestätigen, werden leicht zu einem Problem. Zuallererst sind sie ein Problem für die direkt von ihnen Betroffenen, die Schüler. Gerade heutzutage sind die Nachmittage der Kinder mit Aktivitäten wie Ballett, Sport oder Musikstunden so verplant, dass ihnen kaum Freizeit, im Sinne einer wirklich frei verfügbaren Zeit, bleibt. Zudem müssen die Kinder täglich noch eine mehr oder weniger lange Zeit mit dem Erledigen ihrer Hausaufgaben verbringen.

Und da beginnt auch gleichzeitig das Problem für eine weitere Gruppe Betroffener, die Eltern. Immer wieder wird darüber diskutiert, zu welchem Zeitpunkt die Hausaufgaben erledigt werden sollen, oder die Eltern müssen einen entsprechenden Druck ausüben, damit die Kinder sich überhaupt an die Aufgaben begeben. Die Auseinandersetzungen über dieses leidige Thema können das Familienleben überschatten.

An unserer und an vielen anderen Montessori-Schulen ist man durchgängig dazu übergegangen, Hausaufgaben nicht von einem auf den anderen Tag zu erteilen, sondern den Kindern montags einen Wochenplan zu geben, der die Hausaufgaben für die ganze Woche enthält. Ausgenommen von der Regelung des wöchentlichen Plans sind bei uns die Kinder des ersten Schuljahres, die während des ersten Halbjahres noch tägliche Aufgaben erhalten. Der Plan ermöglicht es den Kindern, sich ihre Hausaufgaben nachmittags so einzuteilen, wie sie es möchten. Gleichzeitig machen sie mit ihm bestimmte Erfahrungen, z. B. die, dass sie die Arbeit zwar immer auf den nächsten Tag verschieben können, dann aber am Donnerstag übermäßig viel zu erledigen haben. Diese leidvolle Erfahrung bringt die Kinder sehr schnell zu der Erkenntnis, dass es sinnvoller ist, möglichst jeden Tag ein kleines Pensum zu erledigen. So lernen auch die Kinder, die zunächst Schwierigkeiten haben mit der Zeit, wie sie sich ihre Arbeit einteilen können.

Nach unserer Erfahrung ziehen die meisten Kinder den Wochenplan täglichen Hausaufgaben vor, weil sie an den Tagen, an denen sie andere Verpflichtungen haben, «hausaufgabenfrei» sein können. Jedes Jahr ist es wieder eine große Freude für die Erstklässler, wenn sie endlich ihren ersten Wochenplan bekommen.

Es entspricht der Montessori-Pädagogik, dass die Kinder auch in Bezug auf die Hausaufgaben lernen, ihre Arbeitszeit selbst einzuteilen und ihre Arbeit zu planen. Viele Eltern sitzen neben ihren Kindern, während diese an den Hausaufgaben arbeiten, oder helfen ihnen, weil sie tatsächlich oder angeblich nicht alleine damit zurechtkommen. Eltern fühlen sich also für die Hausaufgaben ihrer Kinder verantwortlich. Doch wie sollen Kinder dann lernen, selbständig zu arbeiten?

Marius ist im zweiten Schuljahr. Seine Mutter erzählte der Lehrerin, dass er alle Hausaufgaben gewissenhaft erledige, bis auf die Deutschhausaufgaben. Er versuche regelmäßig, darüber zu diskutieren, ob er sie mittags oder erst abends machen solle. Säße er dann endlich, sei er unkonzentriert, brauche unverhältnismäßig lange, und sie schimpfe mit ihm. Beide litten unter diesem Zustand. Die Lehrerin und die Mutter suchten gemeinsam nach einer Lösung des Problems. Marius darf nun einen bestimmten Teil der Deutschhausaufgaben während der Freiarbeit erledigen. Das hat zwei Vorteile. Die Mutter ist von ihrer Verantwortung entlastet, bei auftauchenden Fragen kann die Lehrerin gezielt Hilfen geben. Marius hat diese Regelung akzeptiert und erledigt die belastenden Deutschhausaufgaben zu Beginn seiner Freiarbeit sehr konzentriert, da er sich anschließend selber Materialien suchen möchte. Es ist also besser, bei auftauchenden Problemen mit der Lehrerin Rücksprache zu nehmen. Gerade in der Grundschulzeit sind Absprachen wie in diesem Beispiel möglich.

Die Hausaufgaben stellen auch ein Problem für Lehrer dar. Und das nicht nur, weil sie kontrolliert werden müssen. Er weiß, dass er mit seinen Hausaufgaben immer einen Teil der Schüler über-, einen anderen Teil unterfordert und damit langweilt.

Für uns an den Montessori-Schulen ergibt sich zudem noch ein weiteres Problem. Die Kinder arbeiten in der Freiarbeit individuell, haben einen ganz unterschiedlichen Lernstand. Hausaufgaben sind aber nur dann sinnvoll, wenn sie aus dem Unterricht erwachsen, an ihn anknüpfen oder ihn vorbereiten. Eine individuelle Arbeit in der Schule erfordert auch eine individuelle Hausaufgabenstellung. An einigen Montessori-Schulen werden daher schon Wege beschritten, dies zu erreichen. Eine gute Lösung wurde in der Krefelder Montessori-Schule für den Bereich Mathematik entwickelt. Zu allen Themenbereichen der Freiarbeit wurden aus einem Mathematikbuch passende Aufgaben zusammengestellt oder selbst entwickelt, sodass eine Hausaufgaben-Kartei entstand. Die Hausaufgaben ergeben sich also aus der Freiarbeit und sind damit dem Lernstand des einzelnen Kindes genau angepasst.

Eine andere Möglichkeit ist die, die Hausaufgaben aus dem Ergänzungsunterricht heraus zu erteilen, das heißt, sie beziehen sich auf das jeweils im Fachunterricht behandelte Thema, das ja für alle Kinder eines Jahrgangs gleich ist.

Ideal wäre sicher ein ebenfalls nach Montessoris Prinzip der freien Wahl konzipiertes «Hausaufgabenangebot», durchgängig für alle Lernbereiche, aus dem sich das Kind nach bestimmten Vorgaben seine wöchentlichen Aufgaben zusammenstellt.

Wie gelingt der Übergang zu den weiterführenden Schulen?

Der Schluss liegt nahe, dass das Kind dann die besten Entwicklungsbedingungen vorfindet, wenn sowohl Eltern als auch Erzieher von Kinderhaus und Schule in ihren grundsätzlichen Einstellungen übereinstimmen.

Wahrscheinlich träumen viele Montessori-Lehrer von einem Zentrum, in dem Kinder vom Kinderhausalter an bis zu ihrem letzten Schuljahr betreut werden und in dem die Übergänge zwischen den verschiedenen Stufen fließend sein könnten. Doch die Wirklichkeit sieht meist anders aus. In einigen Städten existieren zwar Montessori-Zentren, überwiegend ist es jedoch so, dass Kinder entweder nur das Kinderhaus oder aber Kinderhaus und Montessori-Grundschule besuchen, bevor sie an eine weiterführende Regelschule wechseln. Das liegt sicherlich vor allem daran, dass es bedeutend mehr Kinderhäuser als Montessori-Grundschulen gibt und immer noch mehr Grund- als weiterführende Montessori-Schulen. Auch wenn in letzter Zeit immer mehr Montessori-Klassen im Primarbereich eingerichtet wurden, wird sich in der nächsten Zeit nichts daran ändern, dass der größte Teil der Kinder für einige Jahre eine Montessori-Einrichtung besucht und dann auf eine Regelschule wechselt. Zwei Fragen tauchen in Elterngesprächen häufig auf:

- Lohnt es überhaupt, mein Kind in eine Montessori-Schule zu geben, wenn es spätestens ab Klasse fünf in die Regelschule wechselt?
- Wird mein Kind dann mit der Arbeitsweise in der Regelschule zurechtkommen?

Bei vielen Eltern verbirgt sich hinter diesen und ähnlichen Fragen die Angst, ihr Kind könnte in der weiterführenden Schule nicht den Schulerfolg bringen, den sie sich erhoffen. Eine Furcht, die jeder Lehrer ernst nehmen sollte, auch wenn er sie nicht teilt.

Wie wir bereits gesehen haben, unterliegen Montessori-Grundschulen den Lehrplänen wie jede andere Schule auch. Der Leistungsstand der Kinder ist daher sicherlich ebenso hoch wie bei denjenigen, die normale Grundschulen besucht haben. Wir haben an den weiterführenden Schulen nachgefragt, die unsere Schüler nach der Grundschulzeit aufgenommen haben. Obwohl das Ergebnis der Befragung nicht repräsentativ sein kann, wurde jedoch das Folgende deutlich:

- der Leistungsstand der Kinder entsprach dem der Mitschüler oder war höher;
- das Arbeitsverhalten und die Fähigkeit, selbständig zu lernen, waren besser ausgeprägt;
- von vielen Lehrern wurde das positive Sozialverhalten der Kinder betont.

  Diese Äußerungen wie auch der folgende Bericht sind nur Schlaglichter und unserem Erfahrungsbereich entnommen.

Ende des Schuljahres findet ein Treffen der Klasse statt, die ich zuvor drei Jahre lang als Klassenlehrerin (für meine Gruppe) bzw. Fachlehrerin begleitet habe. Die Kinder besuchen nun im ersten Jahr ihre neue, weiterführende Schule. Von den achtundzwanzig Schülern sind siebzehn an diesem Nachmittag gekommen.

Fünfzehn Kinder besuchen jetzt ein Gymnasium, zehn von ihnen haben das Glück, gemeinsam in einer Klasse zu sein. Vier Kinder gehen auf eine Gesamtschule, sieben weitere besuchen die Real- und zwei die nahe gelegene Hauptschule. Keines der Kinder besucht eine weiterführende Montessori-Schule. Das hängt vor allem damit zusammen, dass unsere Grundschule am Stadtrand liegt, die weiterführenden Montessori-Schulen aber in der Innenstadt oder in einem entgegengesetzten Stadtteil und nur mit großem Aufwand zu erreichen sind.

Nachdem das erste «Hallo!» und die größte Aufregung vorbei sind und auch der Appetit deutlich nachgelassen hat, bittet die Kollegin zu einem Gesprächskreis. Jeder darf erzählen, wie es ihm nun geht. Auf ihren Wunsch hin sollen die Kinder besonders über ihre Erfahrungen im neuen Schulsystem berichten – was ist anders, was fällt mir leichter, was fällt mir schwer, gab es Schwierigkeiten bei der Eingewöhnung?

Marcus meldet sich zu Wort: «Ich fand die Freiarbeit meist besser, das ist lockerer. Das Material regt mehr an, da merkt man sich die Sachen besser. Nur in Bücher gucken ist total langweilig. Man muss immer warten, bis der Letzte es verstanden hat.»

Leonie betont: «In der Gesamtschule haben wir eine Stunde, die ist ein bisschen Freiarbeit. Wenn man seine Aufgabe erledigt hat, dann darf man sich noch eine Arbeit aus dem Schrank nehmen.»

Fabian findet: «Jetzt ist es besser auf dem Gymnasium, weil der Lehrer immer sagt, was man tun muss. In der Freiarbeit wusste ich manchmal nicht so genau, was ich tun sollte.»

Marcus: «Aber in der Freiarbeit konnte man mehr spielend lernen und auch mit anderen zusammen, das musst du zugeben!»

Die Kollegin hakt noch einmal nach, ob einige Kinder nicht vielleicht Eingewöhnungsschwierigkeiten gehabt hätten? Jan hat etwas dazu zu sagen: «Ich habe im Matheunterricht einmal mit meinem Nachbarn geflüstert. Ich wollte das Ergebnis vergleichen – ‹Hast du das auch?› Die Lehrerin hat mir eine saftige Strafarbeit aufgebrummt, obwohl ich gesagt habe, ich komme aus der Montessori-Schule, und da darf man flüstern. Ich finde das ungerecht, weil man mir nicht vorher die neuen Regeln gesagt hat.»

Lena, die dieselbe Klasse besucht: «Ich fühle mich überhaupt nicht benachteiligt, und ohne Wochenplan ist es sogar besser.» Ein Proteststurm bricht los, viele finden den Wochenplan sehr viel besser.

Marcus: «Da konnte man sich vorher wenigstens angucken, was man aufhat, und sich einteilen. Man will ja schließlich auch mal Freizeit haben, jetzt muss man jeden Tag arbeiten, egal, wie das Wetter ist oder ob man mal was vorhat!»

Hanni, die die Gesamtschule besucht, meint, dass sie allen ihren Mitschülern in den Leistungen voraus sei.

Als Fazit bleibt festzuhalten, dass alle Kinder den Übergang zur weiterführenden Schule gut geschafft haben. Einige mussten sich an die Regeln der neuen Schule erst gewöhnen, blicken vielleicht wehmütig auf vergangene Freiheiten zurück, aber keines der Kinder leidet unter den neuen Gegebenheiten. Dies ist sicher nicht repräsentativ, aber vielleicht doch typisch, denn von Kollegen haben wir so gut wie nie von Schwierigkeiten beim Übergang zu weiterführenden Schulen gehört, die sich auf die besondere Arbeitsweise an Montessori-Schulen zurückführen ließen.

Wir befragten ehemalige Montessori-Schüler(innen) im Alter zwischen zwölf und dreiunddreißig Jahren danach, wie sie die Zeit an dieser Schulform und den Übergang zur weiterführenden Schule erlebt haben. Schließlich wurde auch danach gefragt, ob die Zeit in der Montessori-Schule ihrer Meinung nach ihre persönliche Entwicklung beeinflusst habe.

Auffallend war, dass in allen Fragebogen herausgehoben wurde, dass die Art des Zusammenlernens an der Montessori-Schule das eigene Schulverhalten entscheidend positiv beeinflusst habe. Alle Befragten gaben an, gerne zur Schule gegangen zu sein, wobei sie teilweise anmerkten, dass ihnen dies damals ganz selbstverständlich erschienen sei. Hier einige Äußerungen zu besonderen Erlebnissen während der Schulzeit:

«Im vierten Schuljahr hatte ich ein ‹Lesekind›, dem ich jeden Tag neue Buchstaben und schließlich Lesen beigebracht habe. Das hat mir sehr viel Spaß gemacht. Ich erinnere mich heute noch sehr gut daran.» (Bettina, 17 Jahre, Schülerin)

«Ich war stolz, als ich in eine Klasse der älteren Schüler durfte, um dort von einem Kind die große Division mit dem Brett und den Perlen zu lernen. Ich durfte auch immer die Arbeiten der jüngeren Kinder nachsehen, wenn diese Fähnchen auf die Landkarten gesteckt oder Stammbäume angelegt hatten.» (Isabel, 26 Jahre, Betriebswirtin)

«Ich erinnere mich besonders gut daran, als ich einmal außerhalb der regulären Schulzeit kommen durfte und Blätter von verschiedenen Bäumen mit Hilfe der Sonne auf dem Fotopapier abbilden konnte.» (Christian, 31 Jahre, Arzt)

«Besonders erinnere ich mich an das Singen und Musikmachen am Samstag, und einmal war das Meerschweinchen krank, und ich durfte immer in die Parallelklasse, um ihm Medizin zu geben. Wenn neue Erstklässler kamen, war es immer etwas aufregend.» (Anne, 21 Jahre, Studentin)

«Ich erinnere mich gerne an die gemeinsamen Pausen, in denen sämtliche Klassen zusammen gespielt haben. Außerdem fand ich die Möglichkeiten, den Unterricht selber zu gestalten, sehr positiv.» (Stefanie, 18, Schülerin)

Beim Übergang zur weiterführenden Schule gab es laut unserer Befragung keinerlei große Schwierigkeiten. Mehrfach wurde angeführt, dass man sich zunächst über das kahle, unpersönlich wirkende Klassenzimmer gewundert habe und dies nicht so schön fand. Der stärkere Leistungsdruck, der Frontalunterricht wurden zunächst als unangenehm oder langweilig empfunden:

«Es gab Probleme, weil ich immer mit meinen Nachbarinnen geredet habe, den Unterricht fand ich langweilig.» (Isabel)

«Es war für mich völlig neu, Klassenarbeiten zu schreiben, bei denen viele sehr aufgeregt sind und um ihre Noten kämpfen und sehr viel dafür tun. Ich habe früher auch Diktate geschrieben, aber die Atmosphäre war ganz anders.» (Bettina)

«Zuerst habe ich immer auf Freiarbeit gewartet und mich gefragt, wo das Material ist. Neu war, dass man so viele verschiedene Fächer und Lehrer hatte und dass die anderen die Zeichen für die Satzteile und Wortarten nicht kannten. Schwierigkeiten vom Stoff her hatte ich nicht. Als ich zum Gymnasium kam, hatte ich immer noch ein sehr großes Vertrauen in die Lehrer, vielleicht durch die Montessori-Schule.» (Anne)

«Ich habe auf alle Fälle keine Schwierigkeiten auf dem Gymnasium gehabt, weder schulische noch soziale. Die Veränderung des Schulsystems habe ich als einen natürlichen Prozess beim ‹Älterwerden› empfunden, den jeder in meinem Alter durchzumachen hat.» (Philipp, 18, Schüler)

Die hier aufgeführten Schwierigkeiten sind von der Art, wie sie sicher auch bei jedem Übergang von der Grundschule zum Gymnasium auftreten können. Auf jeden Fall ist es für Kinder nicht einfach, sich nach der mehr familiären Atmosphäre der Grundschule auf die Gegebenheiten des Gymnasiums mit vielen Fachstunden, wechselnden Lehrern und – natürlich – höheren Leistungsanforderungen einzustellen. Nur eine der von uns befragten Personen gab an, auch im fachlichen Bereich Schwierigkeiten gehabt zu haben. Keine Probleme gab es für Schüler, die nach dem vierten Schuljahr auf die Montessori-Hauptschule gewechselt haben.

Zu der Frage, was der Besuch der Montessori-Grundschule aus heutiger Sicht für ihre persönliche Entwicklung bedeutet habe, hier wieder einige Zitate, die für sich sprechen:

«Kreatives Denken, Entwicklung von Eigeninitiative bei der Verwirklichung von Ideen. Kein Auftreten von Schulangst in den ersten Schuljahren und daher Freude an der Schule und am Lernen.» (Rainer, 33, Arzt)

«Die Fähigkeit, sich selbständig in einen neuen Sachverhalt einzuarbeiten. Den Spaß am Lernen zu behalten.» (Isabel)

«Die Zusammenarbeit mit anderen und das gegenseitige Helfen ist ein entscheidender Punkt. Ich konnte mal rechnen und schreiben, je nachdem, was ich wollte. Es war alles nicht vorgegeben, deshalb hatte ich wohl Spaß an der Schule.» (Bettina)

«Eine positive Einstellung zum Lernen und die Überzeugung, dass Erfolg auch ohne ‹Druck› möglich ist.» (Christian)

«Den psychischen Druck, zu lernen und Leistung zu vollbringen, habe ich nicht gekannt, dadurch hatte ich keine Angst, in die Schule zu gehen, sondern freute mich immer darauf.» (Philipp)

«Gebracht hat sie mir eine Zeit von vier Jahren, in der ich z. B. Lieder lernte, die ich heute noch kenne, und viele gemeinsame Erlebnisse. Und was ich toll fand, war, dass man auch mal Vormittage vertrödeln konnte, nicht immer stillsitzen musste und mit Älteren und Jüngeren zusammen war.» (Anne)

«Meiner Meinung nach habe ich selbständiges Arbeiten und den Umgang mit Mitschülern gelernt. Weiterhin hat es mir Entscheidungsfreiheit und Motivation gegeben.» (Stefanie)

Sind Montessori-Schulen konfessionell gebunden?

Viele Eltern meinen, dass Montessori-Schulen grundsätzlich katholisch geprägte Schulen seien. Dies trifft nur in Ausnahmefällen zu. In der Regel sind Montessori-Schulen Gemeinschaftsgrundschulen, während Kinderhäuser sehr viel häufiger von der katholischen Kirche getragen werden.

Richtig ist jedoch, dass die religiöse Erziehung an einigen Montessori-Schulen eine wichtige Rolle spielt. Dies kommt nicht von ungefähr, da der starke Bezug, den Maria Montessori zur Religion hatte, sich auch in ihrer Arbeit widerspiegelt. Die Frage ist, wie weit religiöse Fragestellungen Eingang in ihre Pädagogik gefunden und vielleicht ihre Sicht des Kindes mit beeinflusst haben.

Viele ihrer Gedanken zu einer kosmischen Erziehung gründen sich auf der Vorstellung eines einheitlichen Schöpfungsplanes. Im Zusammenspiel der Natur sah sie eine göttliche Kraft wirken. Gott weist jedem Lebewesen seine Aufgabe und seinen Platz innerhalb der Schöpfung zu. Sie leitete daraus das Gebot ab, dass der Mensch die Natur zu achten habe. Zugleich sei er aber auch selbst als Teil dieser göttlichen Schöpfung zu achten.

Eine für sie sehr wichtige Grundvoraussetzung ist sicherlich das Gebot der Liebe gewesen. Die Parteinahme für die Schwachen, Kranken und Benachteiligten ist in der christlichen Religion ein entscheidendes Moment. Für Maria Montessori reduzierte sich Pädagogik eben nicht auf die wissenschaftlichen Methoden der Beobachtung, Beschreibung oder Messung kindlicher Reaktionen. Die Liebe zum Kind war für sie der Schlüssel, der Erziehung überhaupt erst ermöglichte.

Viele der von Montessori gebrauchten Begriffe muten wie eine Sammlung christlicher Tugenden an: Liebe, Achtung, Demut, Stille. Aber obwohl in viele ihrer Überlegungen ihre religiösen Einstellungen Eingang gefunden haben, war es ihr doch wichtig, dass ihre Pädagogik nicht auf eine Glaubensrichtung eingeschränkt werden kann. So, wie sie die Fähigkeit zu religiösen Gefühlen als eine universelle, also jedem Menschen innewohnende beschrieb, so wollte sie auch für alle Kinder da sein.

Der Erfolg ihrer Pädagogik auch in nichtchristlichen Kulturräumen, wie z. B. Japan oder Indien, zeigt, dass ihre Gedanken und ihre Arbeit für das Kind auch ohne den aufgezeigten christlichen Hintergrund verstanden werden.

In verschiedenen Vorträgen betonte Montessori immer wieder, dass dem Kind ein religiöses Gefühl nicht von außen anerzogen werden könne. Es könne sich aber langsam entwickeln, wenn es in diesem Bereich Erfahrungen sammle und ein entsprechendes Angebot in seiner Umgebung vorfinde, das es in sich aufnehmen könne.

Das bezieht sich nicht nur auf die häusliche Erziehung, sondern trifft auch auf die Vorbereitete Umgebung in Kinderhaus und Schule zu. Es gibt einige Materialien zu den Bereichen biblischer Geschichte und Themen des Alten und Neuen Testaments. Während einer Hospitation im Kinderhaus konnten wir beobachten, wie ein Mädchen von sich aus den Wunsch äußerte, gemeinsam mit der Erzieherin in einer «stillen Ecke» zu beten. Sie zündete eine Kerze an, die vor einem Kreuz stand, und formulierte mit ihren eigenen Worten ein kleines Gebet. In einigen Klassen gehört es auch zum Frühstücksritual, gemeinsam zu beten.

Inwieweit und in welcher Form religiöse Inhalte Eingang in eine Klasse finden, hängt jedoch weitgehend von dem einzelnen Klassenlehrer ab.

Obwohl Maria Montessori ihre Pädagogik auf der Grundlage ihrer christlichen Überzeugung entwickelte, bestimmen heute das Profil der jeweiligen Schule und die Einstellung der Klassenlehrerin, wie stark sich das Klassenleben an christlichen Ritualen orientiert.

Sind Montessori-Schulen besonders geeignet zur Förderung sehr begabter Kinder?

Jedes Kind hat Anspruch darauf, seinen Begabungen entsprechend gefördert zu werden. So steht es in den Richtlinien, die von den einzelnen Schulbehörden der Länder festgeschrieben sind. Die Bemühungen zur individuellen Förderung der Kinder waren über lange Zeit hinweg jedoch nicht ausgewogen, denn in Schulen wurde vor allem darüber nachgedacht, wie man den Kindern helfen könne, die Defizite hatten. Förderunterricht, Förderkonzepte bezogen sich fast ausnahmslos auf die Bereiche der Lese-Rechtschreib- oder Rechenschwäche. Dagegen war die Meinung häufig weit verbreitet, dass sich ein sehr begabtes Kind doch selbst helfen könne, da es ja eben begabt sei. Dabei leiden gerade sehr begabte Kinder unter einem Unterricht, der sich in der Regel am Durchschnitt des Leistungsniveaus einer Klasse orientiert. Die Folge ist eine dauernde Unterforderung dieser Kinder, die häufig am Verhalten dieser Schüler abzulesen ist, die zum «Klassenclown» werden können, zuweilen auch resignieren oder mit Leistungsverweigerung reagieren. Die Förderung sehr schwacher wie sehr begabter Kinder verlangt daher immer eine individuelle Förderung. Die Freiarbeit an Montessori-Schulen bietet ein System, das gerade die individuelle Entwicklung eines jeden Kindes zum Kern ihrer Pädagogik gemacht hat und vor allem auch eine Unterrichtsstruktur bereithält, die es der Lehrerin möglich macht, diese Förderung optimal zu gewährleisten.

Woran erkennt man jedoch, dass ein Kind über eine besondere Begabung verfügt? Nicht unbedingt an guten Noten, denn die können nach Erfahrungen der Lernenttäuschungen und Unterforderung sogar schlecht sein, wohl aber an seinen Fragen, seinen Interessen. Zunächst ist entscheidend, dass ein sehr begabtes Kind zwar mit einem hohen Potenzial, also mit einer besonderen geistigen Ausstattung geboren wird, das bedeutet jedoch nie, dass es dieses zwangsläufig, also automatisch, auch in hohe Leistung umsetzen wird. Es müssen viele Faktoren zusammenkommen, damit ein Kind sein angeborenes Potenzial in herausragender Leistung dokumentieren kann.

Ob sich diese Eigenschaften entfalten können, hängt davon ab, welche Erfahrungen das Kind in seiner Familie, im Freundeskreis und in der Schule macht. Eltern, die ihre Kinder in ihren individuellen Fähigkeiten bestärken und sie ermutigen, geben ihm Selbstvertrauen. Freunde, die das begabte Kind als Person schätzen und mit seinen Besonderheiten anerkennen, stärken es, und eine Schule, in der Leistung anerkannt und gefördert wird, bringen Begabungen zur Entfaltung.

Wer Außergewöhnliches leisten will, benötigt jedoch nicht nur überdurchschnittliche Fähigkeiten, er braucht eine hohe Motivation (z. B. um ein langes Forschungsprojekt durchzuhalten) und Kreativität (etwa um eine wirklich neue Frage zu stellen oder neue Zusammenhänge zu entdecken).

Entscheidend für eine gelungene schulische Förderung, und über die soll im Folgenden gesprochen werden, ist es, dass das Kind an solche Aufgaben herangeführt wird, die es herausfordern und interessieren. Eine genaue Passung von Anforderungsprofil und individueller Fähigkeit ist also von entscheidender Bedeutung.

Ort dieser Förderung ist in Montessori-Schulen vor allem die Freiarbeit. Während der Freiarbeit kommt es jedem Montessori-Lehrer darauf an, für jedes Kind genau dieses Gleichgewicht zu finden. Begabte Kinder nehmen insofern keine Sonderstellung ein, denn in der Vorbereiteten Umgebung finden sich permanent Arbeitsmaterialien auf unterschiedlichem Niveau. Es ist durchaus vorgesehen, dass bereits jüngere Kinder bei entsprechender Begabung und Vorkenntnissen anspruchsvolle Materialien bearbeiten können. Wahrscheinlich finden sie unter den älteren Schülern sogar Partner, mit denen sie zusammenarbeiten können. Die Jahrgangsmischung erweist sich in diesem Fall als besonderer Vorteil, denn diese Kinder geraten viel seltener in eine Außenseiterposition, weil sie in einer Klasse sind, in der es «normal» ist, dass jedes Kind auf einem anderen Anforderungsniveau arbeitet.

Von nicht zu unterschätzender Bedeutung ist auch die Aufhebung des 45-Minuten-Taktes während der Freiarbeit. Begabte Kinder vertiefen sich häufig in größere, komplexere Arbeiten und selbst gestellte «Forschungsprojekte». Der großzügige Rahmen dreier Unterrichtsstunden ohne Pause und Lehrerwechsel ermöglicht es ihnen, konzentriert bei einem Thema bleiben zu können.

Zwei begabte zehnjährige Mädchen meiner Klasse beschäftigten sich während eines halben Jahres mit dem Thema «Weltraum». Sie schrieben eine umfangreiche Arbeit zu diesem Thema und präsentierten zum Schluss ihre Ergebnisse vor der Klasse. Hier das Vorwort eines der Mädchen:

Ich habe mir das Thema Astronomie ausgesucht, weil ich den Raum, die Unendlichkeit und alles, was damit zusammenhängt, faszinierend finde. Ich würde nicht so weit gehen, selbst ins All zu fliegen, das sollen lieber andere machen, aber interessieren tut es mich trotzdem. Man kann darüber sehr viel schreiben, das ist von Vorteil. Von Nachteil allerdings ist, dass man auf diesem Gebiet, wenn man immer weiterforscht, irgendwann spätestens zu den Außerirdischen, an die Grenze des menschlichen Denkens kommt. Und wenn dann von Dimensionen die Rede ist, bekommt man ein ganz flaues Gefühl im Magen. Trotzdem wünsche ich viel Spaß beim Lesen – und keine Angst, bis in die Dimensionen gehen wir nicht.

Während ihrer langen Arbeitsphase beschäftigten sich die Kinder weniger mit Montessori-Material. Ist das zulässig? Natürlich ist es das, meine ich, denn entscheidend ist, dass die beiden Mädchen motiviert und interessiert arbeiteten. Ich habe auch bei anderen begabten Kindern die Erfahrung gemacht, dass sie eigene Fragen und Themenstellungen bevorzugten und z. B. im Bereich Mathematik sehr rasch zur Abstraktion strebten. Kinder, die den Gehalt eines Materials sehr rasch erfassen, weigern sich zuweilen, Aufgaben konkret auszuführen. Es macht jedoch keinen Sinn, ein Kind dazu zu zwingen, eine Aufgabe handelnd zu lösen, indem es Perlen verteilt oder Plättchen legt, wenn es diese Ebene längst verlassen hat. Begabte Kinder profitieren vor allem auch von einer Unterrichtsstruktur, die auf individuelle Förderung angelegt ist, und von Lehrerinnen, die sich konsequent um genaue Beobachtung jedes Kindes und ein passendes Lernangebot bemühen.

Neben der individuellen Förderung während der Freiarbeit bieten Montessori-Schulen, wie jede gute Regelschule auch, zusätzliche so genannte Enrichment-Angebote an. Dazu gehören klassen- oder sogar schulübergreifende Arbeitsgemeinschaften.

An unserer Schule fand eine «Ägypten»-AG statt, dort arbeiteten Kinder des dritten und vierten Schuljahres zusammen, oder auch eine «Schach»-AG. Mathematisch begabte Kinder nahmen an einer schulübergreifend organisierten AG teil. Dazu kommt jedes Jahr die Möglichkeit, an den unterschiedlichsten Wettbewerben teilzunehmen. In allen Schulen haben sich zudem so genannte Akzelerations-Programme durchgesetzt, die es nach genauer Überlegung Kindern ermöglichen, Klassen einzeln oder in Gruppen zu überspringen. Doch ob Enrichment oder Akzeleration, inzwischen weiß man, dass die wichtigste und nachhaltigste Förderung von einem differenziert gestalteten Unterrichtsalltag ausgeht. Und dieser Alltag findet in Montessori-Schulen vor allem in der Freiarbeit statt.

Seit die Frage der Begabungsförderung immer dringlicher diskutiert wird, sind alle Schulen aufgerufen, Konzepte zu entwickeln. Die Montessori-Schulen bieten mit ihrem Prinzip der Freiarbeit eine Unterrichtsstruktur, in der diese Forderung optimal umgesetzt werden kann.

Können auch behinderte Kinder Montessori-Schulen besuchen?

Behinderte und nicht behinderte Kinder gemeinsam lernen lassen – dieser Gedanke ist nicht neu. Das mag vielleicht verwundern, wenn man bedenkt, dass in unserem Schulsystem eine Vielzahl von Förderschulen mit besonders ausgebildeten Lehrern, kleineren Klassen und Therapiemöglichkeiten bereitsteht, um behinderten Kindern alle Möglichkeiten optimaler Förderung zu bieten.

Trotzdem haben viele Eltern behinderter Kinder den Wunsch, ihr Kind gemeinsam mit gesunden Kindern lernen zu lassen.

Sie beklagen die Isolation ihrer Kinder, die morgens von Bussen abgeholt werden, tagsüber ausschließlich mit ebenfalls behinderten Mitschülern zusammen sind und nachmittags in Bussen wieder nach Hause gebracht werden. So ist es häufig nur schwer möglich, dass ihre Kinder selbständig Freundschaften schließen können. Die Mutter eines behinderten Jungen: *«Ich wünsche mir für meinen Sohn eine Schule, in der er mit gesunden Kindern zusammen lernen kann, aber er soll auch keine Außenseiterrolle haben. Er soll nicht das einzige behinderte Kind dort sein, denn er soll seine Probleme auch mit Freunden besprechen können, die ihn wirklich verstehen. Selbst ich als – nicht behinderte – Mutter habe manchmal das Gefühl, dass ich viele seiner Schwierigkeiten gar nicht richtig nachvollziehen kann.»*

Schule soll auf das Leben vorbereiten, und für viele behinderte Kinder wird das ein Leben als Behinderter unter Nichtbehinderten sein. Da liegt der Gedanke nahe, ein Lernumfeld zu schaffen, das es ihnen ermöglicht, schon früh die benötigten Verhaltensmuster einzuüben. Ihre Selbständigkeit und die Möglichkeit, Freundschaften zu nicht behinderten Mitschülern aufzubauen, soll gefördert werden. Nicht jedes behinderte Kind wird solch eine gemeinschaftliche Klasse besuchen können. Einige benötigen nach wie vor den Schutz und die Betreuung in besonderen Einrichtungen.

Doch integrative Klassen, in denen behinderte und nicht behinderte Kinder gemeinsam unterrichtet werden, bieten für beide Gruppen eine Chance. Nicht behinderte Kinder lernen Rücksicht zu nehmen und Verantwortung zu tragen. Sie erfahren im Zusammenleben vor allem, dass behinderte Kinder in bestimmten Bereichen zwar beeinträchtigt, im Übrigen aber Mitschüler wie alle anderen sind, mit denen sie gemeinsam lachen, Feste feiern und spielen können. Behinderte Kinder lernen dagegen frühzeitig, sich zu behaupten, und erfahren die Solidarität ihrer Mitschüler.

Um behinderte und nicht behinderte Kinder gemeinsam erfolgreich lernen zu lassen, bedarf es vieler Vorüberlegungen. Jedes

Kind, das sehr begabte ebenso wie das lern- oder geistig behinderte, hat das Recht, seinen Fähigkeiten entsprechend gefördert zu werden. Während das eine im Lernstoff sehr rasch voranschreitet, benötigt das andere eine Vielzahl von Wiederholungen und besonderer Anschauung. Das eine Kind darf nicht unter-, das andere nicht überfordert werden.

Individuelle Förderung erfahren Kinder an Montessori-Schulen in hohem Maße. Eines der Hauptanliegen Montessoris war es ja gerade, jedem Kind die Möglichkeit zu geben, sich im Einklang mit seinem eigenen Entwicklungstempo und seinen Fähigkeiten zu entwickeln. Ihr Ausgangspunkt war es, die Wahrnehmung der Kinder zu differenzieren, Bewegung und Sinne in den Lernprozess einzubeziehen. Diese Forderung gilt für alle Kinder, für behinderte bekommt sie ein besonderes Gewicht. Kleine Lernschritte, die Anschaulichkeit des Materials, die vielfältigen Wiederholungsmöglichkeiten und Übungen sichern Lernfortschritte auf jedem gewünschten Niveau. Das Gefühl, eine Arbeit geschafft zu haben, macht Mut und fördert das Selbstbewusstsein.

Montessori-Klassen sind jahrgangsübergreifende Klassen. Jedes Kind arbeitet während der Freiarbeit auf unterschiedlichem Niveau an unterschiedlichen Materialien. Die Kinder kommen daher gar nicht auf die Idee, ihre Leistung mit der des Nachbarn zu vergleichen. Die Gefahr, in einer Konkurrenzsituation schlechter abzuschneiden, wird daher für das behinderte Kind deutlich gemindert.

Eine wesentliche Voraussetzung für eine erfolgreiche integrative Zusammenarbeit liegt in der Zusammensetzung der Klasse. Im Allgemeinen gilt, dass der Anteil behinderter Kinder fünfundzwanzig Prozent nicht übersteigen sollte. Bei vierundzwanzig Schülern wären das sechs behinderte Kinder. Bei der Aufnahme sollte darauf geachtet werden, dass Kinder mit unterschiedlichen Behinderungen in einer Klasse zusammen sind.

Diese Kinder müssen zuvor ein Verfahren zur Feststellung des Förderbedarfs und des besten Förderorts durchlaufen und werden erst danach in die Regel- oder die Montessori-Schule aufgenommen. In der Klasse arbeitet neben der Klassen- mit einigen Stunden auch eine Förderschullehrerin. So ist gewährleistet, dass jedes behinderte Kind die Förderung erhält, die es benötigt.

Es gibt mehrere Montessori-Schulen, die integrativ arbeiten. Eine der ersten Schulen gründete in München der Kinderarzt Prof. Hellbrügge. Die Erfahrungen an diesen Schulen, die teilweise wissenschaftlich begleitet wurden, sind sehr positiv. Sie zeigen, dass nicht nur behinderte Kinder von dem gemeinsamen Lernen profitieren, sondern dass auch gesunde Kinder wichtige Erfahrungen machen. Es hat sich gezeigt, dass die Arbeitsweise der Montessori-Schulen in besonderem Maße dazu geeignet ist, behinderte und nicht behinderte Kinder gemeinsam zu unterrichten.

Was können die Eltern tun?

In einem ihrer Vorträge um 1930 brachte Maria Montessori einmal ein Beispiel, das wir hier zitieren wollen:

«Angenommen, eine närrische Froschmutter würde zu ihren kleinen Kaulquappen im Teich sagen: ‹Kommt heraus aus dem Wasser, atmet die frische Luft ein, vergnügt euch im grünen Gras, dann werdet ihr alle zu starken, gesunden kleinen Fröschen heranwachsen. Kommt schon mit, Mutter weiß es am besten!› Wenn dann die kleinen Kaulquappen versuchten zu gehorchen, würde es gewiss ihr Ende bedeuten.» (Montessori, Maria, Spannungsfeld Kind – Gesellschaft – Welt, S. 12)

Das Verhalten der Froschmutter beschreibt genau die Art, in der viele Eltern versuchen, ihre Kinder zu erziehen. Sie sind der festen Überzeugung, dass sie alleine wissen, was für ihre Kinder gut und wichtig sei. Dies geschieht in der guten Absicht, sie fördern zu wollen. Montessori warf den Erwachsenen vor, das Kind oft nach ihren eigenen Vorstellungen formen zu wollen. Dabei wird dem Kind eine eher passive Rolle zuteil. Alle seine Handlungen werden nach einem Erwachsenenmaßstab als positiv oder negativ beurteilt. Der Erwachsene sieht sich also selbst als Mittelpunkt an. Auch wenn dies nicht bewusst oder in bester Absicht geschieht, so muss ein solches egozentrisches Verhalten doch dazu führen, dass der Erwachsene das Kind in seiner Eigenart und unverwechselbaren Persönlichkeit gar nicht wahrnehmen kann. Die Haltung des Erwachsenen resultiert also eigentlich aus einem tiefen Unverständnis, mit dem er dem Kind begegnet. Dadurch sieht Montessori eine Vielzahl von Missverständnissen entstehen, die das Leben zu einem ständigen Kampf zwischen Erwachsenen und Kind werden lässt. Ihre Forderungen zielten auf eine Änderung des Erwachsenen, der sich bewusst werden muss, wie ungleich die Machtverhältnisse zwischen ihm und dem Kind verteilt sind. Ihr Appell lautete, zunächst alles zu unterlassen, was das Kind in seiner natürlichen Selbstentwicklung hemmen oder einschränken könnte. Vor allem aber müssen Eltern das Bestreben des Kindes, sich von ihnen zu lösen und sich zu einer selbständigen Persönlichkeit zu entwickeln, bejahen und unterstützen. Damit ist der Erwachsene nicht mehr Schöpfer des Kindes, sondern ein Helfer bei dessen schöpferischem Prozess. Diese Gedanken müssen sich Eltern, die sich für die Montessori-Pädagogik entscheiden, bewusst machen und auch immer wieder vor Augen halten.

Wir erleben an unserer Schule immer wieder, und besonders in den ersten Monaten des Schuljahres, dass Eltern besorgt anfragen, ob ihr Kind denn auch «mitkomme». Es werden die Leistungen des eigenen Kindes mit denen anderer aus der Klassengemeinschaft oder aber denen der Nachbarskinder verglichen. «Das Kind meiner Freundin, das eine Regelschule besucht, kann aber schon ganze Sätze lesen, wann lernt mein Kind es denn?» Hinzu kommt, dass die Kinder häufig zu Hause erzählen, sie hätten nur gespielt. Eine Aussage, die Eltern zusätzlich beunruhigt.

An unserer Schule wird anders gearbeitet, als Eltern dies möglicherweise aus ihrer eigenen Kindheit kennen. In Regelschulen arbeiten Kinder mit Lehrbüchern. Die Eltern können so jederzeit feststellen, wie weit ihr Kind ist und wo es sein sollte. Kinder an den Montessori-Schulen bringen jedoch gerade zu Beginn ihrer Schulzeit keine ebenso greifbaren Ergebnisse mit nach Hause. In der Freiarbeit arbeiten sie mit dem Material. Häufig wird dazu nichts aufgeschrieben, oder das Ergebnis wird auf besondere, nur in der Schule vorhandene Blätter notiert.

Später, wenn die Kinder bereits in Hefte schreiben, legen sie diese Freiarbeitshefte mittags in den Ablagekorb der Lehrerin, die sie zur Kontrolle mit nach Hause nimmt. So kommt es, dass Eltern oft tage- oder wochenlang nichts von dem sehen, was die Kinder in der Freiarbeit gearbeitet haben. Hinzu kommt, dass die Kinder ihre Arbeit mit dem Material häufig als Spiel empfinden, sodass bei Erzählungen zu Hause Eltern den Eindruck gewinnen, ihr Kind habe während der Freiarbeit nur gespielt, obwohl es sich tatsächlich intensiv mit den Goldenen Perlen oder einem anderen Material beschäftigt hat.

Viele Eltern, die sich entschieden haben, ihr Kind auf eine Montessori-Schule zu geben, haben dennoch nicht die notwendige Konsequenz aus dieser Entscheidung gezogen. Eltern müssen wissen, wie und was ihr Kind in der Schule lernt. Es ist daher nötig, dass sie sich mit den Gedanken der Montessori-Pädagogik auseinander setzen und versuchen, sie sich auch für die häusliche Erziehung zu eigen zu machen.

Die wichtigste Grundvoraussetzung für eine positive Entwicklung des Kindes ist, dass ihm Vertrauen entgegengebracht wird, Vertrauen darauf, dass es seinen Weg gehen wird und über die Kraft verfügt, seine Persönlichkeit zu entwickeln. Es wird seine Bedürfnisse formulieren und sich so genau die Fähigkeiten und Kenntnisse aneignen, die es für seinen nächsten Entwicklungsschritt benötigt.

Eltern müssen sich also in Geduld üben, sie müssen lernen,

ihrem Kind Zeit zu lassen. Es besteht also selbst dann kein Grund zur Unruhe, wenn sich das Kind bereits seit Monaten mit mathematischem Material beschäftigt und immer noch nicht lesen kann. Wie in einem vorangegangenen Kapitel beschrieben, wird diese Phase ein Ende haben, und das Kind wird sich anschließend anderem Material zuwenden (vgl. S. 169 f).

Dieses Vertrauen zu erlernen ist sicher das Schwierigste für Eltern und im Übrigen auch für uns Lehrerinnen. Es gehört Geduld dazu, abwarten zu können, bis das Kind wirklich von sich aus so weit ist, dass es etwas Bestimmtes lernen möchte. Diese Geduld kann nur aus dem Vertrauen zum Kind erwachsen.

Schwierig ist es für das Kind, wenn es in der Schule und im Elternhaus mit unterschiedlichen Erziehungshaltungen konfrontiert wird. Wenn es beispielsweise im Elternhaus erfährt, dass es möglichst nicht selbständig handeln soll, sondern nur nach Anweisung, in der Schule hingegen zu eigenständigen Entscheidungen ermutigt wird. Wenn es immer wieder erfahren hat, dass es etwas noch nicht alleine kann, weil es «noch zu klein ist», dann ist es für das Kind recht schwierig, in der Schule plötzlich eine Arbeit selbst wählen zu sollen. Es erwartet natürlich auch hier konkrete Anweisungen.

Andererseits ist es für uns ein Zeichen, dass wir Lehrerinnen in vielen Gesprächen versuchen müssen, die Eltern auf die widersprüchlichen Anforderungen aufmerksam zu machen, denen das Kind ausgesetzt ist. Schule und Elternhaus müssen «an einem Strang ziehen».

Vielfach sind sich Eltern gar nicht bewusst, welche eigenen Wünsche oder Ängste ihr Erziehungsverhalten beeinflussen. Sei es, dass Mütter Angst haben, ihr Kind könne zu selbständig und sie dadurch entbehrlich werden oder der berufliche Leistungswille der Eltern wird bereits auf das kleine Kind übertragen. Der starke Druck, der auf Kinder ausgeübt wird, bewirkt häufig jedoch genau das Gegenteil, er führt zu Leistungsverweigerung.

Im Folgenden berichtet eine Lehrerin, die bereits seit zwanzig Jahren nach der Montessori-Pädagogik arbeitet, über ihre Erfahrungen mit der Elternarbeit.

«Während der vielen Jahre meiner Tätigkeit als Lehrerin habe ich mir immer sehr viel Zeit für Elterngespräche genommen. In der Montessori-Schule ist es besonders wichtig, dass die Erziehungsvorstellungen der Eltern mit denen der Schule übereinstimmen. Ich versuche, Eltern zu erklären, dass wir beide ein gemeinsames Interesse haben. Wir wollen beide für das Wohl des Kindes arbeiten und ihm die Voraussetzungen schaffen, dass es sich zu einem glücklichen und zufriedenen Erwachsenen entwickeln kann.

Bei meinen Gesprächen erfahre ich häufig, wie sehr viele Eltern durch ihre eigenen negativen Schulerfahrungen vorbelastet sind. Sie neigen dazu, diese Einstellung auf die Schulsituation ihres Kindes zu übertragen, und sind sehr ängstlich. Sie machen sich Sorgen, ob ihr Kind wohl den Leistungsanforderungen der Schule gewachsen sei. Wenn ich ein erstes Schuljahr übernehme, bitte ich daher die Eltern am ersten Elternabend, uns, d. h. den Kindern und mir, zunächst Zeit zu geben. Die Kinder brauchen Ruhe, um sich in die neue Situation einzugewöhnen, und ich möchte sie ganz unbelastet kennen lernen. Das fordert von den Eltern Geduld und Vertrauen. Zum einen müssen sie dem Lehrer vertrauen, d. h. sie müssen ihm zutrauen, dass er das Richtige für ihr Kind will und entsprechend handelt. Zum anderen müssen sie auch Vertrauen in das eigene Kind haben.

Die wichtigsten Voraussetzungen für eine harmonische Entwicklung des Kindes liegen in der Zeit lange vor Schulbeginn. Das Kind braucht eine liebevolle Atmosphäre im Elternhaus. Von Geburt an muss es in dem Gefühl aufwachsen, dass es als eigenständige Persönlichkeit anerkannt und geliebt wird, dass man sich dafür interessiert, was es tut. Auf dieser Grundlage kann sich das Kind dann entwickeln.

Mir fällt auf, dass sich heutzutage viele Eltern in Erziehungsfragen aus Zeitschriften, Ratgebern oder Fernsehen Rat holen. Wenn ihr Kind dann nicht den dort angegebenen Normen entspricht – und jedes Kind ist ja eine eigenständige Persönlichkeit –, sind sie rasch verunsichert.

Eine meiner Aufgaben sehe ich darin, solche Ängste abzubauen. Diese Gespräche sind häufig nicht leicht, besonders dann nicht, wenn meine Einschätzung von dem Bild, das die Eltern von ihrem Kind haben, stark abweicht. Mir geht es darum, dass sie lernen, ihr Kind so zu akzeptieren und zu lieben, wie es ist.»

Vor kurzem erhielt ich den Brief einer Mutter, deren Tochter vor einigen Jahren meine Klasse besucht hat. Sie schrieb mir, dass sie durch die Gedanken Montessoris und die Gespräche mit mir zweierlei gelernt habe: Geduld und Vertrauen zu ihren Kindern. Für diese Fähigkeiten sei sie heute sehr dankbar.

«Eltern sollten Respekt vor der Persönlichkeit ihres Kindes haben und Entwicklungen abwarten können. Ich habe häufig festgestellt, dass Eltern zu hohe Erwartungen an ihre Kinder stellen. Es werden zum Beispiel Bücher oder Spiele gekauft, die eigentlich für ältere Kinder gedacht sind. Als meine eigene Tochter noch sehr klein war, spielte sie gerne mit ganz einfachen Puzzles. Ihre gleichaltrige Freundin erhielt von ihren Eltern ebenfalls eines, das aber sehr viel komplizierter war, da es aus viel mehr Einzelteilen bestand. Das Mädchen war überfordert, denn es war noch gar nicht in der Lage, alle Teile richtig zusammenzufügen, und verzweifelte bald an dem Spiel. Sie hat es zur Seite gelegt und nicht wieder angerührt.

In der Schule erfahre ich ebenso, wie hoch die Leistungsanforderungen vieler Eltern sind. Sie haben vielfach bereits ein festes Bild im Kopf, wie ihre Kinder sein sollen. Die Kinder solcher Eltern fühlen sich häufig überfordert. Aus der Angst heraus, einer Aufgabe nicht gewachsen zu sein, fangen sie eine Arbeit gar nicht erst an. Es ist nicht immer leicht, geduldig zu sein, besonders wenn Eltern eine augenblickliche Entwicklung ihres Kindes Sorge bereitet. Trotzdem sollten sie sich bemühen, zunächst einmal abzuwarten. Wenn Kinder die Ruhe haben, die sie für eine Entwicklungsphase brauchen, dann finden sie auch allein und im Einklang mit sich ihren Weg.

Eltern müssen daher bereit sein, ihr eigenes Verhalten zu überdenken und zu korrigieren. Gleichzeitig sollen sie lernen, die wirklichen Bedürfnisse ihres Kindes wahrzunehmen, und dafür sorgen, dass es seinem selbst gewählten Interesse nachgehen kann. Ich erinnere mich, dass meine Tochter zeitweise großes Interesse am Backen hatte. Das Chaos in der Küche war anschließend beträchtlich, doch sie war mit so viel Freude bei der Sache, dass ich sie gewähren ließ, obwohl es mir natürlich Arbeit machte. Sie hatte aber eine ihrem Alter und Interesse gemäße Erfahrung gemacht, übrigens für ihr ganzes Leben, denn sie backt noch heute gerne.

Wenn der Erwachsene die Bedürfnisse des Kindes ernst nimmt, so bedeutet das natürlich, dass er unter Umständen in diesem Moment Einschränkungen hinnimmt. Es heißt aber nicht, dass er sich vom Kind völlig vereinnahmen lassen soll. Vielmehr muss es lernen, dass seine Eltern ebenfalls Bedürfnisse haben, zum Beispiel das, mittags eine halbe Stunde auszuruhen. Die Beziehung zwischen Eltern und Kind sollte auf Respekt gegründet sein. Wenn Kinder sehen, dass ihre Bedürfnisse ernst genommen werden, so sind sie meist auch in der Lage, diejenigen der Eltern zu respektieren.

Die positiven Verhaltensweisen ihres Kindes sollten Eltern immer verstärken, bei anderen hingegen müssen sie korrigierend eingreifen. Das erfordert einen festen Standpunkt. Wenn zum Beispiel ein Kind seine Mutter, die gerade in einem wichtigen Gespräch ist, dauernd stört, dann sollte sie ihm sagen: ‹Du störst mich jetzt, aber gleich habe ich wieder Zeit für dich!›, und erst einmal ihr Gespräch zu Ende führen, bevor sie sich dem Kind zuwendet.

Für jedes Zusammenleben brauchen wir Regeln. In der Klasse und im Elternhaus sind es nicht viele, aber die Erziehenden müssen konsequent dafür sorgen, dass diese wenigen Regeln von den Kindern eingehalten werden. Kinder müssen erfahren, dass sie Rechte haben, aber auch, dass ihr Recht dort endet, wo das der anderen beginnt.

Noch etwas anderes, denke ich, können Eltern für ihre Kinder zu Hause tun. Es klingt ganz einfach – Kinder, die sich für ein Spiel oder eine Arbeit entschieden haben, diese beenden lassen und die einmal begonnene Konzentration nicht unterbrechen. Hierin besteht eine wichtige Vorübung für jegliches konzentrierte Arbeiten, aber auch für die Freiarbeit in der Schule. Mit großem Staunen höre ich häufig, wie sehr die

Kinder nachmittags bereits verplant sind. Die vielen Freizeitaktivitäten lassen sie nicht mehr zu Ruhe kommen, sie haben kaum noch Zeit, mit Freunden zu spielen, oder werden aus diesem Spiel herausgerissen.

Ich hoffe, dass die Eltern in den Gesprächen mit mir Ansatzpunkte finden, um ihr eigenes Verhalten zu überdenken: Respekt vor der kindlichen Persönlichkeit, Geduld, die Fähigkeit, zu sehen, was ein Kind braucht, und natürlich die Liebe zum Kind sind nach meiner Einschätzung die wichtigsten Voraussetzungen für eine ungestörte Entwicklung des Kindes.»

Im Folgenden berichtet eine Mutter von ihren Erfahrungen mit einer Montessori-Schule.

«Ich habe zwei Kinder, die heute vierzehn und siebzehn Jahre alt sind. Beide haben zunächst ein Kinderhaus besucht und anschließend eine Montessori-Grundschule. Der Ältere wechselte danach auf die Realschule, die Jüngere auf ein Gymnasium. Rückblickend muss ich sagen, dass unser Entschluss, die Kinder in Montessori-Einrichtungen zu geben, unser Denken in vielerlei Hinsicht geprägt hat.

Als die Kinder klein waren, wusste ich nichts über die Gedanken Maria Montessoris. Das Kinderhaus hatte ich auf die Empfehlung anderer Mütter hin ausgesucht, weil die Erzieherinnen dort gut mit den Kindern umgingen. Ich war bald sehr angetan von der Arbeit dort. Auf regelmäßigen Elternabenden wurde das Material und der Umgang damit erläutert. Es faszinierte mich, wie selbständig die Kinder nach der Einführung damit arbeiten konnten. Mehr Informationen bekam ich in einem Kurs ‹Montessori-Pädagogik für Eltern›. Danach erschienen mir die Ideen der Maria Montessori so richtig, dass ich mich als nicht ausgebildete Erzieherin oder Lehrerin zum Diplom-Kurs anmeldete und ihn abschloss.

Mein Wissen setzte ich im Elternkreis des Kinderhauses ein, um die Gedanken der Montessori-Pädagogik in den Familienalltag zu übertragen. Das bedeutete für uns Eltern, auch zu Hause, eine Vorbereitete Umgebung zu schaffen. Es ist ja nicht schwer, Kinder auch in der Wohnung Übungen des täglichen Lebens ausführen zu lassen. Ich erinnere mich, dass meine Tochter Anke mit Wasser spielen wollte. Ich habe ihr einen

Stuhl vor die Spüle gerückt, lauwarmes Wasser in ein Gefäß gegossen und ihr weitere Plastikbecher und -schüsseln gegeben. Während sie eifrig hin und her goss, habe ich sogar Mittagsschlaf gehalten.

Ein anderes Mal, im Herbst, haben wir überlegt, welche Sinneserfahrungen Kinder in dieser Jahreszeit machen können: zum Beispiel bemooste, nasse oder sonnendurchwärmte Platten fühlen, in Laubhaufen toben sowie Nüsse und Kastanien sammeln.

In dieser Zeit wurde mir bewusst, wie wichtig die kindliche Persönlichkeit von Anfang an ist, dass ich sie ernst nehmen muss, und wie groß meine Verantwortung für meine Kinder ist. Mir wurde klar, dass ich mein eigenes Verhalten würde ändern müssen. Vertrauen zum eigenen Kind zu haben ist das Wichtigste.

Ich beobachte an anderen Müttern – und an mir –, wie wir häufig unseren Kindern vorgaben, was diese zu tun oder zu lassen hätten. Damit nicht genug, wurde oft auch noch kontrolliert, ob sie es genauso ausgeführt hatten, wie die Mutter es wünschte.

Für mich war keine Frage, dass meine Kinder nach Abschluss des Kinderhauses die Montessori-Grundschule besuchen sollten. Ich habe dort regelmäßig einmal in der Woche, während der Freiarbeit, mitgearbeitet. Es war schön zu sehen, wie lange einige an einem Material arbeiten konnten und wie motiviert sie bei einer Arbeit bleiben konnten. Das sehr anschauliche Arbeiten hat mich gereizt. Ich erinnere mich, dass ich mit einem Kind arbeitete, das sich mit dem Thema Messen beschäftigte. Auf dem Hof haben wir mit Kreide aufgezeichnet, wie groß die Flügelspannweite eines Flugsauriers ist. So gut es ging, haben wir dann auch noch seine Umrisse skizziert. Ja, es hat mir Spaß gemacht, in der Freiarbeit mitzuarbeiten.

Ich hatte großes Vertrauen zu meinen Kindern, der Montessori-Pädagogik und den Lehrern. Ich hatte das Gefühl, dass Kinder, Eltern und Lehrer in der Schule auftretende Schwierigkeiten gemeinsam bewältigen könnten.

Wenn ich wissen wollte, was meine Kinder gelernt hatten, dann konnte ich nicht einfach ein Heft aufschlagen und nachsehen oder es mit anderen Kindern der Klasse vergleichen. Ich musste mich mit ihnen be-

schäftigen, ihnen zuhören, mit ihnen das Gespräch suchen, ihre Arbeit wichtig nehmen. Für mich bedeutete das auf der einen Seite, mich auf sie einzustellen, andererseits musste ich lernen, mich zurückzunehmen. Wir Erwachsenen nehmen uns oft so wichtig und stören mit unseren Wünschen und Forderungen das Kind bei seiner Arbeit. Ein Beispiel fällt mir ein. Wenn ein Kind intensiv spielt und draußen geschieht gerade etwas, was es gar nicht bemerkt hat, zum Beispiel ein Bagger fährt vorbei, dann sollte die Mutter nicht einfach hereinplatzen und sagen: ‹Guck mal, ein Bagger fährt dort vorbei!› Sicherlich meint sie es gut und denkt, dass das Kind an Baggern interessiert sei. In diesem Augenblick ist es aber in eine andere Arbeit vertieft, und nur diese zählt. Die Arbeit des Kindes wichtig zu nehmen und seine Konzentration nicht zu stören, das habe ich gelernt.

Eltern wollen ihren Kindern ja viel bieten. Sie wollen alles für ihr Kind tun und schütten es dann förmlich mit ‹Goldtalern› zu. Das sind häufig Angebote wie Ballett, Musikstunde, Tennisstunden, Ausflüge, Attraktionen und vieles mehr. Die Kinder haben oft ein richtiges Nachmittagsprogramm. Die meisten Eltern haben ein festes Bild, wie ihr Kind sein soll. Ihre Erziehung zielt darauf ab, ihr Kind diesem Bild möglichst ähnlich werden zu lassen.

Sie möchten, dass es ein Gymnasium besucht, also melden sie es an, auch wenn es dort überfordert ist. Sie fühlen sich als gute Eltern legitimiert, wenn ihr Kind die geforderte Leistung bringt. Berücksichtigt wird nicht die Tatsache, ob es glücklich ist. Mir fiel oft auf, dass Kinder, die zu Hause mit den Eltern regelrecht pauken mussten, sich in der Freiarbeit erst einmal erholen wollten von ihrem Stress und häufig nur noch schwer für Neues zu begeistern waren. Viel schwieriger ist es dagegen, ein Kind genau zu beobachten und festzustellen, was es wirklich braucht oder will, und ihm dann auch die Zeit zu geben, dies zu tun.

Meine Tochter durchlebte zum Beispiel eine Zeit, in der sie sich sehr in sich zurückzog. Sie verkroch sich in ihrem Zimmer, hatte nur wenig Kontakt zu Freunden, gab ihr Sporthobby auf. Ich habe sie dann in Ruhe gelassen, weil ich das Gefühl hatte, sie braucht einfach eine Phase der Ruhe. Ich habe die Erfahrung gemacht, dass Kinder, auch wenn sie älter sind, immer wieder Phasen durchlaufen, ob wir das schön finden oder nicht. Mein Sohn sammelte eine Zeit lang exzessiv Fußballbilder. Alles Taschengeld wurde dafür angelegt, Bilder getauscht, in Alben geordnet. Er schien nichts anderes mehr im Kopf zu haben. Ich war nicht sehr begeistert, aber ich hielt mich zurück und stellte fest, dass diese und andere Phasen nicht nur beginnen, sie enden auch eines Tages. Ich denke sogar, wenn Kinder sie ausleben können, sind sie zwar intensiver, aber auch kürzer.

Inzwischen weiß ich, dass Entwicklung Veränderung bedeutet, und vertraue darauf, dass auch unliebsame Phasen vorübergehen. Natürlich hören auch schöne Phasen auf, wie die Schmusephase. Aber Kinder sind nicht unser Eigentum. Wir haben nur die Verantwortung für sie. Solange es meinen Kindern gut ging dabei, habe ich nicht eingegriffen. Allerdings gab es auch Situationen, in denen ich meine Grenze hatte. Da habe ich ihnen dann auch gesagt: ‹Hört einmal, ich kann das jetzt nicht mehr ertragen.› Ich finde, es ist wichtig für Kinder, dass sie erfahren, dass ihr Recht dort aufhört, wo das Recht des anderen beginnt.

Während der Zeit meiner Mitarbeit in der Schule habe ich häufig mit den Müttern von Mitschülern gesprochen und habe gemerkt, dass einige durchaus auch Schwierigkeiten mit dem Montessori-System hatten. Viele hatten einfach zu wenig Vertrauen, nicht nur in das eigene Kind, auch zu den Lehrern oder zu anderen Erwachsenen. Sie hatten das Gefühl, zu wenig Kontrolle ausüben zu können. Sie hatten Angst, die Kinder würden nicht genug abfragbares Wissen lernen, und haben nicht bedacht, wie rasch man dieses Wissen wieder vergessen kann. Wichtiger ist es zu wissen, wie man lernt und wo man nachschlagen kann. Sie haben oft mit den Kindern nachmittags Schulaufgaben gemacht und geübt und haben nicht verstanden, dass ihre Hauptaufgabe eine ganz andere sein sollte: ihr eigenes Verhältnis zum Kind zu überprüfen.

Nach meiner Erfahrung ist es wichtig, dass die Eltern Interesse an der Schule haben. Das Kind soll ja gerne dorthin gehen und ein positives Schulgefühl entwickeln. Eltern können bei der Klassenausgestaltung oder bei der Vorbereitung von Feiern helfen. Sie sollten wichtig nehmen, was ihr Kind zu Hause von der Schule erzählt, aber sie sollen es auch in

Ruhe lassen, Geduld haben und abwarten können, aber das kann man nur auf der Grundlage von Vertrauen.

Der Übergang zu den weiterführenden Schulen fiel meinen Kindern nicht schwer, wenn man von den normalen Problemen absieht. Damit meine ich, dass es eine große Umstellung für Kinder bedeutet, plötzlich von acht oder neun Lehrern unterrichtet zu werden. Ich hatte immer gehofft, dass sie während der Grundschulzeit einen helfenden Lehrer kennen lernen und dieses Vertrauen auf die neuen Lehrer übertragen würden. So war es auch.

Sie hatten am Material gelernt, selbständig mit einer Sache fertig zu werden, und wenn sie zusätzliche Informationen brauchten, sich auf den Weg zu machen und sie sich zu holen, beim Lehrer oder in der Bibliothek. Zu Beginn ihrer Schulzeit fanden sie es manchmal unangenehm, dass sie nun keine Wochenpläne mehr hatten, sondern von einem Tag zum nächsten Hausaufgaben erledigen sollten. Mit der Zeit haben sie sich daran gewöhnt.

Die Zeit in den Montessori-Einrichtungen hat meine Kinder sicher geprägt, in ihrem Arbeits- und in ihrem Sozialverhalten – aber es hat auch mein eigenes Denken stark verändert.»

Können Eltern eine Montessori-Schule gründen?

In den fünfziger und sechziger Jahren, als im Zusammenhang mit steigenden Geburtenraten noch neue Schulen eröffnet wurden, begannen viele der heute noch bestehenden Montessori-Grundschulen mit ihrer Arbeit. Meist fand sich eine Gruppe interessierter Lehrer als Kollegium zusammen und beschloss, in der neugegründeten Schule den Unterricht nach den Ideen Montessoris zu gestalten.

Manche Montessori-Schulen sind aber auch aus bereits bestehenden Regelgrundschulen entstanden. Zunächst gab es nur einen oder wenige Lehrer, die begannen, nach den Prinzipien Maria Montessoris zu arbeiten. Damit hatten sie oft solchen Erfolg, dass Kollegen sich ihnen anschlossen, bis schließlich die ganze Schule zu einer Montessori-Schule geworden war.

Einen großen Beitrag zur Verbreitung der Montessori-Gedanken haben immer wieder die Elternvereine geleistet, die bereits seit dem Ende der fünfziger Jahre in verschiedenen Städten zusammengekommen sind. So wurde z. B. 1959 in Köln ein Montessori-Elternverein gegründet, der bei den Schulbehörden für den Fortbestand der ersten dort bestehenden Schulen kämpfte und später mit dafür gesorgt hat, dass Köln heute ein Montessori-Zentrum besitzt, das vom Kinderhaus bis zum Abitur den ganzen Bildungsweg umfasst.

Heute, da Grundschulen wegen rückläufiger Anmeldezahlen eher aufgelöst werden und es keine Schulneugründungen mehr gibt, existieren an einer zunehmenden Anzahl von Schulen einzelne Montessori-Klassen oder -Zweige. Die Einrichtung eines solchen Zweiges kann durch die Initiative der Schulleitung erfolgen. Sie kann aber auch von Elternseite angeregt werden. Die Genehmigung für die Einrichtung eines Montessori-Zweiges erteilt das Schulamt.

Es gibt auch einige private Montessori-Schulen im Bundesgebiet, vorwiegend im süddeutschen Raum. Die Gründung einer privaten Schule erfordert natürlich ein vollkommen anderes Vorgehen als das Einrichten einer Montessori-Klasse oder eines -Zweiges an einer bestehenden Regelschule. Voraussetzung für die Gründung einer Privatschule ist das Vorhandensein eines Schulträgers. Das kann eine Institution wie beispielsweise die Kirche oder ein eigens gegründeter Trägerverein (wie die Aktion Sonnenschein in München) sein. Initiatoren eines solchen Trägervereins können durchaus interessierte Eltern sein.

Statt eines Schlusswortes

In einem Elterngespräch fragte mich ein Vater: «Sind Montessori-Kinder eigentlich glücklichere Kinder?» Ich musste lachen. Auf diese Frage war ich nicht vorbereitet. Sie ist natürlich schwierig zu beantworten, denn Glück ist ein eher flüchtiges Gefühl. Umschreibt man es jedoch so, dass es bedeutet, im Einklang mit sich zu leben und gestellte Aufgaben bewältigen zu können, dann haben Montessori-Schüler gute Chancen, zufriedene und vielleicht sogar glückliche Kinder zu sein.

Anhang

Kontaktadressen und Links

Kontaktadressen für Montessori-Einrichtungen und ausgewählte Links

Aktuelle Informationen und Anschriften von Montessori-Vereinen, -Schulen, -Elternkreisen, -Förderkreisen und weiteren Einrichtungen erteilt die Montessori-Vereinigung e. V., Sitz Aachen, Geschäftsstelle, Xantener Str. 99, 50733 Köln.

Die Montessori-Vereinigung gibt für ihre Mitglieder eine regelmäßige Zeitschrift heraus: Montessori. Zeitschrift für Montessori-Pädagogik. Montessori-Vereinigung Deutschland, Sitz Aachen, ISSN 0944-2537. Diese Zeitschrift ist ein Forum für aktuelle Fragen aus Theorie und Praxis.

http://www.montessori-vereinigung.de
Die Informationsseite der Montessori-Vereinigung Aachen enthält umfangreiche Informationen über die Montessori-Pädagogik, Kurse zur Erlangung des Diploms, Fortbildungsmöglichkeiten und eine umfangreiche Adressenliste vieler in Deutschland tätiger Montessori-Verbände auf Länderebene. Zusätzlich gibt es die Möglichkeit, Stellenausschreibungen einzusehen und zu veröffentlichen.

http://www.montessori.de/
Institut für angewandte Pädagogik e. V., Heidenberg 12, 99510 Apolda. Informationen über Montessori-Pädagogik, Adressen von Kinderhäusern und Schulen im deutschsprachigen Raum.

http://www.montessori-ami-edu.de/
Der Verein «Montessori Internationales Ausbildungszentrum e. V.»: Informationen über Kurse zur Erlangung des Montessori-Diploms in München, Informationen über Maria Montessori, ihre Pädagogik und das Montessori-Material.

http://www.montessori-deutschland.de/
In Deutschland gibt es viele Organisationen, Vereine und Elterninitiativen, die sich der Montessori-Pädagogik und ihrer Förderung widmen. Deren nationaler Zusammenschluss ist der Montessori Dachverband Deutschland e. V., als Dachorganisation der deutschen Montessori-Landesverbände und bundesweit tätigen Montessori-Organisationen. Zusätzlich zu den Informationen über einzelne Unterorganisationen enthält diese Homepage eine ausführliche Literaturliste.

www.nienhuis.nl
Hauptanbieter des Montessori-Materials in Zelhem, Niederlande.

http://www.montessori-shop.de
Angebote von Montessori-Materialien.

www.kato.de
Versand von Montessori-Materialien.

http://www.lrz-muenchen.de/~montessori/schulen.html
Eine Zusammenstellung von Adressen von Montessori-Einrichtungen in Deutschland ohne den Anspruch auf Vollständigkeit.

http://www.burgerfilm.de/montessori
Hier findet man ein Angebot von Filmen zur Montessori-Pädagogik.

http://www.montessorirochus.kbs-koeln.de
Homepage der Montessori-Grundschule Rochusstraße, Köln.

Suchen Sie auch über Suchmaschinen nach Schulen an Ihrem Standort!

Ausgewählte Literatur

Böhm, Winfried, Fuchs, Birgitta: *Erziehung nach Maria Montessori.* Klinkhardt 2004 (Aufsatzsammlung).

Biebricher, Helga, Speichert, Horst: *Montessori für Eltern. Die Materialien, die Methode für Kinder von 2–6.* Rowohlt 1999.

Csikszentmihalyi, Mihaly: *Kreativität. Wie Sie das Unmögliche schaffen und Ihre Grenzen überwinden.* Klett-Cotta 2003.

Egger, Maria: *Montessori hatte Recht – Die Bedürfnisse von Kindern aus neurobiologischer Sicht,* Norderstedt: Books on Demand GmbH 2004.

Elsner, H.: *Der Geologie-Baukasten,* in: Montessori-Werkbrief Sonderheft, 1982, H. 1.

Christian Fischer: *Neue Medien und Montessori-Pädagogik,* in: Harald Ludwig, Christian Fischer, Reinhard Fischer (Hg.): *Verstehendes Lernen in der Montessori-Pädagogik. Erziehung und Bildung angesichts der Herausforderungen der Pisa-Studie.* LIT. 2003.

Fischer, Reinhard (Hg.): *Sprache – Schlüssel zur Welt,* 2 Bde., Band 1: Handbuch zur Theorie und Praxis der Spracherziehung in der Montessori-Pädagogik, Auer Verlag 2005. Band 2: Materialien zur Spracherziehung in der Montessori-Pädagogik. Auer-Verlag 2006.

Fischer, Christian, Ludwig, Harald (Hg.): *Begabtenförderung als Aufgabe und Herausforderung für die Pädagogik,* Reihe: Münster'sche Gespräche zur Pädagogik, Band 22. Aschendorff Verlag 2006.

Geilen, Hedwig, Bahnen, Heinrich K.: *Kreativ mit allen Sinnen – Ganzheitliche Methoden für die Gruppenarbeit mit Kindern und Erwachsenen.* Kösel 2004.

Hammerer, Franz, Haberl, Herbert (Hg.): *Montessori-Pädagogik heute – Grundlagen – Innenansichten – Diskussionen.* Verlag Jugend & Volk 2004.

Hellbrügge, Theodor: *Unser Montessori-Modell.* Kindler 1977.

Holtstiege, Hildegard: *Modell Montessori.* Herder 2000.

Kortschak-Gummer, Karin: *Das Kosmische der ‹Kosmischen Erziehung› – Eine Grundlage der Bildungskonzeption Maria Montessoris.* Königshausen und Neumann 2005.

Ludwig, Harald: *Montessori-Schulen und ihre Didaktik* (mit folgenden Beiträgen zur Didaktik in Montessori-Grundschulen: Gretel Moskopp: *Muttersprachliche Bildung.* Michael Klein-Landeck: *Fremdsprachliche Bildung.* Gerhard Brand: *Mathematische Bildung.* Thomas Hemle/Petra Wöbke-Hemle: *Kosmische Erziehung und sachunterrichtliche Bildung.* Paul Drücke: *Künstlerische Bildung.* Hans Wilms: *Musikerziehung.* Siegfried Werner: *Sportunterricht und Bewegungserziehung.* Harald Ludwig: *Religiöse Erziehung und Bildung.*), Hg. von J. Bennack, Schneider 2004.

Ludwig, Harald, Fischer, Christian, Fischer, Reinhard, Klein-Landeck, Michael (Hg.): *Sozialerziehung in der Montessori-Pädagogik – Theorie und Praxis einer ‹Erfahrungsschule des sozialen Lebens›*, hg. im Auftrag der Montessori-Vereinigung, Reihe: Impulse der Reformpädagogik, Bd. 12. Münster: LIT 2005.

Ludwig, Harald (Hg.): *Montessori-Pädagogik in der Diskussion*, Aktuelle Forschungen und internationale Entwicklungen. Herder 1999.

Ludwig, Harald, Fischer, Christian, Fischer, Reinhard (Hg.): *Leistungserziehung und Montessori-Pädagogik. Chancen und Probleme der Leistungsförderung in einer kindorientierten Pädagogik.* LIT 2001.

Ludwig, Harald, Fischer, Christian, Fischer, Reinhard (Hg.): *Verstehendes Lernen in der Montessori-Pädagogik.* LIT 2004.

Maier-Hauser, Heidi: *«dass wir unser Bestes geben», Erziehen nach Maria Montessori.* Beltz 2004.

Kramer, Rita: *Maria Montessori.* Fischer 1995.

Montessori, Maria:

–: *Die Entdeckung des Kindes.* 18. Aufl., Herder 2005.

–: *Schule des Kindes.* Freiburg 1976.

–: *Grundlagen meiner Pädagogik.* 9. Aufl., Quelle & Meyer 2005.

–: *Kinder sind anders.* dtv 1987.

–: *Von der Kindheit zur Jugend.* Herder 1979.

–: *Kosmische Erziehung,* Kleine Schriften, Bd. 1, 6. Aufl., Herder 2004.

–: *Das kreative Kind.* 15. Aufl., Herder 2002.

–: *Spannungsfeld Kind – Gesellschaft – Welt.* Herder 1979.

Montessori-Material Teil 1–3, in neuer erweiterter Ausführung (zu beziehen über Riedel GmbH, Reutlingen), Handbuch zum Umgang mit den Montessori-Materialien.

Oswald, Paul, Schulz-Benesch, Günter (Hg.): *Grundgedanken der Montessori-Pädagogik,* 20. (aktualisierte) Aufl., Herder 2006.

Raapke, Hans Dietrich: *Montessori heute,* Rowohlt 2001.

Schäfer, Claudia: *Montessori für zu Hause,* dtv 2002.

Steeneberg, Ulrich: *Kinder finden ihren Weg – Montessori – das Elternbuch.* Reihe: Herder spektrum 5417, 2004.

Stein, Barbara: *Theorie und Praxis der Montessori-Grundschule.* 3. Aufl., Herder 2005.

Vester, Frederic: *Denken, Lernen, Vergessen.* dtv 1981.

Waldschmidt, Ingeborg: *Maria Montessori, Leben und Werk.* Beck 2001.

Wilms, Hans: *Das Montessori-Musikmaterial.* Bd 1 und 2, Riedel Verlag 2006.

Abbildungsnachweis

Barbara Esser	Seite 43, 48, 63, 119, 131
Kai Schiefer	Seite 50, 51, 60, 68, 71, 74, 105, 107, 112, 120, 123, 147, 155
Rowohlt Verlag	Seite 83, 86, 103
ullstein bild	Seite 12

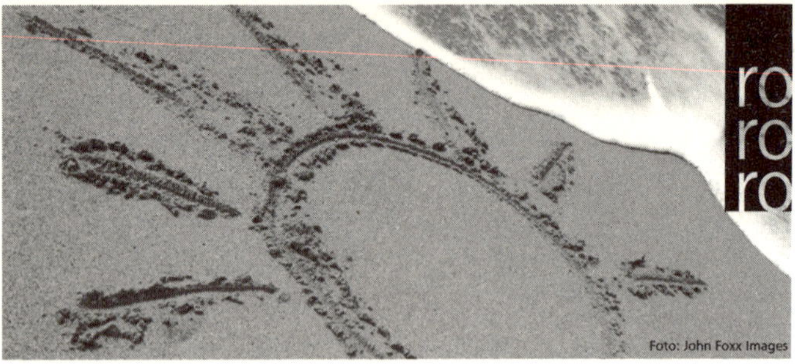

Mit Kindern leben – Kid Wellness

Kompetente Ratschläge, Tipps und Antworten zu Wohlbefinden, Entspannung und Bewegung

Dr. Volker Friebel/
Sabine Friedrich
Entspannung für Kinder

Schon Kinder haben Ängste, Stress, Schlafstörungen, Konzentrationsprobleme… Viel Information, ein erprobter Entspannungskurs in zehn Stunden und Geschichten auf einer Audio-CD vom Autorenteam Friebel/Friedrich.

3-499-61700-5

Wolfgang Hering
Bewegungslieder für Kinder
Spielideen, Hüpflieder, Action-Songs

Musik und Bewegung sind Trumpf bei Kindern! Hier sind 40 Lieder mit Noten – Hilfe für Erwachsene, mit viel Lust und Laune Bewegung bei Kindern anzuregen und umzusetzen.

3-499-61701-3

Foto: IFA -Bilderteam

rororo sachbuch

Fähnlein Fieselschweif und koole Kids: Geschlechterrollen gestern und heute

Jan-Uwe Rogge/Bettina Mähler
Lauter starke Jungen
Ein Buch für Eltern
Das herkömmliche Bild von «richtigen Jungen» ist veraltet, und viele Eltern und Erzieher sind verunsichert: Wie erzieht man einen Jungen heute zu einer selbstbewussten und starken Persönlichkeit?

3-499-61539-8

Sylvia Schneider
Lauter starke Mädchen
Ein Buch für Eltern
Mädchen sind heute gewiss nicht mehr das «schwache Geschlecht». Die Emanzipation der Frauen hat die traditionellen Rollenmuster aufgeweicht. Doch was tritt an die Stelle der veralteten Ideale?

3-499-61540-1